성철스님의

신심명·증도가 강설

성철스님의

신심명·증도가 강설

信心銘·證道歌 講說

장경각

서언(緒言)

쉬어가고 또 쉬어가니

절름발이 자라요 눈먼 거북이로다.

있느냐 있느냐 문수와 보현이로다.

허공이 무너져 내리고 대지가 가라앉아 버리도다.

높고 높은 산봉우리에 앉으니

머리엔 재 쓰고 얼굴엔 진흙 발랐도다.

시끄러운 거리에서 못을 끊고 쇠를 자르니

날라리 리랄라여

들늙은이 취해 방초 속에서 춤추는도다.

방편으로 때묻은 옷을 걸어 놓고 부처라 하나

도리어 보배로 단장하면 다시 누구라 할꼬.

여기서 금강정안을 잃으면

팔만장경은 고름 닦은 휴지라

마명과 용수는 어느 곳을 향하여 입을 열리오.

〈한참 묵묵한 후〉

갑·을·병·정·무로다.

억!

홀로 높고 높아 비교할 수 없는 사자왕이

스스로 쇠사슬로 묶어 깊은 함정에 들어가도다.

한 번 소리치니 천지가 진동하나

도리어 저 여우가 서로 침을 뱉고 웃는도다.
애닯고 애닯고 애달프다.
황금 궁궐과 칠보의 자리 버리고
중생을 위해 아비지옥으로 들어가도다.

休去歇去하니 跛鱉盲龜요
有麽有麽아 文殊普賢이라
虛空이 撲落하고 大地平沈이로다
高高峰頂에 灰頭土面이요
紛紛街下에 斬釘截鐵하니
囉囉哩哩囉囉에
野老醉舞芳草裏로다
摧掛垢衣云是佛이라
却裝珍御復名誰오
於此에 喪却金剛正眼하면
八萬藏教는 是拭瘡疣故紙라
馬鳴龍樹向什麽處하야 下口리오
良久에 云甲乙丙丁戊로다
喝一喝
獨尊無比獅子王이 鐵鎖로 自縛入深穽이라
哮吼一聲에 震天地하나 却彼野干이 相唾笑로다
咄咄咄
抛却金闕七寶座하고 欲爲衆生入阿鼻로다

丁未年 冬安居 結制日
性 徹 識

5

차례

제1편

신심명

제1장

—

머리말

『신심명(信心銘)』은 삼조(三祖) 승찬대사(僧璨大師)가 지은 글입니다. 명(銘)이란 일반적으로 금석(金石)·그릇·비석 따위에 자계(自戒)의 뜻으로나, 남의 공적 또는 사물의 내력을 찬양하는 내용을 새긴 한문 글귀를 말하는데, 이 『신심명』은 삼조(三祖)스님께서 우리가 처음 발심할 때부터 마지막 구경성불할 때까지 가져야 하는 신심에 대해 남겨 놓으신 사언절구(四言絕句)의 시문(詩文)입니다.

이 『신심명』은 글 자체가 뛰어날 뿐만 아니라 우리의 신심이란 도(道)의 본원(本源)이면서 진여법계(眞如法界)에 사무쳐야 하는 것이기 때문에, 이 글은 우리 수도인의 좌우명(左右銘)인 것입니다. 승찬대사는 수(隋)나라의 양제(煬帝) 대업(大業) 2년(서기 606) 10월 5일에 입적하셨으며, 그의 세수(歲壽)는 알 수 없습니다. 승찬대사가 돌아가신 지 150여 년 뒤, 당(唐)나라 현종(玄宗)황제가 감지선사(鑑智禪師)라 시호(諡號)를 올리고 탑호(塔號)를 각적(覺寂)이라 하였으며 그 당시 유명한 재상인 방관(房琯)이 탑비문(塔碑文)을 지었습니다.

승찬대사는 본래 대풍질(大風疾)이라는 큰 병에 걸려 있었는데 오늘날의 문둥병입니다. 스님은 문둥병에 걸려 죽을 고생을 하다 이조(二祖) 혜가대사(慧可大師)를 찾아가 자기의 성명도 밝히지 않고 불쑥 물었습니다.

"제자는 문둥병을 앓고 있사옵니다. 화상께서는 저의 죄를 참회케 하여 주십시오."

"그대는 죄를 가져오너라. 죄를 참회시켜 주리라."

"죄를 찾아보아도 찾을 수가 없습니다."

"그렇다면 그대의 죄는 모두 참회되었느니라. 그대는 그저 불(佛)·법(法)·승(僧) 삼보(三寶)에 의지하여 안주해라."

"지금 화상(和尙)을 뵈옵고 승보(僧寶)는 알았으나 어떤 것을 불보(佛寶)·법보(法寶)라 합니까?"

"마음이 부처며 마음이 법이니라. 법과 부처는 둘이 아니요, 승보도 또한 그러하니 그대는 알겠는가?"

"오늘에야 비로소 죄의 성품은 마음 안에도 밖에도 중간에도 있지 않음을 알았으며, 마음이 그러하듯 불보와 법보도 둘이 아닌 줄 알았습니다."

이에 혜가대사께서 그가 법기(法器)인 줄 아시고 매우 기특하게 여겨 바로 머리를 깎아 주면서 말씀하셨습니다.

"너는 나의 보배이다. 구슬 찬(璨)자를 써서 승찬(僧璨)이라 하라."

그 해 3월 18일 복광사(福光寺)에서 구족계(具足戒)를 받고 그로부터 병이 차츰 나아져서 2년 동안 혜가스님을 시봉하였습니다.

승찬대사는 평생을 은거하여 지내다가 나중에 어린 나이의 도신선사(道信禪師)를 만나 법을 깨우쳐 주고 뒤에 구족계를 받게 한

후 법을 전하면서,

"나에게서 법을 받았다고 절대로 말하지 말아라."라고 당부하셨다고 합니다.

돌아가실 때에는 법회를 하던 큰 나무 밑에서 합장한 채, 서서 돌아가셨다고 합니다. 그때 사람들이 묘를 써서 스님을 모셨는데, 뒤에 이상(李常)이라는 사람이 신회선사(神會禪師)에게 물어서 산곡사(山谷寺)에 승찬대사의 묘가 있음을 알고는 가서 화장하여 사리(舍利) 3백 과(顆)를 얻었다고 합니다.

승찬스님은 본래 문둥병을 앓았기 때문에 문둥병이 나은 후에도 머리카락이 하나도 나지 않았으므로, 사람들은 스님을 적두찬(赤頭璨)이란 별명으로 불렀습니다. 이는 대머리의 붉은 살뿐이라는 뜻입니다.

그 승찬대사가 남겨 놓은 저술이 바로 이 『신심명』입니다. 요즈음 일본 학자들 가운데는 그 분이 숨어 다니면서 살았기 때문에 그의 행적에 모순된 점이 많다고 하여 실제 인물이 아니라고 주장하는 사람이 많이 있습니다. 그렇지만 역사적인 여러 가지 점들을 상고해 볼 때, 삼조 승찬스님이 실제 인물임에 틀림없다고 봅니다.

그런데 이 『신심명』에 있어서 그 신(信), 곧 믿음은 보통의 신(信), 믿음이 아니라 신(信)·해(解)·오(悟)·증(證) 전체를 통하는 신(信), 믿음입니다. 글 전체는 사언절구(四言絶句)로 해서 146구 584자로 되어 있는 간단한 글이지만, 팔만대장경의 심오한 불법도리와 1,700공안의 격외도리(格外道理) 전체가 이 글 속에 포함되어 있다고 모두들 평(評)하고 있습니다.

이 글은 의리적(義理的)으로 법문한 것 같지만 간단한 글 전체

속에 격외도리가 다 갖추어져 있으며, 교리의 현묘한 뜻도 빠짐없이 있습니다. 중국에 불법이 전해진 이후로 '문자로서는 최고의 문자'라고 학자들이 격찬할 뿐만 아니라 삼조 승찬대사의 『신심명』 같은 문자는 하나일 뿐, 둘은 없다고들 평합니다. 그러므로 이 글이 불교에 있어서 참으로 중요한 위치를 차지하고 있다고 하겠습니다. 이와 같이 불교사상사에 있어서 중요한 위치를 차지하고 있는 『신심명』의 근본 골자는 글 전체가 모두 양변(兩邊)을 여읜 중도(中道)에 입각해 있다는 것입니다. 글 전체를 자세히 살펴보면 대대(對對)를 40대(四十對)로 갖추어 설명하고 있습니다.

여기서 대대(對對)란 곧 미워함과 사랑함[憎愛], 거슬림과 따름[逆順], 옳고 그름[是非] 등등 일상생활에서 나타나고 있는 중생의 상대개념, 즉 변견(邊見)을 말하는 것입니다.

『신심명』은 간단한 법문이지만 대대(對對)를 떠난 중도법을 간명하게 보여준 드문 저술입니다. 『신심명』은 일관된 논리로 선(禪)과 교(敎)를 막론하고 불교 전체를 통해서 양변을 여읜 중도(中道)가 불교의 근본사상임을 표현한 총괄적인 중도총론이라고 볼 수 있습니다.

제2장

—

신심명(信心銘) 원문 해석

1. 至道無難이요
   지 도 무 난
   唯嫌揀擇이니
   유 혐 간 택

   지극한 도는 어렵지 않음이요

   오직 간택함을 꺼릴 뿐이니

2. 但莫憎愛하면
   단 막 증 애
   洞然明白이라
   통 연 명 백

   미워하고 사랑하지만 않으면

   통연히 명백하니라.

3. 毫釐有差하면
   호 리 유 차
   天地懸隔하나니
   천 지 현 격

   털끝만큼이라도 차이가 있으면

   하늘과 땅 사이로 벌어지나니

4. 欲得現前이어든
   욕 득 현 전
   莫存順逆하라
   막 존 순 역

   도가 앞에 나타나길 바라거든

   따름과 거슬림을 두지 말라.

5. 違順相爭이
   위 순 상 쟁
   是爲心病이니
   시 위 심 병

   어긋남과 따름이 서로 다툼은

   이는 마음의 병이 됨이니

6. 不識玄旨하고　　　현묘한 뜻은 알지 못하고
　　불 식 현 지
　　徒勞念靜이로다　　공연히 생각만 고요히 하려 하도다.
　　도 로 염 정

7. 圓同太虛하야　　　둥글기가 큰 허공과 같아서
　　원 동 태 허
　　無欠無餘어늘　　　모자람도 없고 남음도 없거늘
　　무 흠 무 여

8. 良由取捨하야　　　취하고 버림으로 말미암아
　　양 유 취 사
　　所以不如라　　　　그 까닭에 여여하지 못하도다.
　　소 이 불 여

9. 莫逐有緣하고　　　세간의 인연도 따라가지 말고
　　막 축 유 연
　　勿住空忍하라　　　출세간의 법에도 머물지 말라.
　　물 주 공 인

10. 一種平懷하면　　　한 가지를 바로 지니면
　　일 종 평 회
　　泯然自盡이라　　　사라져 저절로 다하리라.
　　민 연 자 진

11. 止動歸止하면　　　움직임을 그쳐 그침에 돌아가면
　　지 동 귀 지
　　止更彌動하나니　　그침이 다시 큰 움직임이 되나니
　　지 갱 미 동

12. 唯滯兩邊이라　　　오직 양변에 머물러 있거니
　　유 체 양 변
　　寧知一種가　　　　어찌 한 가지임을 알 건가.
　　영 지 일 종

13. 一種不通하면　　　한 가지에 통하지 못하면
　　일 종 불 통
　　兩處失功이니　　　양쪽 다 공덕을 잃으리니
　　양 처 실 공

14. 遣有沒有요
견 유 몰 유

　　從空背空이라
　　종 공 배 공

있음을 버리면 있음에 빠지고

공함을 따르면 공함을 등지느니라.

15. 多言多慮하면
다 언 다 려

　　轉不相應이요
　　전 불 상 응

말이 많고 생각이 많으면

더욱더 상응치 못함이요

16. 絕言絕慮하면
절 언 절 려

　　無處不通이라
　　무 처 불 통

말이 끊어지고 생각이 끊어지면

통하지 않는 곳 없느니라.

17. 歸根得旨요
귀 근 득 지

　　隨照失宗이니
　　수 조 실 종

근본으로 돌아가면 뜻을 얻고

비춤을 따르면 종취를 잃나니

18. 須臾返照하면
수 유 반 조

　　勝却前空이라
　　승 각 전 공

잠깐 사이에 돌이켜 비춰 보면

앞의 공함보다 뛰어남이라.

19. 前空이 轉變은
전 공 　 전 변

　　皆由妄見이니
　　개 유 망 견

앞의 공함이 전변함은

모두 망견 때문이니

20. 不用求眞이요
불 용 구 진

　　唯須息見이라
　　유 수 식 견

참됨을 구하려 하지 말고

오직 망령된 견해만 쉴지니라.

21. 二見에 不住하야
이 견 　 부 주

　　愼莫追尋하라
　　신 막 추 심

두 견해에 머물지 말고

삼가 좇아가 찾지 말라.

22. 纔有是非하면　　잠간이라도 시비를 일으키면
　　　재 유 시 비
　　紛然失心이니라　　어지러이 본마음을 잃으리라.
　　　분 연 실 심

23. 二由一有니　　둘은 하나로 말미암아 있음이니
　　　이 유 일 유
　　一亦莫守하라　　하나마저도 지키지 말라.
　　　일 역 막 수

24. 一心不生하면　　한마음이 나지 않으면
　　　일 심 불 생
　　萬法無咎니라　　만법이 허물없느니라.
　　　만 법 무 구

25. 無咎無法이요　　허물이 없으면 법도 없고
　　　무 구 무 법
　　不生不心이라　　나지 않으면 마음이랄 것도 없음이라.
　　　불 생 불 심

26. 能隨境滅하고　　주관은 객관을 따라 소멸하고
　　　능 수 경 멸
　　境逐能沈하야　　객관은 주관을 따라 잠겨서
　　　경 축 능 침

27. 境由能境이요　　객관은 주관으로 말미암아 객관이요
　　　경 유 능 경
　　能由境能이니　　주관은 객관으로 말미암아 주관이니
　　　능 유 경 능

28. 欲知兩段인댄　　양단을 알고자 할진댄
　　　욕 지 양 단
　　元是一空이라　　원래 하나의 공이니라.
　　　원 시 일 공

29. 一空이 同兩하야　　하나의 공은 양단과 같아서
　　　일 공　　동 양
　　齊含萬象하야　　삼라만상을 함께 다 포함하여
　　　제 함 만 상

30. 不見精麤어니
불 견 정 추
寧有偏黨가
영 유 편 당

세밀하고 거칠음을 보지 못하거니
어찌 치우침이 있겠는가.

31. 大道體寬하야
대 도 체 관
無易無難이어늘
무 이 무 난

대도는 본체가 넓어서
쉬움도 없고 어려움도 없거늘

32. 小見이 狐疑하야
소 견 호 의
轉急轉遲로다
전 급 전 지

좁은 견해로 여우같은 의심을 내어
서두를수록 더욱 더디어지도다.

33. 執之면 失度라
집 지 실 도
必入邪路요
필 입 사 로

집착하면 법도를 잃음이라
반드시 삿된 길로 들어가고

34. 放之면 自然이니
방 지 자 연
體無去住라
체 무 거 주

놓아버리면 자연히 본래로 되어
본체는 가거나 머무름이 없도다.

35. 任性合道하야
임 성 합 도
逍遙絕惱하고
소 요 절 뇌

자성에 맡기면 도에 합하여
소요하여 번뇌가 끊기고

36. 繫念하면 乖眞하야
계 념 괴 진
昏沈이 不好니라
혼 침 불 호

생각에 얽매이면 참됨에 어긋나서
혼침함이 좋지 않느니라.

37. 不好勞神커든
불 호 노 신
何用疏親가
하 용 소 친

좋지 않으면 신기를 괴롭히거늘
어찌 성기고 친함을 쓸 건가.

38. 欲趣一乘이어든
　　욕 취 일 승
일승으로 나아가고자 하거든

　　勿惡六塵하라
　　물 오 육 진
육진을 미워하지 말라.

39. 六塵을 不惡하면
　　육 진　　불 오
육진을 미워하지 않으면

　　還同正覺이라
　　환 동 정 각
도리어 정각과 동일함이라.

40. 智者는 無爲어늘
　　지 자　　무 위
지혜로운 이는 함이 없거늘

　　愚人은 自縛이로다
　　우 인　　자 박
어리석은 사람은 스스로 얽매이도다.

41. 法無異法이어늘
　　법 무 이 법
법은 다른 법이 없거늘

　　妄自愛着하야
　　망 자 애 착
망령되이 스스로 애착하여

42. 將心用心하니
　　장 심 용 심
마음을 가지고 마음을 쓰니

　　豈非大錯가
　　기 비 대 착
어찌 크게 그릇됨이 아니랴.

43. 迷生寂亂이요
　　미 생 적 란
미혹하면 고요함과 어지러움이 생기고

　　悟無好惡어니
　　오 무 호 오
깨치면 좋음과 미움이 없거니

44. 一切二邊은
　　일 체 이 변
모든 상대적인 두 견해는

　　良由斟酌이로다
　　양 유 짐 작
자못 짐작하기 때문이로다.

45. 夢幻空華를
　　몽 환 공 화
꿈속의 허깨비와 헛꽃을

　　何勞把捉가
　　하 로 파 착
어찌 애써 잡으려 하는가.

46. 得失是非를
   득 실 시 비
   一時放却하라
   일 시 방 각

얻고 잃음과 옳고 그름을

일시에 놓아버려라.

47. 眼若不睡면
   안 약 불 수
   諸夢自除요
   제 몽 자 제

눈에 만약 졸음이 없으면

모든 꿈 저절로 없어지고

48. 心若不異면
   심 약 불 이
   萬法一如니라
   만 법 일 여

마음이 다르지 않으면

만법이 한결 같느니라.

49. 一如體玄하야
   일 여 체 현
   兀爾忘緣하야
   올 이 망 연

한결같음은 본체가 현묘하여

올연히 인연을 잊어서

50. 萬法이 齊觀에
   만 법   제 관
   歸復自然이니라
   귀 복 자 연

만법이 다 현전함에

돌아감이 자연스럽도다.

51. 泯其所以하야
   민 기 소 이
   不可方比라
   불 가 방 비

그 까닭을 없이 하여

견주어 비할 바가 없음이라.

52. 止動無動이요
   지 동 무 동
   動止無止니
   동 지 무 지

그치면서 움직이니 움직임이 없고

움직이면서 그치니 그침이 없나니

53. 兩旣不成이라
   양 기 불 성
   一何有爾아
   일 하 유 이

둘이 이미 이루어지지 못하거니

하나인들 어찌 있을 건가.

54. 究竟窮極하야　　구경하고 궁극하여
　　구 경 궁 극
　　不存軌則이요　　일정한 법칙이 있지 않음이요
　　부 존 궤 칙

55. 契心平等하야　　마음에 계합하여 평등케 되어
　　계 심 평 등
　　所作이 俱息이로다　짓고 짓는 바가 함께 쉬도다.
　　소 작　　구 식

56. 狐疑가 淨盡하면　여우같은 의심이 다하여 맑아지면
　　호 의　　정 진
　　正信이 調直이라　바른 믿음이 고루 발라지며
　　정 신　　조 직

57. 一切不留하야　　일체가 머물지 않으여
　　일 체 불 류
　　無可記憶이로다　기억할 아무것도 없도다.
　　무 가 기 억

58. 虛明自照하야　　허허로이 밝아 스스로 비추나니
　　허 명 자 조
　　不勞心力이라　　애써 마음 쓸 일 아니로다.
　　불 로 심 력

59. 非思量處라　　　생각으로 헤아릴 곳 아님이라
　　비 사 량 처
　　識情으론 難測이로다 의식과 망정으론 측량키 어렵도다.
　　식 정　　난 측

60. 眞如法界엔　　　바로 깨친 진여의 법계에는
　　진 여 법 계
　　無他無自라　　　남도 없고 나도 없음이라.
　　무 타 무 자

61. 要急相應하면　　재빨리 상응코자 하거든
　　요 급 상 응
　　唯言不二로다　　둘 아님을 말할 뿐이로다.
　　유 언 불 이

62. 不二가 皆同하야
   불 이   개 동
   無不包容하니
   무 불 포 용

   둘 아님은 모두가 같아서

   포용하지 않음이 없나니

63. 十方智者가
   시 방 지 자
   皆入此宗이라
   개 입 차 종

   시방의 지혜로운 이들은

   모두 이 종취로 들어옴이라.

64. 宗非促延이니
   종 비 촉 연
   一念萬年이요
   일 념 만 년

   종취란 짧거나 긴 것이 아니니

   한 생각이 만년이요

65. 無在不在하야
   무 재 부 재
   十方目前이로다
   시 방 목 전

   있거나 있지 않음이 없어서

   시방이 바로 눈앞이로다.

66. 極小同大하야
   극 소 동 대
   忘絕境界하고
   망 절 경 계

   지극히 작은 것이 큰 것과 같아서

   상대적인 경계 모두 끊어지고

67. 極大同小하야
   극 대 동 소
   不見邊表라
   불 견 변 표

   지극히 큰 것은 작은 것과 같아서

   그 끝과 겉을 볼 수 없음이라.

68. 有即是無요
   유 즉 시 무
   無即是有니
   무 즉 시 유

   있음이 곧 없음이요

   없음이 곧 있음이니

69. 若不如此인댄
   약 불 여 차
   不必須守니라
   불 필 수 수

   만약 이 같지 않다면

   반드시 지켜서는 안 되느니라.

70. 一即一切요
일 즉 일 체
一切即一이니
일 체 즉 일

하나가 곧 일체요

일체가 곧 하나이니

71. 但能如是하면
단 능 여 시
何慮不畢가
하 려 불 필

다만 능히 이렇게만 된다면

마치지 못할까 뭘 걱정하랴.

72. 信心不二요
신 심 불 이
不二信心이니
불 이 신 심

믿는 마음은 둘 아니요

둘 아님이 믿는 마음이니

73. 言語道斷하야
언 어 도 단
非去來今이로다
비 거 래 금

언어의 길이 끊어져서

과거·미래·현재가 아니로다.

제3장
—

신심명(信心銘) 강설(講說)

1. 지극한 도는 어렵지 않음이요
   오직 간택함을 꺼릴 뿐이니

   至道無難이요　唯嫌揀擇이니
   지 도 무 난　　유 혐 간 택

지극한 도(道)란 곧 무상대도(無上大道)를 말합니다. 이 무상대도는 전혀 어려운 것이 없으므로 오직 간택(揀擇)하지 말라는 말입니다. 간택이란 취하고 버리는 것을 말함이니, 취하고 버리는 마음이 있으면 지극한 도는 양변(兩邊), 즉 변견(邊見)에 떨어져 마침내 중도의 바른 견해를 모른다는 것입니다. 세간법(世間法)은 버리고 불법(佛法)을 취해도 불교가 아니며, 마구니[魔軍]를 버리고 불법을 취해도 불교가 아닙니다. 무엇이든지 취하거나 버릴 것 같으면 실제로 무상대도에 계합되지 못한다는 뜻입니다. 그러므로 누구든지 참으로 불법을 바로 알고, 무상대도를 바로 깨치려면 간택하는 마음부터 먼저 버리라고 한 것입니다.

2. 미워하고 사랑하지만 않으면 통연히 명백하니라.

但莫憎愛하면　洞然明白이라
단 막 증 애　　통 연 명 백

　미워하고 사랑하는 이 두 가지 마음만 없으면 무상대도는 툭 트여 명백하다는 것입니다.

　부처는 좋아하고 마구니는 미워하며, 불법을 좋아하고 세간법은 미워하는 증애심(憎愛心)만 버리면 지극한 도는 분명하고 또 분명하다는 것입니다.

　그러므로 누구든지 무상대도를 성취하려면 간택하는 마음을 버려야 하는데, 그 가운데 대표적인 것이 미워하고 사랑하는 마음, 즉 증애심입니다. 이 증애심만 완전히 버린다면 무상대도를 성취하지 않으려야 않을 수 없습니다.

　이상의 네 구절이 바로 『신심명』의 근본 골자입니다.

　임제 정맥의 낭야 각(瑯王耶覺)선사라는 큰스님이 계셨습니다. 그 스님에게 어느 재상이 편지로 "『신심명』은 불교의 근본 골자로써 지극한 보배입니다. 이 글에 대하여 자세한 주해(註解)를 내려주십시오." 하고 부탁했습니다. 그랬더니 낭야 각선사가 답하기를 '至道無難이요 唯嫌揀擇이니 但莫憎愛하면 洞然明白이라' 하는 첫 구절만 큼지막하게 쓰고, 그 나머지 뒷 구절들은 모두 조그맣게 써서 주해로 붙여버렸습니다. 그렇게 한 뜻이 무엇일까요? 『신심명』의 근본 골수는 크게 쓴 구절 속에 다 있으므로 이 구절의 뜻만 바로 알면 나머지 구절들은 모두 이 구절의 주해일 뿐, 같은 뜻이라는 말입니다. 낭야 각선사가 앞 네 구절만 크게 쓰고 뒷 구절은 주해로 써서 답장한 이것은 『신심명』에 대한 천고의 명 주해로써, 참으로 걸작이라는 평을 듣는, 역사적으로 유명한 사실이 되어버렸습니다.

그러므로 누구든지 이 『신심명』을 바로 알려면 미워하거나 사랑하는 마음을 버려야 할 것입니다. 이러한 증애심만 떠나면 중도정각(中道正覺)입니다. 대주스님은 『돈오입도요문론(頓悟入道要文論)』에서 "증애심이 없으면 두 성품이 공하여 자연히 해탈한다."고 말하고 있습니다. 따라서 이 첫 네 구절이 『신심명』의 핵심이고 뒷 구절들은 더 볼 필요가 없습니다. 그러므로 실제로는 낭야 각선사의 말씀처럼 뒷 구절들은 주해의 뜻으로 이해하여야 할 것입니다.

3. 털끝만큼이라도 차이가 있으면 하늘과 땅 사이로 벌어지나니

毫釐有差하면   天地懸隔하나니
호 리 유 차   천 지 현 격

"지극한 도는 어렵지 않다. 취하고 버리는 마음과 미워하고 사랑하는 마음만 버리라."고 하니, "아 그렇구나, 천하에 쉽구나!"라고 생각할는지 모르겠지만, 이 뜻을 털끝만큼이라도 어긋나게 되면 하늘과 땅 사이처럼 차이가 난다는 것입니다. 이는 곧 아주 쉬우면서도 가장 어렵다는 것을 표현한 것입니다.

쉽다는 것은 간택심·증애심만 버린다면 중도를 성취하지 않으려야 않을 수 없고, 성불하지 않으려야 않을 수 없으며, 무상대도를 성취하지 않으려야 않을 수 없지만, '간택심을 버린다, 증애심을 버린다' 하는 것이 어렵다는 것입니다. 그래서 누구든지 이 뜻에 털끝만큼이라도 어긋나게 되면 하늘과 땅 사이만큼이나 벌어진다고 하니 그렇다면 어떻게 해야 하겠습니까?

4. 도가 앞에 나타나길 바라거든
   따름과 거슬림을 두지 말라.

欲得現前이어든　莫存順逆하라
　　욕 득 현 전　　　　　막 존 순 역

'무상대도를 깨치려면 따름[順]과 거슬림[逆]을 버리라' 한 것입니다. '따름'과 '거슬림'은 상대법으로써, 따른다 함은 좋아한다는 것이고, 거슬린다 함은 싫어한다는 것이니, 이는 표현은 다르나 '싫어하고 좋아한다'는 것과 같은 의미입니다. 이는 쉽다면 쉽고 어렵다면 어려운데, 지극한 도를 얻으려면 따름과 거슬림의 마음을 내어서는 안 된다는 것입니다.

5. 어긋남과 따름이 서로 다툼은
   이는 마음의 병이 됨이니

違順相爭이　是爲心病이니
　　위 순 상 쟁　　시 위 심 병

어긋난다, 맞는다 하며 서로 싸운다면, 이것이 갈등이 되고 모순이 되어 마음의 병이 된다는 말입니다.

6. 현묘한 뜻은 알지 못하고
   공연히 생각만 고요히 하려 하도다.

不識玄旨하고　徒勞念靜이로다
불 식 현 지　　도 로 염 정

참으로 양변을 여읜 중도의 지극한 도를 모르고 애써 마음만 고요히 하고자 할 뿐이라는 것입니다. '대도를 성취하려면 누구든지 가만히 앉아서 고요히 생각해야지, 다른 방법이 없다'고 고집하는 사람들을 위해서 이런 말씀을 하셨습니다. 이 대도(大道)라는 것은 간택심(揀擇心)·증애심(憎愛心)·순역심(順逆心)을 버리면 성취하지 않으려야 않을 수 없는 것이므로, 마음을 억지로 고요하게 해서도 안 되고 그렇다고 분주하게 해서도 안 된다는 것입니다. 마음을 고요히 하면 안 된다고 하니 그러면 분주하게 하면 되지 않겠느냐고 혹 생각할는지 모르지만, 움직임과 고요함 이 두 가지가 다 병으로써 움직임이 병이라면 고요함도 병이고 어긋남이 병이라면 맞음도 병입니다. 왜냐하면 이 모두가 상대적인 변견이기 때문입니다. 이러한 상대를 버려야 대도에 들어가게 됩니다.

7. 둥글기가 큰 허공과 같아서
   모자람도 없고 남음도 없거늘

圓同太虛하야　無欠無餘어늘
원 동 태 허　　무 흠 무 여

"지극한 도는 참으로 원융하고 장애가 없어서, 둥글기가 큰 허공과 같다."고 하였습니다. 즉 융통자재하여 아무런 걸림이 없음

을 큰 허공에 비유하였습니다. 여기에는 조금도 모자라거나 남음
도 없습니다. 지극한 도란 누가 조금이라도 더 보탤 수 없고 덜어
낼 수도 없어 모두가 원만히 갖추어 있기 때문에, 누구든지 바로
깨칠 뿐 증감할 수 없습니다. 그런데 어째서 지극한 도가 눈앞에
나타나지 않는 것일까요?

8. 취하고 버림으로 말미암아
   그 까닭에 여여하지 못하도다.

良由取捨하야　所以不如라
양 유 취 사　　　소 이 불 여

　지극한 도는 취하려 하고, 변견은 버리려 하는 마음이 큰 병이
라는 것입니다. 대중들이 변견을 버리도록 하기 위해서 할 수 없어
서 중도를 많이 얘기하지만, 그 말을 듣고 중도를 취하려 하고 변
견을 버리려고 하면 이것이 큰 병이라는 뜻입니다. 혹 변견은 취하
고 중도를 버리면 되지 않겠느냐고 생각하겠지만, 그것도 병은 마
찬가지로써 무엇이든지 취하고 버리는 마음이 조금이라도 있으면
큰 병입니다. 대도에는 모든 것이 원만구족하여 조금도 모자라고
남는 것이 없지만, 우리가 근본 진리를 깨치지 못한 것은 취하고
버리는 마음, 즉 취사심(取捨心) 때문에 그렇다는 것입니다. 중생
을 버리고 부처가 되려는 것도 취사심이며, 불법을 버리고 세속법
을 취하는 것도 취사심으로써 모든 취하고 버리는 것은 다 병입니
다. 때문에 "취사심으로 말미암아 여여한 자성을 깨치지 못한다."
고 하였습니다. '여여한 자성'이란 무상대도를 말합니다. 그렇다면

취사심을 버리려면 우리가 어떻게 해야 되겠습니까?

9. 세간의 인연도 따라가지 말고
출세간의 법에도 머물지 말라.

莫逐有緣하고　勿住空忍하라
막 축 유 연　　　물 주 공 인

'있음의 인연[有緣]'이란 세간법과 같은 말로써 인연으로 이루어
진 세상일이라는 뜻입니다. 공의 지혜[空忍]란 곧 출세간법이라는
뜻입니다. 인연이 있는 세상일도 좇아가지 말고 출세간법에도 머
물지 말라는 것이니 두 가지가 다 병이기 때문입니다. 있음[有]에
머물면 이것도 병이고, 반대로 공함에 머물면 이것도 역시 병입니
다. 그러므로 있음을 버리고 공함을 취하거나, 공함을 버리고 있음
을 취한다면 이것이 취사심이 아니고 무엇이겠습니까? 때문에 우
리가 무상대도를 성취하려면 세간의 인연도 버리고 출세간법도
버리고, 있음과 없음을 다 버려야 한다는 것입니다.

10. 한 가지를 바로 지니면
사라져 저절로 다하리라.

一種平懷하면　泯然自盡이라
일 종 평 회　　　민 연 자 진

'일종(一種)'이란 중도를 억지로 가리킨 말입니다. 있음과 없음
을 다 버리고 양변을 떠나면 바로 중도(中道)가 아니냐 하는 말입

니다. 일종(一種)이 중도를 가리키므로 일체 만법이 여기에서 다해 버렸으며, 동시에 일체 만법이 원만구족하다는 것입니다. 그러므로 '저절로 다한다'고 했다 해서, 무엇이 영영 없어진다고 생각하면 안 됩니다. 여기서 '다한다'는 것은 일체 변견이, 일체 허망[妄]이 다하였다는 것입니다. 그리고 바로 거기서 항하사(恒河沙) 같은 진여묘용이 현전하는 것을 말합니다.

그러므로 누구든지 세상 인연을 좇지도 않고 출세간의 법에도 머물지 않으면 중도가 현전하여 일체 변견이 다하고 항사묘용(恒沙妙用)이 원만구족하게 됩니다.

11. 움직임을 그쳐 그침에 돌아가면
그침이 다시 큰 움직임이 되나니

止動歸止하면   止更彌動하나니
지 동 귀 지   지 갱 미 동

'움직임을 그쳐서 그침으로 돌아간다'는 것은 바로 고요함[靜]으로 돌아간다는 뜻입니다. 우리가 움직이는 마음을 누르고 고요한 데로 돌아가려 하면, 고요하려는 마음이 점점 더 크게 움직인다는 것입니다. 이것을 우리가 알아야 합니다. 공부하는 사람은 화두를 열심히 참구하면 그만입니다. 그런데 망상이 일어난다고 이 망상을 누르려고 하면 할수록 망상이 자꾸 일어나는 것과도 같으니, 이는 망상에 망상을 보태는 것이 되고 맙니다. 예를 들면 참선을 하는 데 있어서 '화두만 참구하고 일어나는 망상을 덜려고도 하지 말고 피하려고도 하지 말며, 오직 화두만 부지런히 참

구하라'고 누누이 일러주었는데도, 어떤 납자는 "자꾸만 일어나는 망상을 덜려고 하는 이것이 참선 공부에서 가장 힘들다."고 더러 말합니다. 이는 망상을 덜려고 망상을 일으킨 것으로써 망상에 망상 하나를 더 보탠 것이 아니겠습니까? 그러므로 "망상을 덜려는 생각도 덜지 않으려는 생각도 버리고 화두만 참구하라."고 납자들에게 더러 일러줍니다만, 그것이 쉽게 안 되는 모양입니다.

이것이 그침[止], 곧 고요함을 좋아하여 움직임[動]을 버리고 고요함으로 돌아가려고 하면, 점점 더 크게 움직이게 된다는 뜻입니다.

12. 오직 양변에 머물러 있거니
어찌 한 가지임을 알 건가.

唯滯兩邊이라　　**寧知一種**가
유 체 양 변　　　　영 지 일 종

"양변에 머물러 있으니, 어떻게 중도를 알겠는가." 하였습니다.

그침[止], 곧 고요함은 버리고 움직이는[動] 대로 하면 되지 않겠느냐 하겠지만 이것도 양변이라는 것입니다. 움직임도 고요함도 버리고 자성을 바로 볼 뿐, 양변에 머물러 있으면 일종(一種)인 중도의 자성청정심(自性淸淨心)을 모르는 것입니다. 그러므로 우리는 양변에 머물러서는 안 됩니다. 육조스님께서도 유언에서 "언제든지 양변을 버리고 중도에 입각해서 법을 쓰라."고 당부하셨습니다.

13. 한 가지에 통하지 못하면
양쪽 다 공덕을 잃으리니

一種不通하면　兩處失功이니
일 종 불 통　　　양 처 실 공

'일종(一種)', 즉 자성청정심(自性淸淨心)·진여자성(眞如自性)에 통하지 못하면 양쪽의 공덕을 다 잃게 된다는 것입니다. 그렇다면 어떻게 될까요?

14. 있음을 버리면 있음에 빠지고
공함을 따르면 공함을 등지느니라.

遣有沒有요　從空背空이라
견 유 몰 유　　종 공 배 공

이 구절은 참으로 깊은 말씀입니다.

현상[有]이 싫다고 해서 현상을 버리려고 하면 버리려 하는 생각이 하나 더 붙어서 더욱 현상에 빠지고, 본체[空]가 좋다 하여 공을 좇아가면 본체를 더욱 등지고 만다는 것입니다. 공이란 본래 좇아가거나 좇아가지 않음이 없는 것인데, 공을 따라갈 생각이 있으면 공과 더욱 등지게 된다고 하였습니다. 현상을 버리고서 공을 따르려고도 하지 말며, 반대로 본체를 버리고서 현상을 따라가려고도 하지 말아야 합니다. 이 두 가지 모두가 양변이며 취사심이기 때문입니다. 결국 우리는 취사심을 버려야만 무상대도를 성취할 수 있는 것입니다.

15. 말이 많고 생각이 많으면
   더욱더 상응치 못함이요

多言多慮하면　**轉不相應**이요
다 언 다 려　　　　전 불 상 응

　이 무상대도를 성취하려면 생각하고 또 생각하고, 설명하고 거듭 설명을 한다고 되는 것은 아니라는 뜻입니다. 본래 대도란 '언어의 길이 끊어지고 마음 갈 곳이 없어진 것[言語道斷 心行處滅]'입니다. 이는 말로 표현할 수도 없고 마음으로도 생각할 수 없는 것입니다. 그런 것을 말로 표현하거나 마음으로 생각한들 무슨 소용이 있겠느냐는 것입니다. 대도(大道)가 이와 같기 때문에 말로 표현하고 마음으로 생각하려 하다가는 대도에서 점점 더 멀어지고 만다는 것입니다.

16. 말이 끊어지고 생각이 끊어지면
   통하지 않는 곳 없느니라.

絕言絕慮하면　**無處不通**이라
절 언 절 려　　　　무 처 불 통

　언어의 길이 끊어지고 마음 갈 곳이 없어진 곳에서는 자연히 대도를 모르려야 모를 수 없습니다. 그렇다고 '말과 생각이 끊어진' 여기에 집착하면, '통하지 않는 곳이 없는 것'이 아니라 정말로 통하지 않아 아주 모르게 됩니다. 이 '말과 생각이 끊긴 것'은 그 자취마저 없는 데서 하는 말임을 잘 알아야 합니다. 이 경지에서는 사통팔달(四通八達)하여 통하지 않는 곳이 없습니다. 그러나

'말과 생각이 끊어진 곳'에 집착하면 전체가 막히고 맙니다. 여기서도 근본은 취사심을 버려야 대도를 성취한다는 것입니다.

17. 근본으로 돌아가면 뜻을 얻고
비춤을 따르면 종취를 잃나니

歸根得旨요　隨照失宗이니
귀 근 득 지　　수 조 실 종

자기의 근본 자성으로 돌아가면 뜻을 얻어 무상대도를 성취하고, '비춤을 따른다[隨照]'는 것은 자기 생각나는 대로 번뇌망상·업식망정을 자꾸 따라가면 근본 대도를 잃어버린다는 것입니다.

18. 잠깐 사이에 돌이켜 비춰 보면
앞의 공함보다 뛰어남이라

須臾返照하면　勝却前空이라
수 유 반 조　　승 각 전 공

잠깐 동안에 돌이켜 비춰 보고 자성을 바로 깨치면 '공했느니 공하지 않느니' 한 것이 다 소용없는 꿈같은 소리라는 뜻입니다.

19. 앞의 공함이 전변함은
모두 망견 때문이니

前空이 轉變은 皆由妄見이니
전 공 전 변   개 유 망 견

앞에서의 공함이 이렇게도 변하고 저렇게도 변하는 것은 모두
망령된 견해[妄見] 때문이라는 것입니다. 부처님께서도 18공(十八
空)·20공(二十空) 등 여러 가지를 말씀하셨지만, 그것은 중생이 못
알아듣기 때문에 이런저런 말씀을 하신 것이지, 실제로 뜻이 그곳
에 있는 것은 아닙니다. 허공이 어떻게 옮겨 변할 수 있겠습니까?
공함을 이렇게도 저렇게도 말하게 된 것은 중생의 망견(妄見) 때문
이며 진공(眞空)은 아니라는 뜻입니다.

20. 참됨을 구하려 하지 말고
오직 망령된 견해만 쉴지니라.

不用求眞이요 唯須息見이라
불 용 구 진   유 수 식 견

누구든지 깨치려면 진여본성을 깨치려 하지 말고 망령된 견해
만 쉬라는 것입니다. 구름이 걷히면 태양이 빛나듯 태양을 따로
찾으려 하지 말고 망상의 구름만 걷으면 된다는 것입니다.

일체 중생은 부처님과 같은 자성청정한 진여본성을 다 갖추고
있어서 본래 가지고 있는 것을 잃은 것이 아니라는 말입니다. 그러
므로 우리가 진여자성을 보지 못하는 까닭도 망견이 앞을 가려서
보지 못하는 것이니, 망견만 쉬어버리면 진여자성을 달리 구하려

고 하지 않아도 된다는 것입니다. 그러면 망견이란 무엇일까요?

21. 두 견해에 머물지 말고
삼가 좇아가 찾지 말라.

二見에 不住하야　愼莫追尋하라
이견　　부주　　　신막추심

　두 가지 견해는 즉 양변의 변견을 말합니다. 이 변견만 버리면 모든 견해도 따라서 쉬게 됩니다. 그러므로 양변에 머물러 선악·시비·증애 등 무엇이든지 변견을 따르면 진여자성은 영원히 모르게 됩니다.

22. 잠깐이라도 시비를 일으키면
어지러이 본마음을 잃으리라.

纔有是非하면　紛然失心이니라
재유시비　　　분연실심

　갓 시비가 생기면 자기 자성을 근본적으로 잃어버린다는 뜻입니다. 앞에서는 자기의 진여자성을 구하려고 하지 말고 망령된 견해만 쉬면 된다고 했는데, 그 망령된 견해란 곧 양변이라고 했습니다. 여기서는 그 양변을 대표하는 시비심(是非心), 즉 옳다 그르다 하는 마음을 들어 망견이라는 뜻을 보이고 있습니다.

　누구든지 불법(佛法)이 옳고 세법(世法)이 그르다든지, 반대로 세법이 옳고 불법이 그르다든지 하는 시비심이 조금이라도 남아 있으면 그것이 큰 병입니다. 우리가 실제의 진여자성을 바로 깨쳐 무상대도를 성취하려면 이 시비심부터 버려야 한다는 것입니다. 이것이 망견을 쉬고 양변에 머물지 않는 것입니다. 여기서 말하는 시비심은 두 가지 견해를 대표하는 예로 들었다고 보아야 합니다. 상대법(相對法)의 전체가 다 여기에 포함되기 때문입니다.

23. 둘은 하나로 말미암아 있음이니 하나마저도 지키지 말라.

二由一有니   一亦莫守하라
이 유 일 유   일 역 막 수

흔히들 둘은 버리고 하나를 취하면 되지 않겠느냐고 생각하기 쉽지만, 두 가지 변견은 하나 때문에 나며 둘은 하나를 전제하고 있습니다. 때문에 그 하나마저도 버리라는 것입니다.

우리가 양변을 떠나서 중도를 알았다 해도 중도가 따로 하나 존재한다고 하여 여기에 집착하면 병은 마찬가지입니다. 그러므로 하나 때문에 둘이 있으니, 하나마저도 지키지 말고 버려라, 곧 중도마저도 버리라 하였습니다. 중도는 무슨 물건이 따로 존재하듯이 있는 것이 아니라 양변을 떠나서 융통자재한 경지를 억지로 표현해서 하는 말입니다.

24. 한 마음이 나지 않으면
만법이 허물없느니라.

一心不生하면　萬法無咎니라
일 심 불 생　　　만 법 무 구

한 생각도 나지 않으면 만법이 원융무애하여, 아무 허물이 없다는 것입니다. 이 '허물이 없다'는 것은 융통자재를 말한 것으로서 사사무애(事事無碍)·이사무애(理事無碍)의 무장애법계가 바로 여기에 해당합니다. 이는 어디서 성립되느냐 하면 바로 양변을 여읜 중도에서 성립됩니다. 즉 시비심의 두 견해를 버리고, 하나마저도 버림으로써 이루어지는 것입니다. 그래야만 한 생각도 나지 않고 일체 만법에 통달무애한 무장애법계가 벌어져 일체에 원융자재하게 됩니다. 이것을 이른바 '허물이 없다'고 합니다.

25. 허물이 없으면 법도 없고
나지 않으면 마음이랄 것도 없음이라

無咎無法이요　不生不心이라
무 구 무 법　　　불 생 불 심

한 생각도 나지 않으면 허물도 없고 법도 없다는 말입니다. 그러므로 무엇이 있어서 원융무애한 줄 알면 큰 잘못입니다. 이 경지는 허물도 법도 없으며, 나지도 않고 마음이랄 것도 없습니다. 허물도 변(邊)이고, 법도 변(邊)이며, 나는 것도 변이며, 마음이라 해도 변입니다. 이 모두가 없으면 중도가 안 되려야 안 될 수 없습니다.

26. 주관은 객관을 따라 소멸하고
    객관은 주관을 따라 잠겨서

    能隨境滅하고　境逐能沈하야
    능 수 경 멸　　경 축 능 침

능(能)은 주관을, 경(境)은 객관을 말합니다. 주관은 객관을 따라
없어지고 객관은 주관을 좇아 흔적이 없어진다는 것이니, 주관이
니 객관이니 하는 것이 남아 있으면 모두가 병통이라는 것입니다.

27. 객관은 주관으로 말미암아 객관이요
    주관은 객관으로 말미암아 주관이니

    境由能境이요　能由境能이니
    경 유 능 경　　능 유 경 능

객관은 주관 때문에, 주관은 객관 때문에 있게 되는 것입니다.
주관이 없으면 객관이 성립하지 못하고 객관이 없으면 주관이 성
립하지 못합니다. 이 모두가 병이므로 주관·객관을 다 버리라는
것입니다.

28. 양단을 알고자 할진댄
    원래 하나의 공이니라.

    欲知兩段인댄　元是一空이라
    욕 지 양 단　　원 시 일 공

주관이니 객관이니 하는 두 가지의 뜻을 알고자 한다면 원래

전체가 한 가지로 공(空)하였음을 알아야 한다는 뜻입니다. 주관도 객관도 찾아볼 수 없는 것이 근본 대도인데, 주관·객관을 따라간다면 모두가 생멸법이 되고 만다는 것입니다. 그러므로 이 모두를 버려야만 대도에 들어오게 되는데, 양단(兩段)이 모두 병이고 허물이므로 이것을 바로 알면 전체가 다 공하더라는 것입니다.

'공했다'는 것은 양변을 여읜 동시에 진여가 현전한 것을 말합니다. 그러면 공했다고 한 그 하나의 공은 말뚝처럼 서 있는 것일까요, 아니면 어떻게 된 것일까요?

29. 하나의 공은 양단과 같아서
삼라만상을 함께 다 포함하여

一空이 同兩하야   齊含萬象하야
일 공   동 양   제 함 만 상

앞에서 '공했다'고 하여, 아주 텅 비어 아무것도 없는 줄로 알아서는 크게 어긋나니 이는 단멸의 공[斷空]에 빠져 버립니다. 하나의 공이 양단과 같아서 두 가지가 다 마찬가지라는 말입니다. 즉 하나의 공이란 차(遮)로서 부정을 말하고, 양단과 같다는 것은 조(照)로서 긍정을 말합니다. '양단을 버리면 하나의 공이 된다'는 것은 양단을 부정하는[雙遮] 동시에 양단을 긍정한다[雙照]는 말입니다. 다시 말해서 둘을 버리고 하나가 되면 그 하나가 바로 둘이라는 것입니다.

이처럼 하나의 공이 둘과 동일하게 원융무애하므로 완전히 쌍차쌍조(雙遮雙照)가 되었습니다. 따라서 일체의 삼라만상이 하나의 공 가운데 건립되어 있다고 하는 뜻이 됩니다.

결국 우리가 변견을 떠나 자성을 깨치고 중도를 성취하면 쌍차쌍조(雙遮雙照)의 차조동시(遮照同時)가 되어 삼라만상과 항사묘용이 여기에 원만구족하게 된다는 것입니다. 그러므로 공(空)이라 해서 아무것도 없는 텅 빈 것으로 이해해서는 안 됩니다. 일체가 원만구족한 것을 공이라 하며 공이 또 공이 아니어서[不空], 일체 삼라만상이 여기에 포함되어 있다는 것입니다.

30. 세밀하고 거칠음을 보지 못하거니
어찌 치우침이 있겠는가.

不見精麤어니　寧有偏黨가
불 견 정 추　　　영 유 편 당

앞 구절에서 '하나의 공'이란 공공적적(空空寂寂)하여, 일체의 명상(名相)이 떨어지는 것을 말합니다. 그러나 여기에 그치지 않고, 하나의 공이 양단과 같으므로 일체 삼라만상 그대로가 중도 아님이 하나도 없습니다. 돌 하나 풀 한 포기까지도 중도 아님이 없으므로, 사사무애(事事無碍)한 법계연기(法界緣起)의 차별이 벌어지게 되어서 삼라만상을 다 포함하는 것입니다. 그러나 여기서 차별이 벌어진다고 하니 어떤 실제의 차별이 있다고 생각하면 큰일 납니다. 삼라만상의 모든 차별이 벌어져 드러났다 하여도 거기에 세밀함과 거침이 있느냐 하면 그렇지 않다는 것입니다.

공이 곧 공이 아니며 공 아님이 곧 공이므로 산은 산이고 물은 물이지만, 여전히 산은 산이 아니고 물은 물이 아닙니다. 조금이

라도 산이라느니 물이라는 생각과 산은 높고 물은 푸르다는 등 이
러한 견해가 있으면, '한 가지 공이 양단과 같아서 삼라만상을 다
포함한다'는 뜻을 확실히 알지 못한 사람입니다. 따라서 쌍차쌍조
(雙遮雙照)하여 차조동시(遮照同時)한 무장애법계에 있어서는 세밀
함과 거침을 볼 수 없습니다. 그런데 어떻게 한쪽으로 치우치고 편
벽된 것을 볼 수 있겠는가 하는 것입니다. 그러므로 이 구절은 모
든 상이 다 떨어져 원융무애하고 대자재한 것을 말한 것이지, 세
밀함과 거침이나 편당(偏黨)을 가지고 하는 말은 절대로 아닙니다.
누구든지 세밀함과 거침에 기우는 편당이 조금이라도 남아 있으
면 '하나의 공이 양단과 같아서 삼라만상을 다 포함한다'는 도리
는 절대로 볼 수 없게 됩니다.

31. 대도는 본체가 넓어서
쉬움도 없고 어려움도 없거늘

大道體寬하야　無易無難이어늘
대 도 체 관　　무 이 무 난

　무상대도는 그 본바탕이 넓기로는 진시방무진허공(盡十方無盡虛
空)을 여러 억천만 개를 합쳐 놓아도 그 속을 다 채우지 못합니다.
이 같은 무변허공(無邊虛空)이라 해도 실제로는 이 자성에다 어떻
게 비교할 수 있겠습니까? 그러므로 '대도의 본체는 바탕이 넓다'
고 한 것으로서 무궁무진하고 무한무변한 것을 의미한 것입니다.
　'대도의 본체는 넓어서 어려움도 없고 쉬움도 없다' 한 것은 본
래 스스로 원만히 구족되어 있으므로 조금도 어렵다거나 쉽다고

생각할 필요가 없다는 것입니다. 본래 스스로 원만히 구족되어 있기 때문에 대법이든 무엇이든지 간에 우리가 공부해서 성취할 필요가 없지 않은가라고 할는지 모르겠으나, 그렇지는 않습니다. 우리가 대도를 성취하려면 참으로 무한한 노력이 필요하므로 쉬운 것도 역시 아니라는 말입니다. 곧 쉽다, 어렵다 하는 것은 모두 중생이 변견으로 하는 말일 뿐입니다. 이는 본래 스스로 원만히 갖추어져 있는 대도를 모르고 하는 말이므로 이러한 쓸데없는 지견(知見)은 모두 버려라 하는 것입니다.

32. 좁은 견해로 여우같은 의심을 내어
   서두를수록 더욱 더디어지도다.

小見이 狐疑하야 轉急轉遲로다
   소 견   호 의   전 급 전 지

　조그마한 견해로 여우처럼 자꾸 의심하며 급하게 서두르면 반대로 더욱 더디어진다고 하였습니다. 대도는 본래 스스로 원만히 갖추어져 있는데, 이를 자꾸 가깝게 하려 하면 더욱 멀어지는 것이 사실이므로, 누구든지 대도를 성취하려면 쉽다는 생각도 내지 말고 어렵다는 생각도 내지 말며, 급한 생각도 더디다는 생각도 내지 말아야 합니다. 왜냐하면 쉽다·어렵다·급하다·더디다 하는 등이 모두가 변견으로써 취사심(取捨心)이기 때문입니다. 이러한 취사심을 버려야만 대도를 성취한다는 의미입니다.

33. 집착하면 법도를 잃음이라
   반드시 삿된 길로 들어가고

執之면 失度라   必入邪路요
집 지   실 도   필 입 사 로

대도나 중도나 또는 다른 뭐라고 하든지, 이를 집착하면 병이
됩니다. 누구든지 중도를 성취하고 부처를 이루려면 집착하는 병
이 없어야 한다는 것입니다. 집착이 없는 사람은 대도를 성취한 사
람이며, 집착이 있는 사람은 대도를 성취하지 못한 사람입니다. 따
라서 누구든지 조금이라도 집착하는 병이 있으면 법도를 잃고 근
본 대도와는 어긋나서 반드시 삿된 길, 즉 변견에 떨어지게 됩니
다.

34. 놓아버리면 자연히 본래로 되어
   본체는 가거나 머무름이 없도다.

放之면 自然이니   體無去住라
방 지   자 연   체 무 거 주

홀연히 집착을 놓아버리면 모두가 자연히 현전하며, 본체는 본
래 가는 것도 머무는 것도 없다는 것입니다. 머묾이 있으면 가는
것이 있고, 가는 것이 있으면 머무는 것이 있습니다. 그러나 대도
는 본래 원만구족하여 머묾과 가는 것이 떨어졌기 때문에 집착하
는 생각만 완전히 놓으면 자연히 대도를 성취하지 않으려야 않을
수 없습니다. 그러므로 변견인 취사심을 버려야만 대도를 성취할
수 있다고 하는 것입니다.

35. 자성에 맡기면 도에 합하여
소요하여 번뇌가 끊기고

任性合道하야　逍遙絕惱하고
임 성 합 도　　소 요 절 뇌

모든 집착심을 놓아버리면 자기의 자성을 따라서 그대로 도에 합합니다. 이는 마치 구슬이 쟁반에서 구르듯이 힘 안 들이고 마음 대로 활동하여 아무런 장애도 없습니다. 소요(逍遙)란 한가롭고 자재한 기상을 말하는데, 일체 번뇌망상이 다 떨어졌다는 뜻입니다.

36. 생각에 얽매이면 참됨에 어긋나서
혼침함이 좋지 않느니라.

繫念하면 乖眞하야　昏沈이 不好니라
계 념　　괴 진　　혼 침　　불 호

우리가 모든 집착심을 놓아버리면 대도가 현전하지 않으려야 않을 수 없습니다. 그러나 일반적인 번뇌망상은 그만두고, 대도·중 도·부처라는 등의 생각에 조금이라도 생각이 얽매이면 바로 진리 와는 어긋나므로, 중도도 깨져버리고 부처도 죽게 됩니다. 그러므 로 누구든지 부처라는 생각과 중도라는 생각, 참되다는 생각 등 어떤 생각이든지 이런 생각이 추호라도 마음에 남는다면 근본은 모두 깨지고 맙니다.

이처럼 생각에 얽매이지 말라 했다 해서 아무것도 모르는 멍텅 구리처럼 앉아만 있으면 되느냐 하면, 그것도 아니라는 말입니다. 생각에 얽매여도 병이고, 혼침해도 병이므로, 이 모두를 버려야 한다는 것입니다.

37. 좋지 않으면 신기를 괴롭히거늘
어찌 성기고 친함을 쓸 건가.

不好勞神커든　何用疎親가
불 호 노 신　　　하 용 소 친

쓸데없이 정신을 쓰지 말아라, 정신을 쓰면 점점 더 멀어진다는 것입니다.

'어찌 성김과 친함을 쓸까 보냐' 하는 것은 그럴 필요가 없다는 말입니다. 성김이란 멀리한다는 뜻이니 세간법과 악을 버림이고, 친함이란 가까이한다는 뜻으로 세간법과 악을 취한다는 것입니다. 악을 버리고 선을 취하려 하지도 말며, 세간법을 버리고 불법(佛法)을 취하려고 하지도 말아야 합니다. 이리하여 양변·변견을 버리지도 취하지도 않을 때, 우리가 무상대도를 성취할 수 있는 것입니다.

38. 일승으로 나아가고자 하거든
육진을 미워하지 말라.

欲趣一乘이어든　勿惡六塵하라
욕 취 일 승　　　물 오 육 진

우리는 어떻게 해야 될까요? 일승(一乘)이란 무상대도를 말합니다. 무상대도를 성취하려거든 객관의 대상인 육진을 버리지 말며 미워하지도 말라는 것입니다. 왜냐하면 육진 이대로가 전체로 진여대용이기 때문입니다. 모르는 사람이 볼 때는 육진이지만, 아는 사람에게는 육진이 아니라 진여대용(眞如大用)의 육용(六用)이라는 것입니다. 중생이 집착심을 가지면 육진이 되고 눈 밝은 사람이 바로 쓰면 육용(六用)으로서 진여의 대용이라는 것입니다. 그러므로 우리가 육진을 버리고 어찌 무상대도를 구할 수 있겠느냐고 하는 말입니다.

39. 육진을 미워하지 않으면
도리어 정각과 동일함이라

六塵을 不惡하면   還同正覺이라
육 진   불 오   환 동 정 각

진여대용인 육진을 미워하지 않으면 바로 정각(正覺)이라는 말입니다. 육진을 버리고 정각을 성취하려는 사람은 마치 동쪽으로 가려고 하면서 서쪽으로 가는 것과 마찬가지이므로, 육진을 바로 보라는 것입니다.

40. 지혜로운 이는 함이 없거늘
어리석은 사람은 스스로 얽매이도다.

智者는 無爲어늘   愚人은 自縛이로다
지 자   무 위   우 인   자 박

지혜 있는 사람은 아무것도 할 것이 없습니다. 왜냐하면 대도가 현전하여 버리려야 버릴 것이 없고 취하려야 취할 것이 없는데, 무슨 할 일이 있겠습니까? 잘 모르는 사람은 공연히 취하려고 애쓰며 버리려고 고생을 합니다. 어리석은 사람은 근본 대법을 모르기 때문에 스스로 취사심에 묶여서 엎어지고 자빠지며 지옥으로 갔다 극락으로 갔다 하며 온갖 전도(顚倒)를 거듭합니다.

그러면 '본래 스스로 함이 없다[本自無爲]'고 하여 손도 꼼짝 않고 아무 일도 하지 않으면 될 것 아니냐고 할는지 모르지만, 이것도 무위법에 떨어진 것이 됩니다. '함이 없다[無爲]'고 했지만 실제는 함이 없는 것을 찾아볼 수도 없고 중도를 깨쳐도 중도도 찾아볼 수 없는 구경에서 하는 말이지, '함이 없다'고 해서 아무것도 하지 않고 가만히 있으면 된다는 말은 아닙니다.

41. 법은 다른 법이 없거늘
   망령되이 스스로 애착하여

法無異法이어늘　　**妄自愛着**하야
법 무 이 법　　　　　망 자 애 착

법은 다른 법이 없어서 중생이 생각하고 집착할 특별한 법이 없는데, 공연히 스스로 애착할 뿐이라는 말입니다. 세법을 버리고 불교를 해야겠다, 교학을 버리고 참선을 해야겠다, 반대로 참선하면 무슨 소용 있나, 교(敎)나 하자 하는 것 등이 모두 애착입니다. 그러므로 쓸데없이 선이니, 교니, 중생이니, 부처니, 마구니니 하는 분별들은 모두 망견인 변견으로써 애착심입니다. 그러니 그 모두를 버려야 한다는 것입니다.

42. 마음을 가지고 마음을 쓰니
어찌 크게 그릇됨이 아니랴.

將心用心하니　豈非大錯가
장 심 용 심　　　기 비 대 착

"쓸데없이 마음을 가지고 마음을 쓰고 있으니 어찌 크게 잘못됨이 아니겠는가?" 하는 것입니다. 참으로 알고 보면 우리가 성불하려고 애를 쓰고, 참선하려고 애를 쓰고, 경을 배우려고 애를 쓰는 것 전부가 마치 머리 위에 머리 하나를 더 얹으려는 것과 같습니다. 우리가 추구하는 대도는 본래 스스로 원만히 갖추어져서 그 진여광명이 일체에 현성(現成)해 있으므로, 우리가 피하려야 피할 수 없고 숨으려야 숨을 수도 없습니다. 그런데 자꾸 마음으로 잡으려 하고 성취하려고 하면 점점 더 멀어지기 때문에 이것이 가장 잘못된 일이라고 하는 것입니다.

우리가 어떻게 해서든 바로 깨치면 그만입니다만, 깨쳤다는 생각도 병입니다. 더구나 깨치지 않았다면 참으로 집착심을 떠날 수 없는 것이므로, 깨치지 않으면 안 될 것입니다. 우리가 눈을 뜨지 않고는 광명을 볼 수 없듯이 깨치지 못하면 밤낮으로 현전한 이 진여광명을 절대로 볼 수 없습니다.

43. 미혹하면 고요함과 어지러움이 생기고
깨치면 좋음과 미움이 없거니

迷生寂亂이요　悟無好惡어니
미 생 적 란　　　오 무 호 오

미혹할 때는 고요함과 혼란함이 생기나 깨치면 좋은 것도 나쁜 것도 없다는 것입니다. 좋다, 나쁘다 하는 감정은 취사심이므로 미혹할 때는 집착심이 있지만 깨치면 취사심이 없다는 것입니다.

44. 모든 상대적인 두 견해는
자못 짐작하기 때문이로다.

一切二邊은　良由斟酌이로다
일 체 이 변　　양 유 짐 작

모든 치우친 두 가지 견해, 즉 양변을 다 버려야만 무상대도인 일승으로 나아갈 수 있는데, 우리가 쓸데없는 생각과 계교심을 일으켜 이리 따지고 저리 따진다는 것입니다. 본래 법에는 양변이 있는 것이 아닌데도 마음으로 이것은 좋고 저것은 나쁘다는 분별을 내는 것을 짐작(斟酌)이라고 합니다. 그러므로 짐작인 취사심만 버리면 전체가 현전하여 대도(大道) 아님이 없다는 것입니다.

45. 꿈속의 허깨비와 헛꽃을
어찌 애써 잡으려 하는가.

夢幻空華를　何勞把捉가
몽 환 공 화　　하 로 파 착

'꿈속의 허깨비와 헛꽃'은 일체의 변견을 말합니다. 성불하려는 것도 꿈속의 불사(佛事)이니, 성불한다는 것도 중생 제도한다든지 하는 것도 모두 꿈이며 헛꽃이라는 것입니다. 중생이니 부처니 하는 생각과 불법이니 세법이니 하는 것도 다 놓아버려야 하는데, 왜 이를 잡으려고 애를 쓰느냐 하는 것입니다.

46. 얻고 잃음과 옳고 그름을
일시에 놓아버려라.

得失是非를　一時放却하라
득 실 시 비　　일 시 방 각

잘잘못과 옳고 그름 모두가 변견이니, 이러한 양변을 완전히 버리면 중도가 현전하지 않겠느냐는 것입니다.

47. 눈에 만약 졸음이 없으면
모든 꿈 저절로 없어지고

眼若不睡면　諸夢自除요
안 약 불 수　　제 몽 자 제

누구든지 잠을 자지 않으면 꿈은 없는 것입니다. 꿈은 누구든지 잠을 자기 때문에 있는 것입니다.

48. 마음이 다르지 않으면
만법이 한결같느니라.

心若不異면　萬法一如니라
심 약 불 이　　만 법 일 여

마음에 다른 생각인 차별심·분별심을 내지 않으면 만법이 여여(如如)한 그대로라는 것입니다.

만법이 본래 여여한데 우리가 여여하지 않다고 인식하는 것은 바로 마음에 분별이 있기 때문입니다. 그러므로 만법이 본래 여여한 것을 우리가 억지로 여여치 않게 할 수도 없는 것이며, 여여치 않은 것을 여여하게 할 수도 없습니다. 만법이 본래 한결 같아서 여여부동(如如不動)한데도 그것을 보지 못함은 중생의 마음속에 분별심이 있기 때문이므로, 마음 가운데서 분별심을 버려야 한다는 것입니다. 마음에 전혀 분별심이 없으면 '만법이 한결같다'는 것을 볼 수 있는 것입니다.

49. 한결같음은 본체가 현묘하여
   올연히 인연을 잊어서

一如體玄하야 兀爾忘緣하야
일 여 체 현 　　올 이 망 연

'일체 만법이 여여하다'는 것은 그 본체가 현묘하기 때문입니다. 현묘한 본체는 석가가 아무리 알았다 해도 실제로 알 수는 없으며, 달마가 전했다 해도 전할 수 없는 것입니다.

그러므로 옛 사람이 '석가도 알지 못하거니 가섭이 어찌 전할 수 있을 건가[釋迦猶未會어니 迦葉豈能傳가]'라고 하였던 것입니다. 정말 알 수도 없고 전할 수도 없다면 어떻게 해야 할 것입니까? 그럼 석가가 깨치고 가섭에게 전했다고 하는 것도 거짓말인가?

그러나 참으로 알 수 없는 가운데서 분명히 알고, 전할 수 없는 가운데서 분명히 전하는 것이 불교의 묘법이니, 이것이 참으로 현묘한 이치라는 것입니다.

'올연히 일체 인연을 다 잊었다'고 하는 그 인연이란 생멸인연을 말합니다. 더 나아가서 생멸인연이든 불생멸인연이든, 세간법이든 출세간법이든 모든 인연을 다 잊어버렸다는 뜻입니다.

50. 만법이 다 현전함에
돌아감이 자연스럽도다.

萬法이 齊觀에   歸復自然이니라
만 법   제 관   귀 복 자 연

'만법제관(萬法齊觀)'이란 흔히 일체 만법을 환히 다 본다는 뜻으로 해석하지만, 일체 만법이 모두 다 나타난다는 뜻입니다. '돌아감이 자연스럽다'고 해서 그냥 자연으로 돌아간다는 말이 아니니, 그렇게 되면 천연외도(天然外道)가 되고 맙니다. 귀복(歸復)이란 반본환원(返本還源)의 뜻으로써 자성청정심으로 돌아가는 것이 자연스럽다는 것입니다. 우리가 실제 분별심만 다 버린다면 이 자성청정심에 돌아가는데, 그 돌아감이 아무런 조작이 없으며 힘들지 않아 자연스럽다는 것입니다.

51. 그 까닭을 없이 하여
견주어 비할 바가 없음이라

泯其所以하야   不可方比라
민 기 소 이   불 가 방 비

그러면 그렇게 되는 이유가 무엇이냐? 그러나 그 이유는 말할 수 없다는 것입니다. 왜냐하면 이것은 부사의해탈경계(不思議解脱境界)이기 때문에 말로도 표현할 수 없고 마음으로도 생각할 수 없기 때문입니다. 그러므로 어떻게 비교해서 이렇다 저렇다 설명할 수 없다는 것입니다.

52. 그치면서 움직이니 움직임이 없고
움직이면서 그치니 그침이 없나니

止動無動이요　動止無止니
지 동 무 동　　동 지 무 지

움직임과 그침은 상대법으로써 여기서는 먼저 이 두 상대법을 서로 긍정한 다음에 두 법을 부정하였습니다[照而遮]. 그치면서 움직인다[止而動] 함은 그침과 움직임이 서로 긍정하면서 두 법이 융통자재하게 살아나는 동시에 움직임이 없음[無動]을 말하였고, 움직이면서 그친다[動而止] 함은 움직임과 그침이 서로 긍정하면서 두 법이 상통(相通)하는 동시에 그침이 없음[無止]을 말하였습니다. 그러므로 움직임과 그침의 양변을 완전히 부정하면서 다시 두 법을 긍정하여 서로 융통자재하게 쓸 수 있는 중도정의(中道正義)를 여기서도 볼 수 있는 것입니다.

그치면서 움직임[止動]과 움직이면서 그침[動止]은 두 법이 서로 비춰서[雙照] 살아남[常照]을 말하고, 움직임이 없고[無動] 그침이 없다[無止] 함은 두 법을 함께 막아[雙遮] 없애버림으로써[常寂] 비추면서 항상 고요하고[照而常寂] 고요하면서 항상 비추는[寂而常

照] 중도법계의 이치를 그대로 나타낸 것입니다. 이 구절에서는 먼저 비춰서 막고[照而遮] 뒤에 막아서 비춘다[遮而照]는 순서만 달리하였을 뿐, 막음과 비춤을 함께한[遮照同時] 중도정의는 다름이 없습니다.

결국 움직임은 그침에 즉(卽)한 움직임이므로 움직임이 없는 것이며, 그침은 움직임에 즉(卽)한 그침이므로 그침이 없어서, 움직임과 그침이 함께 융통자재하면서 동시에 두 상대법이 없어짐을 말하고 있습니다. 또한 움직임은 그침 가운데 움직임이며[靜中動], 그침은 움직임 가운데 그침이어서[動中靜] 움직임과 그침의 두 상대법이 함께 없어지면서 함께 서로 통하고 있습니다.

53. 둘이 이미 이루어지지 못하거니
하나인들 어찌 있을 건가.

兩旣不成이라 **一何有爾**아
양 기 불 성   일 하 유 이

움직임과 그침이 상대법이기 때문에 움직임과 그침을 모두 버리면 둘이 이미 이루어지지 않는데, 하나가 어찌 있을 수 있겠습니까? 하나까지도 없어져야 둘이 없어진다는 것과 마찬가지로, 이미 둘이 성립하지 않는데 어떻게 하나인들 있을 수 있느냐는 것입니다.

54. 구경하고 궁극하여서
   일정한 법칙이 있지 않음이요

究竟窮極하야　不存軌則이요
구 경 궁 극　　　부 존 궤 칙

　양변을 완전히 떠나서 중도를 성취하면 거기서는 중도라 할 것
도 찾아볼 수 없습니다. 이것이 구경하고 궁극한 법으로써 어떠한
정해진 법칙도 없다는 것입니다. 그러나 법칙이 없다 해서 단멸(斷
滅)에 떨어진 것은 아닙니다. 작을 수도 있고 클 수도 있으며, 모날
수도 있고 둥글 수도 있는 것이기 때문에 현전한 진여대용이 자유
자재하고 호호탕탕하여 법을 마음대로 쓰는 입장에서 하는 말입
니다.

55. 마음에 계합하여 평등케 되어
   짓고 짓는 바가 함께 쉬도다.

契心平等하야　所作이 俱息이로다
계 심 평 등　　　소 작　　구 식

　내 마음이 일체에 평등하면 조금도 차별 망견을 찾아볼 수 없
고 여여하다는 것입니다. 그렇다고 해서 산이 물속으로 들어가고
물이 산 위로 솟아 올라오는 것이 아니라 산은 산 그대로 높고 물
은 물 그대로 깊은데, 그 가운데 일체가 평등하고 여여부동함을
보지 않으려야 않을 수 없습니다. 그러므로 이것을 '짓고 짓는 바
가 함께 쉰다'고 표현하고 있으니 바로 일체 변견을 다 쉬어버렸다
는 것입니다.

56. 여우같은 의심이 다하여 맑아지면
바른 믿음이 고루 발라지며

狐疑가 淨盡하면 正信이 調直이라
호 의   정 진   정 신   조 직

자기의 일체 변견과 망견을 다 버리면 의심이 없어진다는 말입니다. 그러므로 바른 믿음이 화살같이 곧게 서버렸다는 것입니다. 바른 믿음[正信]이란 신(信)·해(解)·오(悟)·증(證)의 전체를 통한 데서 나오는 믿음이며, 처음 발심하는 신심(信心)을 의미하는 것은 아닙니다. 구경을 성취하면 바른 믿음이라 하든 정각(正覺)이라 하든 여기서는 뭐라 해도 상관없으니, 이것이 일정한 법칙이 있지 않은 것입니다. 바른 믿음은 수행의 지위가 낮고 정각은 수행의 지위가 높은 것으로 생각할지 모르겠으나, 근본을 바로 성취한 사람을 믿음이라 각(覺)이라 부처라 중생이라 조사라 무어라 해도 상관없습니다. 실제에 있어서는 변견을 여의고 중도를 바로 성취했느냐 못 했느냐 하는 것이 문제이지, 이름은 무엇이라 해도 괜찮은 것입니다.

57. 일체가 머물지 않아
기억할 아무것도 없도다.

一切不留하야 無可記憶이로다
일 체 불 류   무 가 기 억

객관적으로 일체가 머물지 못한다거나 주관적으로 일체를 머물게 하지 않는다고 하면, 어떤 머물 것이 있고 머물지 못할 것이 있는 것처럼 됩니다. 때문에 여기에는 능(能)·소(所)가 붙으므로 바른 해석이 되질 않습니다.

여기서는 바른 믿음이 곧고 발라서 진여자성이 현전해 있기 때문에 일체가 머물지 못하고 또한 일체를 머물게 하지 않는다는 것입니다. 그렇게 되면 무엇을 기억하려야 할 것이 없습니다. 거기에는 부처도 조사도 찾아볼 수 없는데 무슨 기억을 할 수 있겠느냐는 뜻입니다.

58. 허허로이 밝아 스스로 비추나니
　　애써 마음 쓸 일 아니로다.

　　虛明自照하야　不勞心力이라
　　허 명 자 조　　　불 로 심 력

'허(虛)'란 일체가 끊어진 쌍차(雙遮)를 의미하고, '명(明)'이란 일체를 비추어 다 살아나는 것으로써, 즉 쌍조(雙照)를 말합니다. 허(虛)가 명(明)을 비추고 명(明)이 허(虛)를 비춰서 부정과 긍정이 동시[遮照同時]가 된다는 말입니다. 이것은 우리에게 본래 갖추어진 자성의 묘한 작용이므로 마음의 힘을 통해 억지로 어떻게 할 수 없다는 것입니다.

59. 생각으로 헤아릴 곳 아님이라
　　의식과 망정으론 측량키 어렵도다.

　　非思量處라　識情으론 難測이로다
　　비 사 량 처　　식 정　　　난 측

대도는 사량(思量)으로는 알 수 없고 깨쳐야만 안다는 것입니다. 보통 중생의 사량은 거친 사량[麤思量]이라 하고, 성인의 사량은 제8아뢰야식의 미세사량(微細思量)이라 하는데 거친 사량은 그만두고, 미세사량으로도 대도는 모른다는 것입니다. 십지(十地)·등각(等覺)의 성인도 허허로이 밝게 스스로 비추는 무상대도는 알 수 없고, 구경각을 성취한 묘각(妙覺)만이 그러한 무상대도를 알 수 있다는 것입니다. 그러면 그것을 무엇이라고 하느냐 하면 바로 진여법계라 한다는 것입니다.

60. 바로 깨친 진여의 법계에는
남도 없고 나도 없음이라

眞如法界엔　無他無自라
진 여 법 계　　무 타 무 자

여기서부터는 『신심명(信心銘)』의 총결산입니다.

모든 병폐를 털어버리면 진여법계가 현전한다는 것입니다. 진여법계란 일심법계(一心法界)를 말하는 것으로, 그것을 견성이라고 합니다. 그 진여법계의 내용은 남도 없고 나도 없어서 모든 상대, 곧 일체를 초월하여 양변을 완전히 떠난 것입니다. 우리의 모든 현실이란 상대로 되어 있는데, 그 현상계를 해탈하여 진여법계·일심법계인 자성을 보게 되면, 남도 없고 나도 없는 절대 경지에 들어가게 됩니다. 이것이 상대법이 끊어진 쌍차(雙遮)의 경계이며 진여법계·일심법계인 것입니다.

61. 재빨리 상응코자 하거든
   둘 아님을 말할 뿐이로다.

   要急相應하면   唯言不二로다
   요 급 상 응   유 언 불 이

앞에서 '진여법계는 남도 없고 나도 없다'고 하니 아무것도 없는 텅 빈 그런 세계라고 생각할지 모르나, 진여법계는 그런 세계가 아니라 대자유의 세계입니다. 요즈음 말로 하면 3차원의 차별세계를 완전히 초월하면 차별이 다한 4차원의 부사의경계(不思議境界)가 나타난다는 것입니다. 그것이 진여법계이며 '둘 아님을 말할 뿐'입니다. 둘 아니란 말은 나와 남이 둘이 아니고, 있음[有]과 없음[無]이 둘이 아닙니다. 대립되어 서로 통하지 못하는 상대세계를 초월하고 절대세계에 들어가면 모든 상대를 극복하여 융합한다는 의미입니다. 나와 남이 없다 하니 아무것도 없이 텅텅 빈 것이 아니라 상대적인 나와 남이 없을 뿐입니다. 따라서 남이 곧 나이고 내가 바로 남으로서, 나와 남이 하나로 통하는 절대법계의 세계가 있다는 것을 분명히 알아야 합니다.

62. 둘 아님은 모두가 같아서
   포용하지 않음이 없나니

   不二가 皆同하야   無不包容하니
   불 이   개 동   무 불 포 용

서로 상극되는 물과 불을 예로 들어 봅시다. 물과 불이 상대적으로 있을 때는 서로 통하지 않지만, 참으로 쌍차(雙遮)하여 물과 불을 초월하면 물이 곧 불이고 불이 바로 물이 되어 버립니다. 보통의 논리로는 전혀 말이 안 되는 것 같지만, 여기에 와서는 물과 불이 둘 아닌 가운데 물속에서 불을 보고 불속에서 물을 퍼내게 되니, 이러한 세계가 참으로 진여법계라는 의미입니다. 둘이 아닌 세계, 즉 물도 불도 아닌 세계는 물속에 불이 있고 불속에 물이 있는 것입니다. 그리하여 일체 만물이 원융무애하고 탕탕자재하기 때문에 '모든 것을 포용하지 않음이 없다' 한 것이니 쌍조(雙照)입니다. 즉 그 세계에서는 일체 만물의 대립은 다 없어지고 거기에 포섭되지 않는 것이 없게 됩니다. 이와 같이 둘이 아닌 진여법계를 깨치지 못하면 서로서로 대립이 되어 포섭이 되지 않고 싸움만 하게 됩니다. 쌍차(雙遮)란 모든 것을 버리는 세계이며, 쌍조(雙照)란 모든 것을 융합하는 세계입니다.

63. 시방의 지혜로운 이들은
모두 이 종취로 들어옴이라

十方智者가　皆入此宗이라
시 방 지 자　　개 입 차 종

시방세계의 모든 지혜 있는 사람들이 모두 이 종취로 들어간다는 말입니다. 모든 있음과 없음의 차별세계를 떠나면 절대세계인 둘 아닌 세계[不二世界]로 들어가지 않을 수 없게 됩니다. '이 종취에 들어간다' 한 것은 바로 '둘 아닌 세계'에 들어간다는 뜻입니다. 대립을 버리면 모든 것이 융합한 세계에 들어가는데 그곳이 곧 둘 아닌 세계, 진여의 세계, 쌍조의 세계인 것입니다.

64. 종취란 짧거나 긴 것이 아니니
한 생각이 만년이요

宗非促延이니　一念萬年이요
종 비 촉 연　　　일 념 만 년

이러한 종취는 짧거나 긴 것이 없다는 것입니다. 촉(促)이란 짧은 것, 연(延)이란 긴 것입니다. 이 진여법계의 종취는 시간적으로 짧거나 길지도 않다는 것으로써 한 생각 이대로가 만년이며 만년이대로가 한 생각입니다. 즉 무량원겁(無量遠劫)이 한 생각이며 한 생각이 무량원겁이라는 것입니다. 본문에서 짧은 것도 없고 긴 것도 없다 하니, 이것은 무엇을 말하느냐? 긴 것이 짧은 것이고 짧은 것이 긴 것이라는 뜻으로써, 한 생각이 만년이며 만년이 한 생각이라는 것입니다.

'짧고 긴 것이 아니라' 함은 쌍차(雙遮)이며, '한 생각이 만년'이라는 것은 쌍조(雙照)를 말합니다. 우리가 진여자성을 깨쳐서 대도를 성취하면 시간의 길고 짧음이 다 끊어진다는 것입니다. '한 생각이 만년'이라고 해서 한 생각과 만년이 따로 있는 줄 알면 큰 잘못입니다. 그것은 시간·공간이 끊어진 데서 하는 말이므로 '한 생각'도 찾아볼 수 없고 '만년'도 찾아볼 수 없습니다.

65. 있거나 있지 않음이 없어서
시방이 바로 눈앞이로다.

無在不在하야　十方目前이로다
무 재 부 재　　　시 방 목 전

시방(十方)은 먼 곳을 말하고 목전(目前)은 가까운 곳을 말합니다. 공간적으로 멀고 가까움이 서로 융합되어 버린다는 것입니다.

우리가 해탈하여 둘 아닌 진여세계로 들어가면 시간적으로 길고 짧음이, 공간적으로 멀고 가까움이 없어서 한 생각이 만년이고 만년이 한 생각이며, 있는 것도 없고 없는 것도 없어서 시방이 목전이고 목전이 시방입니다. 여기서는 멀고 가까움이 통하여 원융무애한 둘 아닌 세계가 된다는 것입니다. '있음도 없고 없음도 없다'는 것은 쌍차를 말하며 '시방이 눈앞이라' 함은 쌍조를 말합니다.

66. 지극히 작은 것이 큰 것과 같아서
상대적인 경계 모두 끊어지고

極小同大하야　　忘絶境界하고
극 소 동 대　　　망 절 경 계

어떻게 작은 것이 큰 것과 같을 수 있는가? 이는 조그마한 좁쌀 속에 시방세계가 들어간다는 의미인데, 시방세계 속에 좁쌀이 들어간다는 말은 알기 쉽지만, 좁쌀 속에 시방세계가 들어간다 하면 상식적으로 우스운 이야기가 됩니다. 그러나 원융무애하여 상대가 끊어진 세계는 조그마한 좁쌀 속에 삼천대천세계가 들어가고도 남는다는 것입니다. 왜냐하면, 상대적인 경계가 끊어져 한계가 없기 때문인 것입니다. 한계가 있으면 작은 좁쌀에도 한계가 있고 시방세계도 한계가 있으니 작은 좁쌀 속에 어떻게 큰 시방세계가 들어갈 수 있겠습니까? 그러나 여기는 한계가 없으므로 조그마한 좁쌀 속에 큰 시방세계가 들어간다는 것입니다. 그러므로 작은 좁쌀

이 큰 시방세계로써, 온 시방세계가 좁쌀 속에 모두 들어가는 것입니다. 그것은 크고 작은 한계가 없기 때문입니다. 가령 경계가 있다면 좁쌀 속에 어찌 시방세계가 들어갈 수 있겠습니까?

67. 지극히 큰 것은 작은 것과 같아서
그 끝과 겉을 볼 수 없음이라

極大同小하야   不見邊表라
극 대 동 소   불 견 변 표

지극히 커도 작은 것과 동일하여, 가도 없고 밑도 없고 끝도 없다는 말입니다. 그러므로 '작은 것이 큰 것과 같다' 함과 '지극히 큰 것이 작은 것과 같다' 함은 쌍조(雙照)를 말한 것이며, '경계가 끊어졌다' 함과 '끝과 겉을 볼 수 없다' 함은 쌍차를 말한 것으로 모두 양변을 여의었다는 말입니다. 그러므로 이와 같이 쌍차쌍조(雙遮雙照)가 되면 둘 아닌 세계[不二世界]에 들어가지 않으려야 않을 수 없습니다.

68. 있음이 곧 없음이요
없음이 곧 있음이니

有卽是無요   無卽是有니
유 즉 시 무   무 즉 시 유

있음과 없음이 각각 별개의 것이 아니라 있는 것이 없는 것이며 없는 것이 있는 것이라는 말입니다. 있음과 없음이 가장 통하기 어려우나 진여법계에서는 모든 것이 원융하여 무애자재하기 때문에 그렇게 된다는 것입니다.

69. 만약 이와 같지 않다면
반드시 지켜서는 안 되느니라.

若不如此인댄　不必須守니라
약 불 여 차　　　불 필 수 수

있음과 없음이 둘이 아닌 진여법계를 우리가 실제로 바로 깨치면, 있는 것이 없는 것이고 없는 것이 있는 것인 둘 아닌 세계로 바로 들어가게 됩니다. 그러기 전에는 불법(佛法)이라 할 아무것도 없다는 것입니다.

70. 하나가 곧 일체요
일체가 곧 하나이니

一卽一切요　一切卽一이니
일 즉 일 체　　일 체 즉 일

하나는 작은 하나이며 일체는 커다란 전체입니다. 진여법계에서는 하나가 곧 많음이고 많음이 바로 하나로써 하나와 많음이 서로서로 통하여, 하나가 곧 전체이고 전체가 바로 하나라는 것입니다.

71. 다만 능히 이렇게만 된다면
마치지 못할까 뭘 걱정하랴.

但能如是하면　何慮不畢가
단 능 여 시　　하 려 불 필

일체 진리를 깨치고 나면 일체 원리를 모두 성취하였다는 말이
니, 결국 이것은 우리의 자성자리, 곧 법계실상(法界實相)을 얘기한
것입니다.

72. 믿는 마음은 둘 아니요
둘 아님이 믿는 마음이니

信心不二요　不二信心이니
신 심 불 이　　불 이 신 심

그러면 이 진여법계를 무엇으로 깨치느냐 하면 바로 신심(信心)
이라는 것입니다. 이 신심(信心)은 범부에서부터 부처가 될 때까지
모두가 신심(信心)뿐인 것이니, 이는 신(信)·해(解)·오(悟)·증(證)을
함께 겸한 신심(信心)입니다. 그러므로 신심은 불법진여의 근본으
로써 그것은 둘이 아니며, 모든 것이 원융하여 쌍조가 되어서 '둘
아님이 신심(信心)'이라 하였습니다. '둘 아님이 신심(信心)'이니 거
기서는 아무 상대도 없고 무애자재만 남게 됩니다.

73. 언어의 길이 끊어져서
과거·미래·현재가 아니로다.

言語道斷하야 非去來今이로다
언 어 도 단   비 거 래 금

그 깊고 오묘한 도리는 언어의 길이 끊어져서 말이나 문자로 설명할 수 없고, 과거·미래·현재의 삼세(三世)가 없다는 것입니다. 여기서 '언어의 길이 끊겼다' 하니 벙어리의 세계냐고 할지 모르나 그렇지는 않습니다. 상대적인 언어의 길은 끊겼지만 원융무애한 진여법계에서는 언어의 길이 끊어졌다고 해도 한마디 한마디가 무한한 진리로써 모든 것이 다 표현되어 있습니다. 또 '삼세가 없다' 하지만 삼세가 끊어진 곳에 삼세가 분명하여 과거 속에 미래가 있고 미래 속에 과거가 있으며, 현재 속에 과거가 있고 현재 속에 미래가 있습니다. 그러므로 과거도, 미래도, 현재도 아닌 동시에 과거 속에 미래가 미래 속에 현재가 원융하여 무애자재한 진여법계가 있을 뿐이라는 것입니다.

제4장

—

맺는 말

지금까지 살펴본 바와 같이 『신심명』의 대의는 우리가 모든 상대적인 양변의 차별견해를 모두 버리면 원융무애한 세계로 돌아오게 된다는 것입니다. 그것은 부사의해탈경계(不思議解脫境界), 또는 진여법계(眞如法界), 무장애법계(無障碍法界)라 하기도 합니다. 이것을 선종에서는 '마음' 또는 '자성(自性)'이라 합니다. 하지만 '마음', '자성'이라 하는 것도 할 수 없어서 그렇게 표현한 것으로 그것도 다 거짓말이며, 깨치면 결국 이런 말이 다 소용없다는 것입니다. 물을 마셔 보아야 물이 차고 더운지를 스스로 아는 것처럼 진여법계·둘 아닌 세계·무장애법계·부사의해탈경계라 하지만, 깨치고 보면 이러한 표현들이 도저히 적용되질 않습니다. 그러나 이대로가 견성이고 선종의 구경인 줄 알면 큰일 납니다.

삼조 승찬대사가 『신심명』을 지은 것도 중생을 위하여 할 수 없이 이런 말씀을 하셨는데, 나중에 참으로 스스로 자성을 깨치고 보면 이것도 아이들 말장난인 줄 알게 됩니다. 그렇지만 높은 데 올라가려면 사다리를 딛지 않고 올라갈 수 있겠습니까? 부처님과 모든 조사들의 말씀도 그 사다리와 같은 것입니다. 사다리를 딛고 실제로 높은 꼭대기에 올라가면 사다리 그것 또한 버려야 되는 것입니다. 그러므로 『신심명』이라는 이 언어문자에 집착하지 말고 이것이 참 진리라는 생각도 하지 말며 오직 화두를 부지런히 해서 자성을 바로 깨치면 『신심명』 전체가 거짓말인 줄 분명히 알 것입니다. 그러므로 『신심명』 전체가 거짓말이며 부처도 한 푼어치가 못 된다는 것을 바로 알아야 합니다. 그때 가서 참으로 삼조 승찬 대사가 『신심명』을 지은 깊은 뜻을 알 수 있고, 불법을 바로 알아서 부처님의 은혜를 조금이라도 갚을 수 있는 것입니다.

둘 아닌 세계[不二世界]인 무애자재한 세계를 말씀해 놓은 이 『신심명』도 모를 때는 금덩이처럼 소중하지만 깨치고 보면 거름처럼 더러운 것입니다. 글자만 따라가서는 영영 죽고 말지니 모든 대중은 화두를 부지런히 하여 하루빨리 견성성불합시다.

제2편

증도가

제1장

—

머리말

『증도가(證道歌)』는 영가(永嘉)스님이 지었습니다.

영가(永嘉)스님의 휘(諱)는 현각(玄覺)이요, 자(字)는 도명(道明)이고, 성은 대(戴)씨이며, 절강성(浙江省) 온주부(溫州府) 영가현(永嘉縣) 사람입니다.

어릴 때 출가하여 안으로는 삼장(三藏)을 두루 섭렵하고 밖으로는 외전에도 널리 통달하였다고 합니다.

영가스님은 본래 천태종 계통으로 천태지관(天台止觀)을 많이 익혀서 그 묘를 얻고 항상 선관(禪觀)으로 수행하였습니다. 천태종 8조(八祖)인 좌계현랑(左溪玄朗) 법사와는 동문(同門)이며, 나중에 도를 성취하고 난 뒤에도 서로 서신 왕래를 하였다고 합니다.

일찍이 온주의 개원사(開元寺)에 있으면서 홀어머니를 모시고 지내며 효순하기로 소문이 났으나, 누님까지 함께 지내니 두 사람을 보살피고 있다 하여 온 사중(寺中)과 동구(洞口)에서 비방을 하였습니다. 어느 날 어머니가 별세하여 상복을 입고서도 누님을 떠나보내지 못하니 사람들의 비방이 더욱 심했으나 영가스님은 전혀 그러한 데 개의치 않았습니다.

영가스님이 천태종에 있으면서 선관을 닦고 선종과 비슷한 길을 밟았다고 기록되어 있는데, 그러면 왜 천태종에서 선종으로 왔는지가 궁금해집니다.

어느 날 개원사 복도로 현책(玄策)이라는 선사가 지나가고 있었는데 나이는 60여 세였습니다. 이때 그의 누님이 발 밖으로 그 노숙(老宿)을 보고,

"저 노스님을 방으로 청해서 대접했으면 좋겠다."

고 하였습니다. 영가스님이 얼른 나가서 노스님을 청하였더니, 노숙은 들어오지 않으려 하다가 스님의 간절한 청에 못 이겨 방에 들어왔습니다. 그 노숙과 법에 대해 여러 가지로 토론해 보니 자신의 견처나 노스님의 견처가 같은 점도 많이 있고 독특한 점도 있음을 알게 되었습니다. 현책스님은 영가스님에게 물었습니다.

"그대의 법사는 누구인가?"

"제가 『방등경론(方等經論)』을 배울 때는 각각 스승이 계셨으나, 뒤에 『유마경(維摩經)』에서 불심종(佛心宗)을 깨치고는 아직 증명하실 분이 없습니다."

세 사람이 이야기를 나누던 끝에 노스님은 영가스님의 기상이 다른 사람들과 다르고, 또 그 누님에게도 협기(俠氣)가 있음을 느끼고 다음과 같이 권했습니다.

"부모와 형제에게 효순하는 일도 한 가지 길이지만, 당신은 불법의 이치를 밝히기는 했으나 스승의 인가를 얻지 못하고 있소. 과거의 부처님들도 성인과 성인이 서로 전하시고 부처와 부처가 서로 인가하셨소. 석가여래께서도 연등불의 수기를 받으셨는데 그렇게 하지 않으면 천연외도에 떨어지게 되기 때문이오. 남방에 큰

스승으로 혜능선사가 계시니 그곳으로 가서 발아래 예배하고 스승으로 섬기시오."

그러자 영가스님이,

"다른 분을 증명법사로 모실 것이 아니라 스님께서 법이 수승하신 듯하니 스님을 증명법사로 모시면 좋겠습니다. 나를 위해서 허락해 주십시오."

하자, 현책스님이 이렇게 대답하였습니다.

"나는 그대의 증명법사가 되기는 곤란하오. 지금 조계에는 육조대사가 계셔서 사방에서 학자가 운집하여 법을 받는 터이니 만약 그대가 가겠다면 함께 가리다."

그러나 영가스님이 누님 홀로 남겨 두고 떠나지 못하고 머뭇거리는 것을 보고 누님이 하는 말이 "나는 다른 데 의지해서 지낼 수 있으니 나를 걱정하지 말고 다녀오시도록 하라."고 하였습니다.

그리하여 현책스님과 함께 떠났는데, 그때 영가스님의 나이는 31세였습니다. 그럭저럭 시흥현(始興縣) 조계산(曹溪山)에 이르니 때마침 육조대사(六祖大師)께서 상당(上堂)하여 법문을 하고 계셨습니다. 이에 영가스님은 절도 하지 않고 선상을 세 번 돌고 나서 육환장을 짚고 앞에 우뚝 서 있자니 육조대사께서 물으셨습니다.

"대저 사문(沙門)은 삼천위의(三千威儀)와 팔만세행(八萬細行)을 갖추어서 행동이 어긋남이 없어야 하거늘, 대덕(大德)은 어디서 왔기에 도도하게 아만을 부리는가?"

육조스님의 이러한 말씀은 건방지게 와서 인사도 하지 않고 선상만 세 번 돌고 턱 버티고 서 있기만 하니 그것은 아만심이 탱천하기 때문이 아니냐 하는 힐난입니다. 그러나 육조스님이 영가스님 하는 짓을 몰라서 그런 것이 아니라 이렇게 한 번 슬쩍 법을 걸어보는 것입니다.

그러자 영가스님께서,

"나고 죽는 일이 크고, 무상(無常)은 빠릅니다."

라고 하였습니다. 이 말씀은 그저 피상적으로 관찰하는 것과는 뜻이 다르므로 그 깊은 뜻을 알아야 합니다. 이에 육조스님이 말씀하셨습니다.

"어찌하여 남[生]이 없음을 체험해 얻어서 빠름이 없는 도리를 요달하지 못하는가?"

이렇게 육조스님께서 반문하시니 이것은 '네가 지금 무상이 빠르다고 하니 그 무상(無常)의 근본을 바로 체험하여 깨치고, 남이 없음[無生]을 요달하면 빠르고 빠르지 않음이 떨어져 버린 구경을 성취하게 되는데, 왜 그것을 근본적으로 해결하지 못하고 있느냐' 하는 말씀입니다.

이에 영가스님이 답하였습니다.

"본체는 곧 남이 없고 본래 빠름이 없음을 요달하였습니다."

본체는 원래 남이 없으니 그걸 우리가 체득할 필요가 뭐 있느냐는 것입니다. 이대로가 남이 없고 이대로가 빠름이 없는데, 다시 남이 없고 빠름이 없음을 요달할 필요가 없는 것이라고 영가스님이 반박하자 육조스님이,

"네 말과 같다, 네 말과 같다."

고 인가하시니, 천여 명의 대중들이 모두 깜짝 놀랐다고 합니다.

그때에야 비로소 영가스님은 다시 동랑(東廊)으로 가서 육환장을 걸어 놓고 위의를 갖추어 육조스님께 정중히 예배하였습니다.

위의를 갖춘다는 것은 큰 가사를 입고 향을 피우고 스님에게 예배를 드리는 것을 말합니다. 영가스님이 이렇게 예배를 드리고 나서 바로 하직 인사를 드리자 육조스님이 말씀하셨습니다.

"왜 그리 빨리 돌아가려고 하느냐?"

"본래 스스로 움직이지 않거니 어찌 빠름이 있겠습니까?"

"누가 움직이지 않는 줄 아느냐?"

"스님께서 스스로 분별을 내십니다."

"네가 참으로 남이 없는 도리를 알았구나!"

"남이 없음이 어찌 뜻이 있겠습니까?"

이는 남이 없음에 뜻이 있다면 남이 없는 것이 아니라는 말씀입니다.

"뜻이 없다면 누가 분별하느냐?"

뜻이 있느니 없느니 하고 있는 그것부터가 분별하는 것이 아니냐는 육조스님의 질책입니다.

"분별하는 것도 뜻이 아닙니다."

분별을 하여도 심(心)·의(意)·식(識)의 사량으로 분별하는 것이 아니라 진여대용의 나타남이라는 영가스님의 말씀입니다. 그러자 육조스님께서 선상에서 내려오셔서 영가스님의 등을 어루만지시며 말씀하셨습니다.

"장하다. 옳은 말이다. 손에 방패와 창을 들었구나. 하룻밤만 쉬어 가거라."

그리하여 그때 사람들이 영가스님이 조계산에서 하룻밤만 자고 갔다 하여 일숙각(一宿覺)이라 부르기도 하였습니다.

이튿날 육조스님께 하직을 고하니 몸소 대중을 거느리시고 영가스님을 전송하셨는데, 영가스님이 열 걸음쯤 걸어가다가 석장을 세 번 내려치고 말했습니다.

"조계를 한 차례 만난 뒤로는 나고 죽음과 상관없음을 분명히 알았노라!"

선사가 고향으로 돌아오자 그의 소문은 먼저 퍼져서 모두들 그를 '부사의(不思議)한 사람'이라고 하였습니다.

이로부터 그의 가(歌)·항(行)·게(偈)·송(頌)은 모두가 그의 누나가 수집한 것입니다.

영가스님은 선천(先天) 2년(서기 713) 10월 17일에 입적하시니 세수 39세였으며, 시호(諡號)는 무상대사(無相大師), 탑호(塔號)는 정광(淨光)이라 하였습니다. 그 해에 육조스님께서도 돌아가시니 세수 76세였습니다.

이상에서 살펴본 바와 같이 흔히 어떤 사람들은 이 법담(法談)을 평하기를, 영가스님이 육조스님보다 나은 듯하고 육조스님이 말에 몰리는 것 같다고 합니다. 그래서 영가스님이 육조스님보다 수승(殊勝)한 사람이 아니냐고까지 말하는 사람이 있습니다.

그러나 그렇게 평을 하면 영가스님을 잘못 본 사람입니다. 영가스님 자신이 『증도가(證道歌)』 안에서 분명히 말씀하였습니다.

"스스로 조계의 길을 깨친 뒤로 나고 죽음과 상관없음을 분명히 알았다."

고 하여, 조계산에 있는 육조스님을 찾아와서 근본을 확철히 깨쳤다고 자기 스스로 말하고 있습니다.

고인(古人)들은 영가스님이 깨친 대목을 두고 말하기를 앞의 법담에서,

"어찌하여 남이 없음을 체험해 얻어서 빠름이 없는 도리를 요달하지 못하는가?"

하는 말끝에서 깨쳤다고 봅니다.

영가스님이 자기 스스로 조계의 길을 확실히 깨치고 난 뒤에는 나고 죽음에 자재하다고 말씀하였으며, 자기가 평생 동안 연구했던 천태종을 버리고 육조스님의 조계 선종의 입장에서 법문하였고 저술도 하였습니다. 그런 만큼 육조스님께 와서 깨친 것이 없다고 하는 사람은 영가스님의 뜻을 모르는 사람이고, 선종에서 깨친다고 하는 것이 어떤 것인지도 모르는 사람입니다. 그러면 영가스님의 행장(行狀)에 대해서는 이 정도로 살펴보고 『증도가(證道歌)』에 대해서 조금 이야기하겠습니다.

영가스님이 육조스님을 찾아가서 확철히 깨치고, 깨친 경지에 의지해서 『증도가』를 지었는데, 천태종이나 다른 교가(敎家)의 사상과는 많이 다릅니다. 그러므로 천태종에서는 교리적으로 볼 때 맞지 않는 것이 많이 있다 하여, 이것은 일종의 미친 견해이지 바른 견해는 아니라고까지 혹평하고 있습니다. 그렇지만 선종에서 볼 때는 『증도가』가 선종사상을 대표하는 중요한 위치에 있으므로, 그렇게 비난하는 사람들은 선종을 모르는 데서 하는 말이지 바른 길을 아는 사람이면 그런 말을 하리라고는 절대로 생각되지 않습니다. 그래서 선(禪)과 교(敎)의 관계가 『증도가』에서 더욱더 완연히 드러나게 되는 것입니다.

선(禪)에서는 '한 번 뛰어넘어 여래지에 바로 들어간다[一超直入如來地]'고 많이 주장하는 데 대해서, 교(敎)에서는 '점차로 닦아 성불하는 것[漸修]'만을 근본으로 표방하므로 서로가 정반대의 입장에 서게 됩니다. 그래서 그 당시 영가스님의『증도가』에 대해서 천태종에서 가장 많이 공격했지만, 그 공격도 일시적인 것이 되고 말았으며, 영가스님의『증도가』는 실제로 도 닦는 사람들에게 있어서는 만고의 표준이 되고 있습니다.

그러면『증도가(證道歌)』라 하였는데 '증(證)'이란 무엇을 말하는 것인가를 살펴봅시다.

'증(證)'이란 구경(究竟)을 바로 체득함을 말합니다.

깨달음[悟]에도 '증오(證悟)'와 '해오(解悟)' 두 가지가 있습니다. '해오(解悟)'란 견해(見解)·지해(知解)를 말하는 것으로, 알기는 분명히 알지만 실제 마음으로 체득하지는 못했다는 것입니다. 예를 들면 얼음이 본래 물인 줄은 알았지만 아직 녹지 않고 얼음 그대로 있는 것을 말합니다. 그러므로 얼음을 녹여 물로 쓰고 있지는 못하듯이 중생이 본래 부처인 줄은 분명히 알았지만 번뇌망상이 아직 그대로 남아 있어서 중생 그대로인 것, 그것을 해오(解悟)라고 말합니다.

'증오(證悟)'란 얼음을 완전히 녹여서 물로 쓸 수 있을 뿐만 아니라 물 자체도 볼 수 없는 경계, 따라서 중생의 번뇌망상이 다 끊어져서 제8아뢰야 근본무명까지 끊어진 구경각을 말하니 곧 실제로 성불한 것, 견성한 것을 증오(證悟)라 하고 간단히 줄여서 증(證)이라고 하는 것입니다.

그래서 교가(敎家)에서든 선가(禪家)에서든 증(證)이라 하면 근본적으로 체달한 구경각(究竟覺)을 말하는 것이지 그 중간에서 뭘 좀 아는 걸 가지고 말하지 않는다는 것은 공통된 사실입니다.

그러면 어째서 이 노래에 '증(證)'자를 붙였냐 하면, 선종에서 깨첫다고 하는 것은 언제든지 '증오(證悟)'를 근본적으로 삼았지 '해오(解悟)'를 근본으로 삼지 않았다는 것을 표시하는 것입니다. 다시 말하면 선가에서 깨쳤다고 하는 것, 마음으로 마음을 전한다는 것은 '증오'이지 '해오'가 아니라는 것입니다.

보조(普照)스님도 처음에는 선가에서 전한 법을 '해오(解悟)'라고 잘못 보았다가 나중에 『간화결의론(看話決疑論)』이나 『원돈성불론(圓頓成佛論)』 같은 데서 선이란 '증오(證悟)'이지 '해오(解悟)'가 아니라는 것을 분명히 밝혔습니다. 그와 마찬가지로 선가에서의 근본 표본은 '해오(解悟)'가 아닌 구경각이며, 선가에서의 깨달음[悟]이란 구경적으로 체달한 것임을 표현하기 위해서 노래 이름부터도 '증(證)'이라 하였지 '해(解)'라 하지 않았다는 것을 알아야 합니다.

그러므로 선종에서는 언제든지 깨친 것을 '돈오(頓悟)'라 하는데, "돈(頓)이란 망념을 순식간에 없애는 것이요, 오(悟)란 얻는 바가 없음을 깨닫는 것이다."라고 대주(大珠)선사는 설파하고 있습니다.

근본무명인 제8아뢰야의 무기무심(無記無心)의 마계(魔界)까지 완전히 벗어나서 대원경지(大圓境智)에 들어가 진여본성을 확철히 깨친 것이 곧 '증(證)'이라는 것입니다. 그러므로 선가에서는 그 중간적인 것을 '깨달음'으로 취급하지 않는다는 것을 완전히 이해해야 합니다. 그래야만 앞으로 설명하는 『증도가』를 이해할 수 있지 '증오(證悟)'와 '해오(解悟)'를 혼동해서는 영원히 『증도가』를 모르고 마는 것입니다.

이 『증도가』는 마음으로 마음을 전해서 부처님으로부터 달마스님까지, 달마스님에서 육조스님까지, 그리하여 오가칠종(五家七宗)으로 내려온 정안종사(正眼宗師)의 증오처(證悟處)를 표방하고 있기 때문에 '증(證)'이라 한다는 것을 한 번 더 강조합니다.

그러면 어째서 도(道)라 하는가?

도(道)를 보리(菩提)라, 각(覺)이라 하는데 '증(證)'을 근본으로 삼았으므로, 이 도(道)라 하는 것은 증(證)한 도(道)를, 구경각을 성취한 그 구경처(究竟處)를 말합니다. 즉 도(道)란 구경을 깨친 '증(證)'한 도(道)이지 중간적인 도(道), 해(解)한 도(道)가 아니라는 것입니다.

그러면 구경각인 도란 무엇인가?

무심이 도라고 일컬어 말하지 말라.
무심도 오히려 한 겹 두터운 관문이 막혀 있느니라.
莫道無心云是道하라
無心猶隔一重關이니라.

도는 무심과 통합니다. 우리가 실제로 공부해서 대무심지(大無心地)에 들어가서 구경각을 바로 성취하면 그만인데, 대부분의 사람이 그렇지 못하고 제8아뢰야 무기무심에 떨어지게 됩니다. 따라서 그 폐단을 막기 위해서 제8아뢰야의 무심, 즉 멸진정(滅盡定)의 무심은 도(道)가 아니라고 말합니다. 멸진정의 무심도 아주 벗어나 제8아뢰야의 근본무명까지 끊어진 곳에서 구경각을 성취하여 대원경지가 현발한 이것이 도(道)인 것이며, 진여본성을 바로 보게 되는 것입니다. 그러므로 '증(證)'이 곧 '도(道)'이며 '도(道)'가 곧 '증(證)'이라 하는 것입니다.

달마스님께서 말씀하셨습니다.

밖으로 모든 반연을 쉬고

안으로 헐떡거림이 없어서

마음이 장벽과 같아야

도에 들어갈 수 있느니라.

外息諸緣하고 內心無喘하여

心如墻壁하야사 可以入道니라.

그러면 마음이 담과 벽 같아야 한다고 하니 목석과 같고 장승과 같은 무심지에 들어가면 그것이 도(道)냐 하면, 도가 아니라는 것입니다. 앞에서도 말한 바와 같이 제8아뢰야 무기무심이 장애가 되어 근본적인 구경무심에는 아직 들어가지 못하게 됩니다. 그래서 참으로 구경의 대무심지에 들려면 멸진정의 가무심(假無心), 거기서 한 관문을 더 뚫어서 구경무심을 성취해야 바로 도(道)를 깨친 것입니다. 그러므로 앞에서 인용한 달마스님의 말씀도 구경적인 도를 말씀함이지 중간적인 도가 아니며, 증오(證悟)의 '도(道)'이지 해오(解悟)의 '도(道)'는 아닙니다. 달마스님 이래로 선종에서 전해 내려온 것이 구경각을 '증(證)'이라 하고, '도(道)'라 하는 것도 '증(證)'을 근본 내용으로 삼기 때문에 구경각이 도가 되어야 합니다. 그러므로 참된 도는 달마스님이 말씀하신 무심을 한층 넘어간 도가 되어야지 그 중간적인 것은 도가 아닙니다.

그러면 '가(歌)'란 무엇인가?

영가스님 자신이 확철히 깨친 경계를 노래로 표현한 것입니다. 영가스님이 육조스님을 찾아가 확철히 깨쳐 구경각을 성취하고 나서 그 경지를 시가(詩歌) 형식으로 노래하고 있습니다.

제2장

—

증도가(證道歌) 원문 해석

1. 君不見가
    군 불 견

    그대 보지 못하였는가.

2. 絕學無爲閑道人은
    절 학 무 위 한 도 인

    배움이 끊어진 하릴없는
    한가한 도인은

    不除妄想不求眞이라
    부 제 망 상 불 구 진

    망상도 없애지 않고 참됨도
    구하지 않으니

3. 無明實性이 卽佛性이요
    무 명 실 성   즉 불 성

    무명의 참 성품이
    곧 불성이요

    幻化空身이 卽法身이로다
    환 화 공 신   즉 법 신

    허깨비 같은 빈 몸이 곧
    법신이로다.

4. 法身을 覺了無一物하니
    법 신   각 료 무 일 물

    법신을 깨달음에 한 물건도
    없으니

    本源自性이 天眞佛이라
    본 원 자 성   천 진 불

    근원의 자성이 천진불이라

5.　五陰浮雲이 空去來하고
오음부운　공거래

오음의 뜬구름이 부질없이
가고 오며

　三毒水泡虛出沒이로다
삼독수포허출몰

삼독의 물거품은 헛되이
출몰하도다.

6.　證實相無人法하니
증실상무인법

실상을 증득하여 인(人)·
법(法)이 없으니

　刹那에 滅却阿鼻業이라
찰나　　멸각아비업

찰나에 아비지옥의 애
업을 없애버림이라

7.　若將妄語誑衆生하면
약장망어광중생

거짓말로 중생을 속인다면

　自招拔舌塵沙劫이로다
자초발설진사겁

진사겁토록 발설지옥 보를
스스로 부르리로다.

8.　頓覺了如來禪하니
돈각료여래선

여래선을 단박에 깨치니

　六度萬行이 體中圓이라
육도만행　　체중원

육도만행이 본체 속에
원만함이라

9.　夢裏엔 明明有六趣러니
몽리　　명명유육취

꿈속에선 밝고 밝게 육취가
있더니

　覺後엔 空空無大千이로다
각후　　공공무대천

깨친 후엔 비고 비어
대천세계가 없도다.

10. 無罪福無損益하니
    무 죄 복 무 손 익

    죄와 복이 없고 손해와
    이익도 없나니

    寂滅性中에 莫問覓하라
    적 멸 성 중   막 문 멱

    적멸한 성품 가운데서
    묻고 찾지 말라.

11. 比來에 塵鏡을 未曾磨러니
    비 래   진 경   미 증 마

    예전엔 때 긴 거울 미처
    갈지 못했더니

    今日에 分明須剖析이로다
    금 일   분 명 수 부 석

    오늘에야 분명히 닦아 .
    내었도다

12. 誰無念誰無生고
    수 무 념 수 무 생

    누가 생각이 없으며
    누가 남이 없는가.

    若實無生無不生이니
    약 실 무 생 무 불 생

    진실로 남이 없으면
    나지 않음도 없나니

13. 喚取機關木人問하라
    환 취 기 관 목 인 문

    기관목인을 불러 붙들고
    물어 보라.

    求佛施功早晚成이로다
    구 불 시 공 조 만 성

    부처 구하고 공 베풂을
    조만간 이루리로다.

14. 放四大莫把捉하고
    방 사 대 막 파 착

    사대를 놓아버려 붙잡지
    말고

    寂滅性中에 隨飮啄이어다
    적 멸 성 중   수 음 탁

    적멸한 성품 따라 먹고
    마실지어다.

15. 諸行이 無常一切空하니
제 행   무 상 일 체 공

　　이 이제 如來大圓覺이로다
　　즉 시 여 래 대 원 각

모든 행이 무상하여
일체가 공하니

이는 곧 여래의
대원각이로다.

16. 決定說表眞乘을
결 정 설 표 진 승

　　有人이 不肯任情徵이라
　　유 인   불 긍 임 정 징

결정된 말씀과 참됨을
나타낸 법을

어떤 사람은 긍정치 않고
정에 따라 헤아림이라

17. 直截根源佛所印이요
직 절 근 원 불 소 인

　　摘葉尋枝는 我不能이로다
　　적 엽 심 지   아 불 능

근원을 바로 끊음은
부처님 인가하신 바요

잎 따고 가지 찾음은
내 할 일 아니로다.

18. 摩尼珠를 人不識하니
마 니 주   인 불 식

　　如來藏裏에 親收得이라
　　여 래 장 리   친 수 득

마니주를 사람들은
알지 못하니

여래장 속에 몸소
거두어들임이라

19. 六般神用空不空이요
육 반 신 용 공 불 공

　　一顆圓光色非色이로다
　　일 과 원 광 색 비 색

여섯 가지 신통묘용은
공하면서 공하지 않음이요

한 덩이 뚜렷한 빛은
색이면서 색이 아니로다.

20. 淨五眼得五力은
　　정 오 안 득 오 력

　　唯證乃知難可測이라
　　유 증 내 지 난 가 측

오안을 깨끗이 하여
오력을 얻음은

증득해야만 알 뿐
헤아리긴 어렵도다.

21. 鏡裏에 看形見不難이나
　　경 리　　간 형 견 불 난

　　水中捉月爭拈得가
　　수 중 착 월 쟁 염 득

거울 속의 형상 보기는
어렵지 않으나

물속의 달을 붙들려 하나
어떻게 잡을 수 있으랴.

22. 常獨行常獨步하니
　　상 독 행 상 독 보

　　達者同遊涅槃路로다
　　달 자 동 유 열 반 로

항상 홀로 다니고 항상
홀로 걷나니

통달한 이 함께 열반의 길에
노닐도다.

23. 調古神淸風自高여
　　조 고 신 청 풍 자 고

　　貌悴骨剛人不顧로다
　　모 췌 골 강 인 불 고

옛스러운 곡조 신기 맑으며
풍채 스스로 드높음이여

초췌한 모습 앙상한 뼈
사람들 돌아 보지 않는도다.

24. 窮釋子口稱貧하나
　　궁 석 자 구 칭 빈

　　實是身貧道不貧이라
　　실 시 신 빈 도 불 빈

궁색한 부처님 제자
입으로는 가난타 말하나

실로 몸은 가난해도 도는
가난치 않음이라.

25. 貧則身常披縷褐이요
　　　빈 즉 신 상 피 루 갈

가난한즉 몸에 항상
누더기를 걸치고

　　道則心藏無價珍이로다
　　　도 즉 심 장 무 가 진

도를 얻은즉 마음에
무가보를 감추었도다.

26. 無價珍用無盡하니
　　　무 가 진 용 무 진

무가보는 써도 다함이
없나니

　　利物應時終不悋이라
　　　이 물 응 시 종 불 인

중생 이익하며 때를 따라
끝내 아낌이 없음이라

27. 三身四智는 體中圓이요
　　　삼 신 사 지 　　체 중 원

삼신·사지는 본체 가운데
원만하고

　　八解六通은 心地印이로다
　　　팔 해 육 통 　　심 지 인

팔해탈·육신통은
마음땅의 인(印)이로다.

28. 上士는 一決一切了하고
　　　상 사 　　일 결 일 체 료

상근기는 한 번 결단하여
일체를 깨치고

　　中下는 多聞多不信이라
　　　중 하 　　다 문 다 불 신

중·하근기는 많이 들을수록
더욱 믿지 않는도다.

29. 但自懷中解垢衣어니
　　　단 자 회 중 해 구 의

스스로 마음의 때묻은
옷을 벗을 뿐

　　誰能向外誇精進가
　　　수 능 향 외 과 정 진

뉘라서 밖으로 정진을
자랑할 건가.

30. 從他謗任他非하라
종 타 방 임 타 비

把火燒天徒自疲로다
파 화 소 천 도 자 피

남의 비방에 따르고
남의 비난에 맡겨 두라.

불로 하늘을 태우려 하나
공연히 자신만 피로하리로다.

31. 我聞恰似飮甘露하야
아 문 흡 사 음 감 로

鎖融頓入不思議로다
소 융 돈 입 부 사 의

내 듣기엔 마치 감로수를
마심과 같아서

녹아서 단박에 부사의
해탈경에 들어가도다.

32. 觀惡言이 是功德이니
관 악 언   시 공 덕

此則成吾善知識이라
차 즉 성 오 선 지 식

나쁜 말을 관찰함이
바로 공덕이니

이것이 나에게는 선지식이
됨이라

33. 不因訕謗起怨親하면
불 인 산 방 기 원 친

何表無生慈忍力가
하 표 무 생 자 인 력

비방 따라 원망과 친한
마음 일지 않으면

하필이면 남이 없는 자비인욕의
힘 나타내 무엇할 건가.

34. 宗亦通說亦通이여
종 역 통 설 역 통

定慧圓明不滯空이로다
정 혜 원 명 불 체 공

종취도 통하고 설법도
통함이여

선정과 지혜가 뚜렷이 밝아
공에 응체하지 않는도다.

35. 非但我今獨達了요
    비 단 아 금 독 달 료

    나만 이제 통달하였을 뿐
    아니라

    河沙諸佛體皆同이로다
    하 사 제 불 체 개 동

    수많은 모든 부처님
    본체는 모두 같도다.

36. 獅子吼無畏說이여
    사 자 후 무 외 설

    사자후의 두려움 없는
    설법이여

    百獸聞之皆腦裂이라
    백 수 문 지 개 뇌 열

    뭇 짐승들 들으면 모두 뇌가
    찢어짐이라

37. 香象은 奔波失却威하고
    향 상   분 파 실 각 위

    향상은 분주하게 달아나
    위엄을 잃고

    天龍은 寂聽生欣悅이로다
    천 룡   적 청 생 흔 열

    천룡은 조용히 듣고서
    희열을 내는도다

38. 遊江海涉山川하야
    유 강 해 섭 산 천

    강과 바다에 노닐고 산과
    개울을 건너서

    尋師訪道爲參禪이라
    심 사 방 도 위 참 선

    스승 찾아 도를 물음은
    참선 때문이라

39. 自從認得曹溪路로는
    자 종 인 득 조 계 로

    조계의 길을 인식하고부터는

    了知生死不相干이로다
    요 지 생 사 불 상 간

    생사와 상관없음을
    분명히 알았도다.

40. 行亦禪坐亦禪이니
　　　행 역 선 좌 역 선

　　語默動靜體安然이라
　　　어 묵 동 정 체 안 연

다녀도 참선이요 앉아도
참선이니

어묵동정에 본체가
편안함이라

41. 縱遇鋒刀常坦坦하고
　　　종 우 봉 도 상 탄 탄

　　假饒毒藥也閑閑이로다
　　　가 요 독 약 야 한 한

창·칼을 만나도 언제나
태연하고

독약을 마셔도 한가롭고
한가롭도다.

42. 我師得見燃燈佛하고
　　　아 사 득 견 연 등 불

　　多劫에 曾爲忍辱仙이로다
　　　다 겁　　증 위 인 욕 선

우리 스승 부처님께서
연등불을 뵈옵고

다겁토록 인욕선인이
되셨도다.

43. 幾廻生幾廻死오
　　　기 회 생 기 회 사

　　生死悠悠無定止로다
　　　생 사 유 유 무 정 지

몇 번을 태어나고 몇 번이나
죽었던가.

생사가 아득하여 그침이
없었도다.

44. 自從頓悟了無生으로
　　　자 종 돈 오 료 무 생

　　於諸榮辱何憂喜아
　　　어 제 영 욕 하 우 희

단박에 깨쳐 남이 없음을
요달하고부터는

모든 영욕에 어찌 근심하고
기뻐하랴.

45. 入深山住蘭若하니
입 심 산 주 란 야

　　岑崟幽邃長松下로다
잠 음 유 수 장 송 하

깊은 산에 들어가 고요한
곳에 머무르니

높은 산 그윽하여 낙락장송
아래로다.

46. 優遊靜坐野僧家하니
우 유 정 좌 야 승 가

　　闃寂安居實蕭灑로다
격 적 안 거 실 소 쇄

한가히 노닐며 절 집에서
조용히 앉았으니

고요한 안거 참으로
소쇄하도다.

47. 覺即了不施功이니
각 즉 료 불 시 공

　　一切有爲法不同이로다
일 체 유 위 법 부 동

깨친즉 그만이요 공
베풀지 않나니

모든 유위법과 같지 않도다.

48. 住相布施는 生天福이나
주 상 보 시 　　 생 천 복

　　猶如仰箭射虛空이라
유 여 앙 전 사 허 공

모양과 머무르는 보시는
하늘에 나는 복이나

마치 허공에 화살을 쏘는
것과 같도다.

49. 勢力盡箭還墜하니
세 력 진 전 환 추

　　招得來生不如意로다
초 득 래 생 불 여 의

세력이 다하면 화살은 다시
떨어지나니

내생에 뜻과 같지 않은
과보를 부르리로다.

50. 爭似無爲實相門에
    쟁 사 무 위 실 상 문

    어찌 함이 없는 실상문에

    一超直入如來地리오
    일 초 직 입 여 래 지

    한 번 뛰어 여래지에 바로
    들어감과 같으리오.

51. 但得本莫愁末이니
    단 득 본 막 수 말

    근본만 얻을 뿐 끝은 근심치
    말지니

    如淨瑠璃含寶月이로다
    여 정 유 리 함 보 월

    마치 깨끗한 유리가
    보배달을 머금음과 같도다.

52. 旣能解此如意珠하니
    기 능 해 차 여 의 주

    이미 이 여의주를 알았으니

    自利利他終不竭이로다
    자 리 이 타 종 불 갈

    나와 남을 이롭게 하여
    다함이 없도다.

53. 江月照松風吹하니
    강 월 조 송 풍 취

    강엔 달 비치고 소나무엔
    바람 부니

    永夜淸霄何所爲아
    영 야 청 소 하 소 위

    긴긴 밤 맑은 하늘 무슨
    하릴 있을 건가.

54. 佛性戒珠는 心地印이요
    불 성 계 주   심 지 인

    불성계의 구슬은 마음의
    인(印)이요

    霧露雲霞는 體上衣로다
    무 로 운 하   체 상 의

    안개·이슬·구름·노을은
    몸 위의 옷이로다.

55. 降龍鉢解虎錫이여
    항 룡 발 해 호 석

    용을 항복받은 발우와 범
    싸움 말린 석장이여

    兩鈷金環鳴歷歷이로다
    양 고 금 환 명 역 력

    양쪽 쇠고리는 역력히
    울리는도다.

56. 不是標形虛事持요
    불 시 표 형 허 사 지

    이는 모양을 내려 허투루
    지님이 아니요

    如來寶杖을 親蹤跡이로다
    여 래 보 장   친 종 적

    부처님 보배 지팡이를
    몸소 본받음이로다.

57. 不求眞不斷妄하니
    불 구 진 부 단 망

    참됨도 구하지 않고
    망령됨도 끊지 않나니

    了知二法이 空無相이로다
    요 지 이 법   공 무 상

    두 법이 공하여 모양 없음을
    분명히 알았도다.

58. 無相無空無不空이여
    무 상 무 공 무 불 공

    모양도 없고 공도 없고
    공 아님도 없음이여

    即是如來眞實相이로다
    즉 시 여 래 진 실 상

    이것이 곧 여래의 진실한
    모습이로다.

59. 心鏡明鑑無碍하야
    심 경 명 감 무 애

    마음의 거울 밝아서 비침이
    걸림 없으니

    廓然瑩徹周沙界로다
    확 연 영 철 주 사 계

    확연히 비치어 항사세계에
    두루 사무치도다.

60. 萬象森羅影現中이요
　　만 상 삼 라 영 현 중

　　一顆圓明非內外로다
　　일 과 원 명 비 내 외

만상삼라의 그림자 그
가운데 나타나고
한 덩이 뚜렷이 밝음은
안과 밖이 아니로다.

61. 豁達空撥因果하야
　　활 달 공 발 인 과

　　茫茫蕩蕩招殃禍로다
　　망 망 탕 탕 초 앙 화

활달히 공하다고 인과를
없다 하면
아득하고 끝없이 앙화를
부르리로다.

62. 棄有著空病亦然이니
　　기 유 착 공 병 역 연

　　還如避溺而投火로다
　　환 여 피 익 이 투 화

있음을 버리고 공에
집착하면 병이기는 같으니
마치 물을 피하다가 불에
뛰어드는 것과 같도다.

63. 捨妄心取眞理여
　　사 망 심 취 진 리

　　取捨之心成巧僞로다
　　취 사 지 심 성 교 위

망심을 버리고 진리를
취함이여
취사하는 마음이 교묘한
거짓을 이루도다.

64. 學人이 不了用修行하니
　　학 인 　 불 료 용 수 행

　　眞成認賊將爲子로다
　　진 성 인 적 장 위 자

배우는 사람이 잘 알지
못해서 수행을 하나니
참으로 도적을 아들로
삼는 짓이로다.

65. 損法財滅功德은
    손 법 재 멸 공 덕

    법의 재물을 덜고
    공덕을 없앰은

    莫不由斯心意識이라
    막 불 유 사 심 의 식

    심·의·식으로 말미암지
    않음이 없음이라

66. 是以로 禪門엔 了却心하고
    시 이   선 문   료 각 심

    그러므로 선문에선
    마음을 물리치고

    頓入無生知見力이로다
    돈 입 무 생 지 견 력

    남이 없는 지견의 힘에
    단박에 들어가도다.

67. 大丈夫秉慧劍하니
    대 장 부 병 혜 검

    대장부가 지혜의 칼을
    잡으니

    般若鋒兮金剛燄이로다
    반 야 봉 혜 금 강 염

    반야의 칼날이요 금강의
    불꽃이로다.

68. 非但能摧外道心이요
    비 단 능 최 외 도 심

    외도의 마음만 꺾을 뿐
    아니요

    早曾落却天魔膽이로다
    조 증 락 각 천 마 담

    일찍이 천마의 간담을
    떨어뜨렸도다.

69. 震法雷擊法鼓여
    진 법 뢰 격 법 고

    법의 우레 진동하고 법고를
    두드림이여

    布慈雲兮灑甘露로다
    포 자 운 혜 쇄 감 로

    자비의 구름을 펴고
    감로수를 뿌리는도다

70. 龍象이 蹴踏潤無邊하니
　　용 상　축 답 윤 무 변

삼승과 오성이 모두
차고 밟음에 윤택이
그지없으니

三乘五性이 皆惺悟로다
삼 승 오 성　개 성 오

삼승과 오성이 모두
깨치는도다.

71. 雪山肥膩更無雜이라
　　설 산 비 니 갱 무 잡

설산의 비니초는 다시
잡됨이 없어

純出醍醐我常納이로다
순 출 제 호 아 상 납

순수한 제호를 내니
나 항상 받는도다.

72. 一性이 圓通一切性하고
　　일 성　원 통 일 체 성

한 성품이 뚜렷하게
모든 성품에 통하고

一法이 徧含一切法하니
일 법　변 함 일 체 법

한 법이 두루하여 모든 법을
포함하나니

73. 一月이 普現一切水라
　　일 월　보 현 일 체 수

한 달이 모든 물에 두루
나타나고

一切水月을 一月攝이로다
일 체 수 월　일 월 섭

모든 물의 달을 한 달이
포섭하도다.

74. 諸佛法身이 入我性하고
　　제 불 법 신　입 아 성

모든 부처님의 법신이
나의 성품에 들어오고

我性이 還共如來合이라
아 성　환 공 여 래 합

나의 성품이 다시 함께
여래와 합치하도다.

75. 一地에 具足一切地하니
    일 지   구 족 일 체 지

    非色非心非行業이로다
    비 색 비 심 비 행 업

    한 지위에 모든 지위
    구족하니

    색도 아니요 마음도 아니요
    행업도 아니로다.

76. 彈指圓成八萬門하고
    탄 지 원 성 팔 만 문

    刹那에 滅却三祇劫이로다
    찰 나   멸 각 삼 지 겁

    손가락 퉁기는 사이에
    팔만법문 원만히 이루고

    찰나에 삼아승지겁을
    없애도다.

77. 一切數句非數句여
    일 체 수 구 비 수 구

    與吾靈覺何交涉가
    여 오 영 각 하 교 섭

    일체의 수구와 수구
    아님이여

    나의 신령한 깨침과
    무슨 상관 있을 건가.

78. 不可毀不可讚이여
    불 가 훼 불 가 찬

    體若虛空勿涯岸이로다
    체 약 허 공 물 애 안

    훼방도 할 수 없고 칭찬도
    할 수 없음이여

    본체가 허공과 같아서
    한계가 없도다.

79. 不離當處常湛然하니
    불 리 당 처 상 담 연

    覓則知君不可見이로다
    멱 즉 지 군 불 가 견

    당처를 떠나지 않고 항상
    담연하니

    찾은즉 그대는 보지 못함을
    알겠도다.

80. 取不得捨不得하니
　　취 부 득 사 부 득

　　가질 수도 없고 버릴 수도
　　없나니

　　不可得中에 只麼得이로다
　　불 가 득 중　　 지 마 득

　　얻을 수 없는 가운데
　　이렇게 얻을 뿐이로다.

81. 黙時說說時黙이여
　　묵 시 설 설 시 묵

　　말 없을 때 말하고
　　말할 때 말 없음이여

　　大施門開無壅塞이로다
　　대 시 문 개 무 옹 색

　　크게 베푸는 문을
　　여니 옹색함이 없도다.

82. 有人이 問我解何宗커든
　　유 인　　 문 아 해 하 종

　　누가 나에게 무슨 종취를
　　아느냐고 물으면

　　報道摩訶般若力하라
　　보 도 마 하 반 야 력

　　마하반야의 힘이라고
　　대답해 주어라.

83. 或是或非人不識이요
　　혹 시 혹 비 인 불 식

　　혹은 옳고 혹은 그릇됨을
　　사람이 알지 못하고

　　逆行順行天莫測이로다
　　역 행 순 행 천 막 측

　　역행·순행은 하늘도
　　헤아리지 못하도다.

84. 吾早曾經多劫修라
　　오 조 증 경 다 겁 수

　　나는 일찍이 많은 겁 지나며
　　수행하였으니

　　不是等閑相誑惑이로다
　　불 시 등 한 상 광 혹

　　부질없이 서로 속여
　　미혹케 함이 아니로다.

85. 建法幢立宗旨여
　　건 법 당 입 종 지

　　明明佛勅曹溪是로다
　　명 명 불 칙 조 계 시

법의 깃발을 세우고 종지를
일으킴이여

밝고 밝은 부처님 법
조계에서 이었도다.

86. 第一迦葉이 首傳燈하니
　　제 일 가 섭　 수 전 등

　　二十八代는 西天記로다
　　이 십 팔 대　 서 천 기

첫번째로 가섭이 맨 먼저
등불을 전하니

이십팔대는 서천의
기록이로다.

87. 法東流入此土하여는
　　법 동 류 입 차 토

　　菩提達磨爲初祖로다
　　보 리 달 마 위 초 조

법이 동쪽으로 흘러 이 땅에
들어와서는

보리달마가 첫 조사
되었도다.

88. 六代傳衣는 天下聞이라
　　육 대 전 의　 천 하 문

　　後人得道何窮數아
　　후 인 득 도 하 궁 수

육대로 옷 전한 일 천하에
소문났고

뒷사람이 도 얻음을 어찌 다
헤아리랴.

89. 眞不立妄本空이여
　　진 불 립 망 본 공

　　有無俱遣不空空이라
　　유 무 구 견 불 공 공

참됨도 서지 못하고
망도 본래 공함이여

있음과 없음을 다 버리니
공하지 않고 공하도다.

90. 二十空門에 元不著하니
이십공문 원불착

   一性如來體自同이로다
   일성여래체자동

이십공문에 원래
집착하지 않으니

한 성품 여래의 본체와
저절로 같도다.

91. 心是根法是塵이니
심시근법시진

   兩種은 猶如鏡上痕이라
   양종 유여경상흔

마음은 뿌리요
법은 티끌이니

둘은 거울 위의
흔적과 같음이라.

92. 痕垢盡除光始現이요
흔구진제광시현

   心法雙亡性即眞이로다
   심법쌍망성즉진

흔적인 때 다하면 빛이
비로소 나타나고

마음과 법 둘 다 없어지면
성품이 곧 참되도다.

93. 嗟末法惡時世하노니
차말법오시세

   衆生이 薄福難調制로다
   중생 박복난조제

말법을 슬퍼하고 시세를
미워하노니

중생의 복 얇아 조복받기
어렵도다.

94. 去聖遠兮邪見深이여
거성원혜사견심

   魔强法弱多怨害로다
   마강법약다원해

성인 가신 지 오래고
사견이 깊어짐이여

마구니는 강하고 법은
약하여 원해가 많도다.

95. 聞說如來頓教門하고는
문 설 여 래 돈 교 문

여래의 돈교문 설함을 듣고는

恨不滅除令瓦碎로다
한 불 멸 제 령 와 쇄

부숴 없애지 못함을
한탄하는도다.

96. 作在心殃在身하니
작 재 심 앙 재 신

지음은 마음에 있으나
재앙은 몸으로 받나니

不須怨訴更尤人이어다
불 수 원 소 갱 우 인

모름지기 사람을 원망하고
허물치 말지어다.

97. 欲得不招無間業커든
욕 득 불 초 무 간 업

무간지옥의 업보를 부르지
않으려거든

莫謗如來正法輪하라
막 방 여 래 정 법 륜

여래의 바른 법륜을
비방하지 말아라.

98. 旃檀林無雜樹하니
전 단 림 무 잡 수

전단향나무 숲에는
잡나무가 없으니

欎密深沈師子住로다
울 밀 심 침 사 자 주

울창하고 깊숙하여 사자가
머무르는도다.

99. 境靜林閒獨自遊하니
경 정 림 한 독 자 유

경계 고요하고 숲 한적하여
홀로 노니니

走獸飛禽이 皆遠去로다
주 수 비 금   개 원 거

길짐승과 나는 새가
모두 멀리 달아나도다.

100. 師子兒衆隨後여
      사 자 아 중 수 후

     三歲에 即能大哮吼로다
     삼 세   즉 능 대 효 후

사자 새끼를 사자 무리가
뒤따름이여

세 살에 곧 크게
소리치는도다.

101. 若是野干이 逐法王이면
      약 시 야 간   축 법 왕

     百年妖怪虛開口로다
     백 년 요 괴 허 개 구

여우가 법왕을
쫓으려 한다면

백년 묵은 요괴가 헛되이
입만 엶이로다.

102. 圓頓敎勿人情이니
      원 돈 교 물 인 정

     有疑不決直須爭이어다
     유 의 불 결 직 수 쟁

원돈교는 인정이 없나니

의심 있어 결정치 못하거든
바로 다툴지어다.

103. 不是山僧이 逞人我요
      불 시 산 승   정 인 아

     修行에 恐落斷常坑이로다
     수 행   공 락 단 상 갱

산승이 인아상을
드러냄이 아니요

수행타가 단·상의 구덩이에
떨어질까 염려함이로다.

104. 非不非是不是여
      비 불 비 시 불 시

     差之毫釐失千里로다
     차 지 호 리 실 천 리

그름과 그르지 않음과
옳음과 옳지 않음이여

털끝만큼 어긋나도
천리 길로 잃으리도다.

105. 是即龍女頓成佛이요
　　　시 즉 용 녀 돈 성 불

옳은즉 용녀가 단박에
성불함이요

　　　非即善星이 生陷墜로다
　　　비 즉 선 성　　생 함 추

그른즉 선성이 산 채로
지옥에 떨어짐이로다.

106. 吾早年來積學問하야
　　　오 조 년 래 적 학 문

나는 어려서부터
학문을 쌓아서

　　　亦曾討疏尋經論이로다
　　　역 증 토 소 심 경 론

일찍 주소를 더듬고
경론을 살폈도다.

107. 分別名相을 不知休하고
　　　분 별 명 상　　부 지 휴

이름과 모양 분별함을
쉴 줄 모르고

　　　入海算沙徒自困이로다
　　　입 해 산 사 도 자 곤

바닷속 모래 헤아리듯
헛되이 스스로 피곤하였도다.

108. 却被如來苦呵責하니
　　　각 피 여 래 고 가 책

문득 여래의 호된
꾸지람을 들었으니

　　　數他珍寶有何益고
　　　수 타 진 보 유 하 익

남의 보배 세어서
무슨 이익 있을 건가.

109. 從來로 蹭蹬覺虛行하니
　　　종 래　　 층 등 각 허 행

예전엔 비칠거리며 헛된
수행 하였음을 깨달으니

　　　多年을 枉作風塵客이로다
　　　다 년　　 왕 작 풍 진 객

여러 해를 잘못 풍진객
노릇하였도다.

110. 種性邪錯知解여
종 성 사 착 지 해

성품에 삿됨을 심고
알음알이 그릇됨이여

不達如來圓頓制로다
부 달 여 래 원 돈 제

여래의 원돈제를 통달치
못함이로다.

111. 二乘은 精進勿道心이요
이 승 정 진 물 도 심

이승은 정진하나
도의 마음이 없고

外道는 聰明無智慧로다
외 도 총 명 무 지 혜

외도는 총명해도
지혜가 없도다.

112. 亦愚癡亦小駭하니
역 우 치 역 소 해

우치하고도 겁이 많으니

空拳指上에 生實解로다
공 권 지 상 생 실 해

빈주먹 손가락 위에
있다는 생각을 내는도다.

113. 執指爲月枉施功하고
집 지 위 월 왕 시 공

손가락을 달로 집착하여
잘못 공부하니

根境塵中에 虛捏怪로다
근 경 진 중 허 날 괴

육근·육경·육진 가운데서
헛되이 괴이한 짓 하는도다.

114. 不見一法이 即如來니
불 견 일 법 즉 여 래

한 법도 볼 수 없음이
곧 여래니

方得名爲觀自在로다
방 득 명 위 관 자 재

바야흐로 이름하여 관자재라
하는도다.

115. 了卽業障이 本來空이요
요 즉 업 장　　본 래 공

마치면 업장이
본래 공함이요

未了還須償宿債로다
미 료 환 수 상 숙 채

마치지 못하면 도리어
묵은 빚 갚으리로다.

116. 飢逢王膳不能湌이라
기 봉 왕 선 불 능 손

굶다가 임금 수라 만나도
먹을 수 없으니

病遇醫王爭得差아
병 우 의 왕 쟁 득 차

병들어 의왕 만난들
어찌 나을 수 있으랴.

117. 在欲行禪知見力이여
재 욕 행 선 지 견 력

욕망 속에서 참선하는
지견의 힘이여

火中生蓮終不壞로다
화 중 생 련 종 불 괴

불속에서 연꽃 피니
끝내 시들지 않는도다.

118. 勇施犯重悟無生하니
용 시 범 중 오 무 생

용시비구는 중죄 짓고도
남이 없는 법을 깨달으니

早是成佛于今在로다
조 시 성 불 우 금 재

벌써 성불하여 지금에
있음이로다.

119. 師子吼無畏說이여
사 자 후 무 외 설

사자후의 두려움 없는
설법이여

深嗟懵懂頑皮靼이로다
심 차 몽 동 완 피 달

어리석은 완피달을 몹시
슬퍼하는도다.

120. 只知犯重障菩提요
지 지 범 중 장 보 리

중죄 범하면 보리를
막는 줄만 알 뿐

不見如來開秘訣이로다
불 견 여 래 개 비 결

여래께서 비결 열어
두심은 보지 못하도다.

121. 有二比丘犯婬殺하니
유 이 비 구 범 음 살

어떤 두 비구 음행과
살생 저지르니

波離螢光은 增罪結이라
바 리 형 광   증 죄 결

우바리의 반딧불은
죄의 매듭 더하였고

122. 維摩大士頓除疑여
유 마 대 사 돈 제 의

유마대사 단박에
의심을 없애 줌이여

還同赫日消霜雪이로다
환 동 혁 일 소 상 설

빛나는 해가 서리·눈
녹임과 같도다.

123. 不思議解脫力이여
부 사 의 해 탈 력

부사의한 해탈의 힘이여

妙用恒沙也無極이로다
묘 용 항 사 야 무 극

묘한 작용 항사 같아
다함 없도다.

124. 四事供養을 敢辭勞아
사 사 공 양   감 사 로

네 가지 공양을 감히
수고롭다 사양하랴.

萬兩黃金도 亦銷得이로다
만 량 황 금   역 소 득

만 냥 황금이라도
녹일 수 있도다.

125. 粉骨碎身未足酬니
   분 골 쇄 신 미 족 수

   一句了然超百億이로다
   일 구 요 연 초 백 억

뼈가 가루 되고 몸이
부서져도 다 갚을 수 없나니

한마디에 요연히 백억
법문을 뛰어넘도다.

126. 法中王最高勝이여
   법 중 왕 최 고 승

   河沙如來同共證이로다
   하 사 여 래 동 공 증

법 가운데 왕 가장 높고
수승함이여

강 모래같이 많은 여래가
함께 증득하였도다.

127. 我今解此如意珠하니
   아 금 해 차 여 의 주

   信受之者皆相應이로다
   신 수 지 자 개 상 응

내 이제 이 여의주를
해설하오니

믿고 받는 이 모두
상응하리로다.

128. 了了見無一物이여
   요 요 견 무 일 물

   亦無人兮亦無佛이로다
   역 무 인 혜 역 무 불

밝고 밝게 보면 한 물건도
없음이여

사람도 없고 부처도 없도다.

129. 大千世界는 海中漚요
   대 천 세 계   해 중 구

   一切聖賢은 如電拂이로다
   일 체 성 현   여 전 불

대천세계는 바다 가운데
거품이요

모든 성현은 번갯불
스쳐감과 같도다.

130. 假使鐵輪을 頂上旋하나
     가 사 철 륜   정 상 선

     무쇠바퀴를 머리 위에서
     돌릴지라도

     定慧圓明終不失이로다
     정 혜 원 명 종 불 실

     선정과 지혜가 뚜렷이
     밝아 끝내 잃지 않는도다.

131. 日可冷月可熱이언정
     일 가 냉 월 가 열

     해는 차게 하고 달은 뜨겁게
     할지언정

     衆魔不能壞眞說이로다
     중 마 불 능 괴 진 설

     뭇 마구니가 참된 말씀
     부술 수 없도다.

132. 象駕峥嶸漫進途어니
     상 가 쟁 영 만 진 도

     코끼리 수레 끌고
     위풍당당히 길을 가거니

     誰見螳螂이 能拒轍고
     수 견 당 랑   능 거 철

     버마재비 수레 길을
     막는 걸 누가 보겠는가.

133. 大象은 不遊於兎徑이요
     대 상   불 유 어 토 경

     큰 코끼리는 토끼 길에
     노닐지 않고

     大悟는 不拘於小節이니
     대 오   불 구 어 소 절

     큰 깨달음은 작은 절개에
     구애되지 않나니

134. 莫將管見謗蒼蒼하라
     막 장 관 견 방 창 창

     대통 같은 소견으로
     창창히 비방하지 말라.

     未了吾今爲君決이로다
     미 료 오 금 위 군 결

     알지 못하기에 내 이제
     그대 위해 결단해 주는도다.

제3장

—

증도가(證道歌) 강설(講說)

1.　그대 보지 못하였는가.

君不見가
군 불 견

　이 구절은 두 가지로 해석할 수 있습니다. 하나는 '그대'라는 것이 자성(自性)을 가리킨다고 보아 '자성을 깨치지 못했느냐'고 보는 것이며, 또 하나는 바로 뒤에 나오는 '배움이 끊어진 하릴없는 한가한 도인을 보지 못하였느냐'고 해석하는 것입니다. 어떻게 해석하더라도 괜찮습니다. 왜냐하면 '그대'를 자성이라 하여도 자성이 바로 '배움이 끊어진 하릴없는 한가한 도인'이므로 별 관계가 없습니다.

2.　배움이 끊어진 하릴없는 한가한 도인은
　　망상도 없애지 않고 참됨도 구하지 않으니

絶學無爲閑道人은　　不除妄想不求眞이라
절 학 무 위 한 도 인　　부 제 망 상 불 구 진

'배움이 끊어졌다[絕學]' 함은 계(戒)·정(定)·혜(慧) 삼학의 수행을 다 마쳐 다시 더 배울 것이 없음을 말합니다. 그러니 조금이라도 더 배울 것이 있고 공부할 것이 있다면 이것은 '배움이 끊어진 것'이 아닙니다. 모든 배울 것이 다 떨어져서 다시는 더 배울 것이 없는 이것이 구경각인 것입니다. 그래서 『증도가』의 '증(證)'이란 구경각을 말하며 구경적으로 자성을 깨쳐서 실제로 자성을 체달한 것을 말합니다.

'하릴없다[無爲]' 함은 진여(眞如)를 말하니 진여를 바로 깨친 것을 가리킵니다.

배울 것이 하나도 없고 하릴없게 되면 자연히 '한가한 도인[閑道人]'이 되는 것입니다.

선종에서 깨쳤다고 하는 것은 누구든지 모든 것을 완전히 다 닦아서 더 닦을 것이 없고 더 나아갈 수 없어 '배움이 끊어져 아무런 할 일이 없는 한가한 도인이 되는 것'을 말합니다.

그러므로 이 구절은 증도(證道)한 사람을 표현한 말로써, 선종에서 '깨쳤다'고 하는 그 '깨침[悟]'의 내용이 구경각을 말하고 있다는 것을 단적으로 표현한 것입니다. 그러면 그러한 한가한 도인은 무엇을 하느냐?

'망상도 없애지 않고 참됨도 구하지 않는 것'입니다.

흔히 이 구절을 잘못 보아서 "모든 망상을 없앨 것도 없고 참됨을 구할 것도 없다. 망상이 일어나도 이대로가 참됨이며 참됨과 망상이 본래 완전히 통해 있기 때문에 망상 이대로가 참됨이며, 망상 내놓고 달리 참됨을 구할 필요가 없다."고 잘못 해석합니다. 그렇게 보면 앞 구절의 '절학무위한도인(絕學無爲閑道人)'과는 근본적으로 반대가 됩니다. '절학무위한도인'은 일체 망념이 완전히 끊어져서 구경을 성취한 사람인데, 거기에는 상대법인 참됨과 망상이 있을 수 없습니다. 이 『증도가』 가운데서 영가스님은 다음과 같이 노래하고 있습니다.

"참됨도 서지 못하고 망도 본래 공하다[眞不立妄本空]."

참됨[眞]도 서려야 설 수 없고 망상도 본래 공하여 찾아보려야 찾아볼 수 없는 참됨과 망상이 완전히 끊어진 데서 하는 말입니다. 망상 이대로가 참됨이기 때문에 끊을 필요가 없다고 한다면 이것은 '절학무위한도인'을 모르는 것이고 영가스님의 뜻을 거꾸로 보는 것입니다.

망상이 다 끊어졌으니 없애려 해도 없앨 것이 없고 참됨도 설 수 없다면 참됨을 어디서 어떻게 구할 수 있겠습니까? 이것은 모두 참됨과 망상을 찾아볼 수 없는 경지에서 하는 말임을 알아야 할 것입니다.

참됨과 망상은 상대법이며 양변·변견이기 때문에 생사의 견해이며 생멸법입니다. 참됨과 망상의 양변이 완전히 끊어져야만 이것이 중도(中道)입니다.

'절학무위한도인'은 중도를 바로 깨친 사람이며, '부제망상불구진(不除妄想不求眞)'은 참됨과 망상의 양변을 다 버린 것을 말하니 그것이 곧 중도입니다. 이렇게 이해하면 『증도가』를 이해하는 첫 출발의 근본 자세가 바로 섰다고 보겠습니다.

3. 무명의 참 성품이 바로 불성이요
   허깨비 같은 빈 몸이 곧 법신이로다.

無明實性이 **即佛性**이요　**幻化空身**이 **即法身**이로다
무 명 실 성　　즉 불 성　　　환 화 공 신　　　즉 법 신

무명(無明)이라 하면 아직 생멸법인데 이것이 불성(佛性)과 어떤 관계에 있느냐 하면 무명 이대로가 불성인 것이 아니라 무명의 참 성품이 곧 불성이라는 것입니다.

앞 단에서는 '부제망상불구진'이라 하여 참됨[眞]과 망(妄)을 다 버린 쌍차(雙遮)로 부정을 말하였다면, 이 단에서는 '무명의 참 성 품이 불성이요 허깨비 같은 빈 몸이 곧 법신'이라고 하여 차원이 바뀐 데서 쌍조(雙照)로 긍정을 말하고 있습니다. 앞 단에서는 참 됨[眞]과 망(妄)을 쌍차(雙遮), 부정하고 나서, 이 단에서는 불성(佛 性)과 법신(法身)을 쌍조(雙照), 긍정하는 것입니다. 쌍조는 서로 즉 (即)하는 것이 근본이니 모든 것이 다 통함을 말합니다. 무명과 불 성이 통하고 허깨비의 빈 몸과 법신이 통한다는 것입니다. 어째서 통하느냐 하면, 무명의 참 성품 이대로가 부처님의 성품이고 허깨 비 같은 빈 몸 이대로가 법신이라는 것이니 이것이 곧 쌍조(雙照) 의 긍정의 세계입니다.

4. 법신을 깨달음에 한 물건도 없으니
   근원의 자성이 천진불이라

法身을 **覺了無一物**하니 **本源自性**이 **天眞佛**이라
법 신　　각 료 무 일 물　　　본 원 자 성　　천 진 불

법신이라고 하면 무슨 물건이 있는 줄로 생각하기 쉬운데, 법신을 턱 깨치고 보니 거기에는 한 물건도 찾아보려야 찾아볼 수 없더라는 것입니다. 그러면 한 물건도 찾아볼 수 없다면 텅 비어서 아무것도 없다는 것이 아니라 '본래 근원의 자성이 천진불'이라고 하여 거기에는 대광명이 있음을 말하는 것입니다.

'법신을 깨달음에 한 물건도 없다'는 것은 모든 것을 차(遮), 막아서 전체를 부정하는 것을 말하고, '본래 근원의 자성이 천진불'이라는 것은 모든 것을 조(照), 비추어서 전체를 긍정하는 것을 말합니다.

불교의 중도(中道) 공식은 앞에서 차(遮) 하면 뒤에서는 반드시 조(照) 하는 것이어서, 앞에서 부정을 하면 뒤에서는 반드시 긍정을 하여 부정은 분명히 긍정을 전제로 하고 긍정은 부정을 전제로 해서, 쌍차쌍조(雙遮雙照)하여 차조동시(遮照同時)하는 것입니다. 따라서 그 한 면만 강조해서는 중도 공식이 성립되지 않습니다.

'허깨비 같은 빈 몸이 곧 법신'이라고 하여 조(照)의 입장에서 긍정을 얘기하면, 법신이 또 흙덩이나 돌덩이처럼 무슨 물건이 있는 것처럼 오해하기 때문에 '법신을 깨달음에 한 물건도 없다'고 부정하는 것입니다. 일체 망념이 다 떨어져서 한 물건도 찾아보려야 찾아볼 수 없는 공공적적(空空寂寂)함을 말합니다. 공공적적(空空寂寂)하다고 하면 또 오해하여 단멸공(斷滅空)에 떨어지기 쉬우므로, 다시 공공적적한 이대로가 대광명체라는 말로써 '본래 근원의 자성이 천진불'이라고 하여 자성의 항사묘용이 현전한다는 것을 부정 뒤에 긍정으로 말하고 있습니다.

5.　오음의 뜬구름이 부질없이 가고 오며
　　삼독의 물거품은 헛되이 출몰하도다.

　五陰浮雲이 空去來하고　三毒水泡虛出沒이로다
　오 음 부 운　공 거 래　　삼 독 수 포 허 출 몰

　내가 법신을 깨쳐 '본래 근원의 자성이 천진불'임을 확실히 알
고 보니, 오온의 뜬구름이 공연히 왔다 갔다 하고 삼독의 물거품
이 생겼다 없어졌다 하며 생멸한다는 것입니다. 이것은 오음이나
삼독은 법성과 천진불과는 아무 관계가 없다는 것입니다. 오음이
나 삼독은 아직 중도를 깨치기 전 생멸의 쪽, 중생 쪽에서 하는
말입니다. 우리가 실제로 중도를 바로 깨쳐서 정각을 이루어 법신
을 확철히 깨치게 되면, 한 물건도 없어서 오음과 삼독을 찾아보
려야 찾아볼 수 없습니다. 만약 삼독과 오음이 그대로 있다면 법
신을 바로 깨친 것이 아니고 '자성이 천진불'임을 바로 안 것이 아
닙니다.

6.　실상을 증득하여 인(人)·법(法)이 없으니
　　찰나에 아비지옥의 업을 없애버림이라

　證實相無人法하니　刹那에 滅却阿鼻業이라
　증 실 상 무 인 법　　찰 나　멸 각 아 비 업

　오음이나 삼독은 거짓 모습[假相]이고, 불성이나 법성, 자성, 구
경각은 참모습[眞相]을 표현해 말하는 것입니다. 실상(實相)을 증
득하면 인(人)과 법(法), 즉 주관과 객관이 없습니다. 여기서 증(證)
자를 쓰는 것은, 선종에서 주장하는 깨침[悟]이라는 것은 증오(證

悟)이지 해오(解悟)가 아니기 때문에 '실상을 증득했다'고 하는 것입니다.

실상을 증(證)하면 주관과 객관이 없어져서 인(人)과 법(法)의 양변을 여읜 중도실상(中道實相)을 증(證)한 것입니다. 그래서 누구든지 인(人)과 법(法)이 떨어진 곳을 알고 실상을 알려면 증오(證悟)해야만 알지 해오(解悟)로는 도저히 모릅니다.

그러면 실상을 증득하여 주관[人]이 공(空)하고 객관[法]이 공(空)하면 어떻게 되느냐, '찰나 사이에 아비지옥의 업이 없어져 버린다'는 것입니다.

아비(阿鼻)란 간단(間斷)이 없다, 쉴 사이 없다는 뜻으로 무간지옥(無間地獄)을 말하며, 아비업(阿鼻業)이란 아비지옥 곧 무간지옥(無間地獄)에 떨어져서 받아야 하는 죄업을 말합니다. 중생이란 여러 무수겁을 윤회하면서 한량없는 죄를 지어 갈 곳은 무간지옥뿐입니다. 거기는 언제까지나 계속되는 지옥이며 죄의 고통이 쉬지 않는 곳입니다.

그런데 그 아비지옥이란 꼭 땅 밑으로 들어가야만 있는 것이 아닙니다. 중생들은 앉으나 서나, 가나오나 언제나 자기가 계속해 온 업에 따라 항상 쉴 사이 없이 업고(業苦)를 받고 있습니다. 그러므로 몸 받고 있는 처소가 어느 곳에 있든지 간에 업이 남아 있으면 업을 따라 고(苦)가 따라 다녀서 전체가 다 아비지옥입니다. 어느 특정한 처소를 설정해서 아비지옥이라 하는 것이 아니라 업이 있고 업보가 따라갈 때는 생각생각이 서로 이어져 쉴 사이 없으므로 어느 곳에 있든지 처소와 때를 가리지 않고 중생세계 전체가 아비지옥이고 아비업이라는 것입니다.

그러면 우리는 어떻게 해야 그것을 근본적으로 해결할 수 있겠는가?

중생이라는 것은 처소와 때를 가리지 않고 앉으나 서나, 자나깨나 자기의 업에 의해서 업고를 받게 됩니다. 그러므로 불교에서 표방하는 것은 이 모든 업고를 완전히 벗어나서 영원히 자유를 얻는 것, 곧 해탈하는 것을 근본으로 삼고 있습니다. 해탈하려면 성불해야 하는데, 성불한다는 것은 곧 실상을 증득해서 주체와 객체가 완전히 없어진 것을 말합니다. 그렇게 되면 모든 아비업이 눈깜짝할 사이에 소멸되어서 찾아보려야 찾아볼 수 없습니다. 아비업만 찾아볼 수 없고 중생만 찾아볼 수 없는 것이 아니라 부처도 찾아볼 수 없다는 것입니다. 부처란 중생을 상대한 약이지, 중생을 버리고 부처를 따로 취한다면 이것도 일종의 변견이 되고 맙니다. 실상을 증득하면 양변을 떠난 중도를 바로 깨친 것이기 때문에 여기서는 중생도 찾아볼 수 없고 부처도 찾아볼 수 없으며 아비업도 절대로 성립될 수 없습니다.

찰나간에 아비업이 없어져 버린다고 했는데, 육조스님께서도 "미혹하여 들으면 여러 겁이 걸리고, 깨친즉 찰나간이라[迷聞이면 經累劫이요 悟則刹那間이니라].”고 말씀하신 것과 같은 뜻입니다. 깨침에 무슨 시간적 간격을 두고 닦는 것이 아니기 때문에, 선종에서 돈오(頓悟)는 눈 깜짝할 사이에 여래지(如來地)에 들어가 모든 것을 다 성취하는 것을 말합니다.

그러므로 구경각을 성취하는 것이 어려운 것 같지만 이것은 그 닦는 방법에 따라서 달라집니다. 우리가 서울 가기 위해서 걸어간다면 한량없는 날들이 걸리지만 비행기를 타면 잠깐 사이에 가는 것과 마찬가지로, 선종에서 제시하는 방법에 따라서 공부할 것 같으면 일 찰나간에 구경각인 실상을 증득해서 아비업이 없는 것을 확실히 알게 될 것입니다.

7.　거짓말로 중생을 속인다면
　　진사겁토록 발설지옥 보를 스스로 부르리로다.

若將妄語誑衆生하면　　自招拔舌塵沙劫이로다
약 장 망 어 광 중 생　　자 초 발 설 진 사 겁

"내가 만약 거짓말로 중생을 속이는 것이라면 내 스스로 진사겁토록 발설지옥에 간다."는 말씀입니다. 발설지옥이란 사람이 거짓말을 많이 하면 죽어서 가는 지옥으로 그곳에서는 혀를 빼내 쟁기질을 하는데 그 고통이란 이루 다 말할 수 없다고 합니다.

선종에서는 인(人)과 법(法), 즉 주관과 객관이 떨어지면 찰나간에 견성성불(見性成佛)한다고 하지만, 그것을 믿지 않는 사람들이 많기 때문에 그것이 거짓말이 아님을 강력하게 표현하기 위해서 하신 말씀입니다.

아는 사람은 이 말을 들으면 의심이 없지만 보통 사람에게는 차원이 높은 이야기라서 이해하기 어렵고 자꾸 거짓말처럼 들리기 쉽습니다. 그래서 영가스님이 중생들이 너무나 딱하게 생각되어 자기의 말이 절대로 참말이지 거짓말이 아니란 것을 표현하기 위해서 하신 말씀이기는 하나, 어떻게 보면 영가스님이 참 딱하게 보이기도 합니다. 왜냐하면 자기의 말이 어느 정도 권위가 설 것 같으면 누가 듣든 말든 상관 않겠지만, 오죽했으면 "내가 거짓말 할 것 같으면 미래겁이 다하도록 혀를 빼는 지옥에 가서 고생 받겠다."고 맹세까지 했겠느냐 하는 것입니다. 맹세한다는 것은 남에게 내가 불신임 당하고 있다는 말이기도 합니다. 그 당시만 해도 선(禪)에 대해서 일반의 인식도가 낮고 이해를 잘못했기 때문에 선(禪)이란 것을 남에게 이해시키고 강력하게 주장하기 위해서 이런 구구한 말씀을 하신 걸로 볼 수 있습니다.

8. 여래선을 단박에 깨치니
   육도만행이 본체 속에 원만함이라

頓覺了如來禪하니   六度萬行이 體中圓이라
돈 각 료 여 래 선   육 도 만 행   체 중 원

육도(六度)란 육바라밀(六波羅蜜)을 말합니다. 바라밀이란 도(度)라든가 도피안(到彼岸)이라고 번역하여 '저[彼] 언덕[岸]에 이른다[到]'는 뜻입니다. 그러므로 육도란 저 언덕인 해탈에 이르는 여섯 가지 방법이니 보시(布施)·지계(持戒)·인욕(忍辱)·정진(精進)·선정(禪定)·지혜(智慧)를 말합니다.

만행(萬行)이란 육바라밀을 실천궁행하여 보살도(菩薩道)를 이루는 것을 말합니다.

확철히 깨친다고 함은 여래선을 깨치는 것인데 여래선의 본체 가운데는 육도만행이 원만구족해 있다는 것입니다. 어째서 그런가 하면 나무를 벨 때 그 밑뿌리를 자르면 전체가 다 넘어지는 것과 마찬가지로, 우리가 공부를 하는 데 있어서 마음의 근본자리를 바로 깨치기만 하면 육도만행을 닦고 안 닦고 할 것 없이 모두가 원

만구족해 있다는 것입니다. 그러므로 육도만행을 달리 어떻게 닦으려 하지 말고 영가스님 소개하는 여래선을 바로 깨치기만 하면 전체가 모두 따라온다는 것입니다. 근본을 바로 알면 지엽은 저절로 따라오는 것이니 지엽적으로 나가지 말고 근본을 해결해야 합니다. 지엽으로 나아가 육도만행을 닦는다고 시간을 허비하지 말고 근본인 여래선을 바로 깨쳐야 한다는 말씀입니다.

9. 꿈속에선 밝고 밝게 육취가 있더니
    깨친 후엔 비고 비어 대천세계가 없도다.

    夢裏엔 明明有六趣러니 覺後엔 空空無大千이로다
    몽 리   명 명 유 육 취   각 후   공 공 무 대 천

　육취(六趣)란 육도(六道)로서 지옥(地獄)·아귀(餓鬼)·축생(畜生)·수라(修羅)·인간(人間)·천상(天上)을 말하니 중생이 지은 업에 따라 윤회 전생(轉生)하는 세계의 모양입니다.

　대천(大千)이란 삼천대천세계(三千大千世界)의 뜻입니다. 이것은 불교의 우주관에서 쓰이는 말로 수미산(須彌山)을 중앙으로 하여 일곱 개의 산과 여덟 개의 바다가 둘러싸고 있으며 그 밖으로 철위산(鐵圍山)이 에워싼 공간을 한 개의 소세계(小世界)라 하며, 이 소세계를 천 개 합친 것이 소천(小千), 소천(小千)을 천 개 합친 것이 중천(中千), 중천(中千)을 천 개 합친 것이 대천(大千)이니 이것을 삼천대천세계(三千大千世界)라고 합니다.

　육취니 사생(四生)이니 삼천대천세계니 하는 것은 전체가 다 망상으로 일어난 업연(業緣)의 기멸(起滅)에서 생긴 이름들일 뿐 자

성을 바로 깨친 대원경지에서는 부처나 조사도 찾아볼 수 없는데, 하물며 육취인들 찾아볼 수 있으며 중생인들 찾아볼 수 있겠습니까? 육취라 하니 육취에만 국한되는 것이 아니라 일체 만법 전체가 다 포함되는 것입니다. 천당이니 지옥이니 부처니 중생이니 하나님이니 하는 것은 모두가 다 꿈속에서 하는 소리지 꿈을 바로 깨놓고 보면 부처도 찾아볼 수 없고, 조사도 중생도 하나님도 외도도 또한 찾아볼 수 없는 것입니다. 그리하여 삼천대천세계도 찾아볼 수 없어서 깨끗하고 깨끗하여 아무것도 설 수 없습니다. 그러면 아무것도 없다는 뜻이냐 하면 그것이 아니라 아무것도 설 수 없는 거기에서 진여대용인 대지혜광명의 항사묘용이 발현하게 되는 것입니다.

10. 죄와 복이 없고 손해와 이익도 없나니
    적멸한 성품 가운데서 묻고 찾지 말라.

無罪福無損益하니　寂滅性中에　莫問覓하라
무 죄 복 무 손 익　　　　적 멸 성 중　　막 문 멱

여래선을 확철히 깨쳐 돈오(頓悟)하면 모든 것이 원만구족한데, 거기에는 죄도 없고 복도 없으며 손해도 없고 이익도 없다는 말입니다. 비단 손해와 이익, 죄와 복만 말하는 것이 아니라 자기와 남, 옳고 그름의 모든 변견이 완전히 떨어지면 적멸한 성품이 발현하는 것이니 그 가운데서 무엇을 묻고 찾을 필요가 있느냐는 뜻입니다.

　일체의 주관과 객관이 다 떨어진 곳이 쌍차이며, 쌍차(雙遮)이면 쌍조(雙照)로써 거기에서 중도정견(中道正見)의 항사묘용이 발현함을 알아야 합니다.

11. 예전엔 때 낀 거울 미처 갈지 못했더니
     오늘에야 분명히 닦아 내었도다.

比來에 塵鏡을 未曾磨러니 今日에 分明須剖析이로다
비 래   진 경   미 증 마   금 일   분 명 수 부 석

  진경(塵鏡), 때 낀 거울이란 중생의 마음을 가리킨 것으로써 맑
은 거울 위에 먼지가 덮여 있으면 거울 빛이 드러나지 못함과 같
이, 중생의 근본 자성은 본래 청정한 것인데 번뇌망상의 티끌이
꽉 차서 지혜광명이 드러나지 않는 것을 비유한 것입니다. 그래서
중생은 업을 따라 생사윤회를 거듭하면서 고(苦)를 받게 되는 것
입니다.
  그전에는 잘 몰라서 이 마음을 닦지 못했지만, 오늘에는 참됨도
버리고 거짓됨도 버리고 죄도 버리고 복도 버리고 옳음도 버리고
옳지 않음도 버려서, 모든 상대의 양변을 완전히 여의었기 때문에
중도정견이 발현하여 근본법을 분명히 밝혀냈다는 것입니다.

12. 누가 생각이 없으며 누가 남이 없는가?
     진실로 남이 없으면 나지 않음도 없나니

誰無念誰無生고 若實無生無不生이니
수 무 념 수 무 생   약 실 무 생 무 불 생

  앞에서는 때 낀 거울로써 나고 죽음의 망상을 말하고, 이 구절

에 이르러서는 무생법인을 이루어 대원경지를 분명히 성취하였다는 것을 말하고 있습니다.

그래서 '누가 생각이 없으며 누가 나는 것이 없느냐'는 것은 때 낀 거울에서 때를 닦아 내면 그 사람이 확실히 무념의 경계를 성취한 사람이고 무생법인을 증(證)한 사람이라는 말입니다.

그렇게 되면 '참으로 나는 것이 없으면 나지 않는 것이 없다'는 것입니다. 곧 전체가 다 난다는 것입니다. 참으로 쌍차(雙遮)하면 쌍조(雙照)가 됩니다. 모든 일체의 망(妄)이 다하면 이것이 나는 것이 없는 것[無生]이며, 거기에서 항사묘용의 무진법문(無盡法門)이 난다는 것입니다.

실제로 무념(無念)을 성취하고 무생(無生)을 증했으면 그만인데 왜 또 '남이 없으면 나지 않음이 없다'고 하느냐 하면, 혹 어리석은 중생이 잘못 이해하여 무생(無生)이나 무념(無念)에 응체하여 단견(斷見)에 빠질까 염려해서 하신 말씀입니다.

한 가지 말할 것은 '약실무생무불생(若實無生無不生)'을 '실제로 나는 것이 없으면 나지 않음도 없다'고만 해석한다면 이것은 전체를 까뭉개는 잘못된 해석입니다. 그렇게 하면 뜻이 정반대가 되어서 쌍차쌍조(雙遮雙照)가 되질 않습니다. 주의하여 해석해야 합니다.

13. 기관목인을 불러 붙들고 물어보라.
    부처 구하고 공 베풂을 조만간 이루리로다.

    喚取機關木人問하라   求佛施功早晚成이로다
    환 취 기 관 목 인 문   구 불 시 공 조 만 성기관목인(機關木人)이란 나무로 사람을 만들어 그 속에 들어가서 인형극 하듯이 나무 사람을 움직이는 것을 말합니다.

　'기관목인에게 물어보라'는 것은 곧 '나무 장승에게 물어보라'는 것과 마찬가지입니다. '부처 구하고 공을 베풂이 조만간에 이룬다' 하는 것을 흔히 어떻게 해석하느냐 하면, '나무 장승에게 물어보면 부처를 구해 공을 베푼들 어느 때 이루리오'라고 합니다. 결국 무생물인 장승에게 물어서는 영원토록 성불하지 못하고 만다는 말인데 그리 되면 쌍차(雙遮)는 표현이 되지만, 앞 구절의 '약실무생무불생(若實無生無不生)'과 서로 연관시켜 보면 그와는 뜻이 다르다는 것을 알 수 있습니다.

　'만약 나는 것이 없으면 나지 않음이 없다'고 해석하는 만큼 그렇게 되면 나무 장승이 말을 해야 합니다. 나무 장승이 말을 하지 못하고 나는 것이 없다면 나는 것이 없는 것뿐이지 나지 않음이 없다는 것은 아닙니다.

　예전 스님들은 "나무 장승이 노래 부르고 돌 여자가 일어나 춤춘다[木人放歌石女起舞]."라고 했습니다. 결국은 참으로 나는 것이 없으면 곧 나는 것이라는 말입니다. 즉 나지 않는 것이 나는 것이고, 나는 것이 나지 않는 것이라는 뜻입니다. 이렇게 되어야 쌍차가 곧 쌍조며 쌍조가 곧 쌍차하여 차조동시(遮照同時)가 표현됩니다.

　나무 장승 이대로가 산 사람이며 산 사람 이대로가 나무 장승이 되어야만, 참으로 쌍차(雙遮)한 데서 쌍조가 되고 쌍조한 데서 쌍차가 되어 차조동시(遮照同時)인 원융무애한 구경법이 되는 것입니다. 만약 그렇지 않고 나지 않는 것[無生]과 나는 것[生]을 분리하여 보면 변견이 되는 것이어서, 그것은 중도정견이 아니고 사견

(邪見)이 되고 맙니다. 그러므로 이것을 잘못 해석하여 나무 장승이 본래 말을 못하니 부처를 성취하지 못한다고 하면 나는 것[生]과 나지 않는 것[無生]을 분리해서 보는 변견에 떨어지게 되므로, '나지 않으면 나지 않는 것이 없다'는 뜻과는 정반대가 되어 버립니다.

전체적으로 종합하면 '나무 장승에게 물어보라. 나무 장승은 언제든지 대답하고 있고, 돌로 만든 여자는 언제든지 춤을 추고 있다'는 말입니다. 그렇게 되면 '부처를 구하여 공을 베풂이 조만간에 이루어지리로다' 한 것입니다. 곧 '참으로 나무 장승이 노래 부르고 돌 여자가 춤을 출 때, 그때가 불법을 완전히 성취한 때이다'라고 하는 말입니다.

그러면 정말로 나무 장승이 노래하고 돌 여자가 춤을 출 수 있느냐 하는 것입니다. 이것은 비유이지만, 중생이란 것은 생멸의 변(邊)에서 사량분별을 근본생명으로 삼고 있기 때문에 이것이 이해가 되지 않는 것입니다. 사량분별이 다 떨어지면 무정물(無情物)인 나무 장승과 돌 여자처럼 되어 영영 대무심(大無心)이 되어 버립니다. 대무심이 되면 그때 비로소 참으로 진여의 무진묘용이 거기서 살아나게 됩니다. 그것이 나무 장승이 말을 하고 돌 여자가 일어나 춤을 추는 경계의 소식이니 진여가 대용전창(大用全彰)한 시절로 보아야 합니다.

또한 그것은 죽음 가운데서 삶을 얻고[死中得活], 크게 죽었다가 다시 살아난 것[大死却活]을 말합니다. 크게 죽었다고 하는 것은 나무 장승과 같고 송장과 같다는 말인데, 거기서 다시 살아나면 이것이 진여묘용이 현전한 것입니다.

나무 장승이 노래하고 돌 여자가 춤을 춘다고 하는 것은 크게 죽었다가 다시 살아난 소식을 비유해서 말한 것이며, '나는 것이 없으면 나지 않는 것이 없다'는 것을 말하고 있습니다. 이것이 곧 대원경지의 경계를 그대로 표현한 것이니 그 뜻을 잘 알아야만 '나무 장승에게 물어보라'는 무정설법(無情說法)의 뜻을 대강 짐작할 수 있을 것입니다.

14. 사대를 놓아버려 붙잡지 말고
적멸한 성품 따라 먹고 마실지어다.

放四大莫把捉하고　寂滅性中에 隨飮啄이어다
방 사 대 막 파 착　　적 멸 성 중　　수 음 탁

나지 않는 것[無生]은 나무 장승과 같은 것이고 나지 않는 것이 없는 것[無不生]은 진여의 항사묘용을 말함인데, 그러면 우리가 실제로 진여를 완전히 깨쳐서 무생법인을 증하고 항사묘용을 얻으려면 어떻게 해야 하느냐?

'사대·오온을 다 놓아버려서 붙잡지 말고 적멸한 성품 가운데서 자유자재 활동하라'는 것입니다.

우리의 몸과 마음은 지(地)·수(水)·화(火)·풍(風)의 사대와 색(色)·수(受)·상(想)·행(行)·식(識)의 오온으로 되어 있는데, 그것은 생멸하는 것으로써 거기에 집착하면 영원토록 이 '남이 없음[無生]'을 모르게 됩니다. 이 사대나 오온이라는 것은 우리가 꿈속에서 거짓모습을 망견으로 집착하는 것이지, 실제로는 사대가 본래 공하고 오온이 모두 공하여서 사대와 오온을 찾아보려야 찾아볼 수 없는 것입니다. 그러므로 사대와 오온이 본래 공한 경계를 증해야만 그것이 적멸입니다. 그와 같은 대적멸 경계 가운데서 우리가 임의자재(任意自在)하게 노니는 것을 '수음탁(隨飮啄)'이라고 합니다.

다시 말해서 나무 장승이 노래하고 돌 여자가 일어나 춤추는 소식을 알려면 오온을 다 버리고 사대에 집착하지 않아야 하는 것이니, 그렇지 않으면 영원토록 이 소식을 모르게 됩니다.

사대와 오온을 다 버리면 이것이 대적멸 세계이며 그 가운데서 우리가 대자유를 얻게 됩니다. 이 적멸이란 열반과 같은 말입니다. 열반이란 아무것도 없는 죽은 것이 아니라 대자유 대자재함을 말하는 것입니다.

'수음탁(隨飮啄)'이란 대자유자재하게 활동한다는 뜻인데, 그것은 곧 '남이 없으면 나지 않음이 없다는 것'을 알기 때문입니다.

15. 모든 행이 무상하여 일체가 공하니
이는 곧 여래의 대원각이로다.

諸行이 無常一切空하니　　即是如來大圓覺이로다
제 행　　무 상 일 체 공　　　즉 시 여 래 대 원 각

일체의 모든 행이 영원한 것이 없고 일체가 공하여 아무것도 찾아볼 수 없는 이것이 곧 여래의 대원각이라는 것입니다.

'일체가 공하다'는 것은 마구니와 부처를 찾아볼 수 없는 데서 하는 말이며, 그러면 일체가 텅 빈 그것뿐이냐 하면 거기에서 진여의 항사묘용이 현발하는 것이니, 대원각이 항사묘용이며 항사묘

용 이대로가 '일체 공'이라는 것입니다. 그래서 공이 곧 공 아님이요 공 아님이 곧 공이며, 나는 것이 곧 나지 않음이요 나지 않음이 곧 나는 것입니다.

이와 같이 같은 말을 자꾸 되풀이하는 것이 듣기 귀찮겠지만 그것은 쌍차 이대로가 쌍조이며 쌍조 이대로가 쌍차라는 것을 말하기 위한 것입니다.

'제행이 무상하니 일체가 공'이라 함은 쌍차를 말하고, '곧 이것이 여래의 대원각'이라 함은 쌍조를 말한 것이며, '사대를 놓아버려 붙잡지 말라' 함은 쌍차를 말하고, '적멸한 성품 가운데서 자유자재하다' 함은 쌍조를 말합니다.

다 버리는 것일지라도 그것이 단멸공(斷滅空)에 떨어지는 것이 아니고, 거기에서 자유자재한 항사묘용이 현발하여 중도정견이 성취되는 것입니다.

16. 결정된 말씀과 참됨을 나타낸 법을
어떤 사람은 긍정치 않고 정에 따라 헤아림이라

決定說表眞乘을　有人이 不肯任情徵이라
결 정 설 표 진 승　유 인　불 긍 임 정 징

결정설(決定說)이란 근본적으로 변경시킬 수 없는 확실한 정설(定說)을 말합니다. 『증도가』에서 주장하는 것은 자성을 깨쳐서 성불한다는 것인데 이것이 근본이기 때문에 결정설(決定說)이라고 하는 것입니다. 즉 삼세의 모든 부처님과 역대조사가 그 누구나 할 것 없이 자기의 마음을 깨쳐 성불하였지, 자기의 마음을 깨치지 않고 성불한 사람은 한 분도 없습니다. 그러므로 마음을 깨쳐서 성도(成道)한다는 것은 불교의 근본 생명선인 동시에 억천만 겁이 지나도 절대로 변함 없는 만고불변의 결정적인 근본 대원칙인 것입니다. 마음을 깨쳐 성불하기만 하면 일체가 다 원만구족하여 육도만행과 삼신사지(三身四智)가 다 갖추어져 있어서 다시는 더 밖으로 구할 것이 없다는 말입니다. 그래서 이 마음 깨치는 법이 결정된 정설이며, 따라서 참으로 진실한 최상승의 법문이라는 뜻으로 표진승(表眞乘)이라 한 것입니다.

그렇지만 보통 중생은 근기가 여러 가지로 다르고 업이 두터워서 '결정된 정설인 최상승 법문'을 이해하지 못하고 반대를 합니다. "그것이 어찌 말이 되는 소린가, 마음을 깨친다고 부처가 되고 모든 것이 내 마음 가운데 다 갖추어질 수 있는가?" 하여 긍정치 않고 자기의 정견(情見)에 따라 이리저리 헤매는 사람이 많다는 말입니다. 자기 소견에 따라 칠전팔도(七顚八倒)하며 이리저리 따지기 때문에 중생들은 근본적인 최상승법을 이해하기가 어렵습니다. 보통 사람들에게 이런 폐단이 많기 때문에 영가스님이 노파심절로 이렇게 말씀하여 경책하신 것입니다.

17. 근원을 바로 끊음은 부처님 인가하신 바요
    잎 따고 가지 찾음은 내 할 일 아니로다.

直截根源佛所印이요   摘葉尋枝는 我不能이로다
직 절 근 원 불 소 인   적 엽 심 지   아 불 능

나는 지름길로 바로 질러가서 근원적인 자성을 바로 깨치는 것

으로 으뜸을 삼지, 가지나 더듬고 잎을 따는 지엽적인 짓은 할 줄 모른다는 것입니다.

누구든지 나무를 벨 때에 밑뿌리만 끊으면 전체가 다 넘어져서 가지나 잎은 저절로 따라오는데, 무엇때문에 잎을 자꾸 따고 가지를 끊고 하느냐는 것입니다. 그것은 쓸데없이 시간과 노력만 낭비할 뿐이지 절대로 바른 길이 아니라는 것입니다. 바로 '근원을 끊는다'는 것은 자성을 바로 깨치는 것을, 사람의 마음을 바로 가리켜 견성·성불하는 바른 길을 말한 것이요, 그렇지 않고 저 육도만행을 닦는다든지, 뭘 한다든지 하는 것은 가지를 찾고 잎을 딴다는 것에 비유한 것입니다. 그래서 나는 언제든지 근원을 바로 끊는, 자성을 바로 깨치는 것만 얘기할 뿐 가지나 더듬고 잎이나 따는 등 밖으로 구하면서 시간과 노력을 허비하는 그런 일은 하지 않는다는 것입니다.

이러한 말들을 중생들이 잘 이해하지 못하고 어떻게 자기의 마음을 바로 깨치면 일체가 원만구족할 수 있느냐고 의심을 많이 합니다. 지금 이 『증도가』를 놓고 이야기해도 의심하는 사람이 많이 있습니다. 앞에서 말한 바 있듯이 '여래선을 깨치고 나면 그 가운데 육도만행이 원만구족해 있다'고 하여 더 이상 닦을 필요가 없다고 하여도 정말 그렇게 될 수 있느냐고 의심을 많이 가집니다.

여래선이란 구경각을 성취한 것을 말합니다. 한 번 깨칠 때, 다 깨쳐서 진여본성이 드러나면 육도만행뿐만 아니라 삼신사지가 모두 구족해 있습니다. 이것은 근원을 바로 끊는 도리로써 나무를 벨 때 그 밑둥치를 베면 전체가 다 넘어지는 것과 마찬가지입니다. 그러므로 누구든지 쉽고 빠른 이 길을 택할 뿐이요, 절대로 가지를 더듬고 잎을 따며 밖으로 불법을 구하려 들지 말라는 것입니다.

18. 마니주를 사람들은 알지 못하니
여래장 속에 몸소 거두어들임이라

摩尼珠를 人不識하니   如來藏裏에 親收得이라
마 니 주   인 불 식   여 래 장 리   친 수 득

  마니(摩尼)란 인도말로 여의(如意)라는 뜻이니, 마니주(摩尼珠)는 그 쓰임이 무궁무진해서 무엇이든지 내 마음대로 안 되는 것이 없다고 하여 이 구슬을 우리의 자성에 비유한 것입니다. 한 번 내 마음을 깨쳐 놓으면 일체 만법이 원만구족하여 여의자재(如意自在)하게 활용할 수 있기 때문에 마니주(摩尼珠)에 비유한 것입니다.

  그런데 사람들은 저마다 자기의 마음속에 이 마니보주(摩尼寶珠)를 다 지니고 있어서 찾기만 하면 미래겁이 다하도록 이것을 활용하여 자유자재한 생활을 할 수 있을 터인데, 이 보배구슬이 자기에게 있음을 알지 못하고 자꾸 바깥으로만 돌면서 경전을 본다, 육도만행을 한다 하면서 바로 찾지 못하고 있으니 안타까운 노릇이라는 것입니다.

  그러면 어떻게 해야 하느냐?

  '여래장 속에서 몸소 얻어 거두어들여야 한다'는 것입니다. 여래장이란 진여불성을 말합니다. 여래장을 여러 가지 뜻으로 해석하지만 여기서는 진여불성을 여래장이라고 표현했습니다.

  나는 마니주를 다른 어느 곳에서 찾지 않고 다만 나의 자성, 진여불성 가운데서 찾는다는 말입니다. 그러므로 누구든지 참으로

영원하여 자유자재한 일체지(一切智)를 성취하여 성불하려면, 그
것은 다른 곳에서 구하지 말고 오직 내 마음 본성 가운데서 마니
보주를 바로 찾고 바로 개척해서 이것을 우리가 영원토록 쓰자는
것입니다. 그러나 바로 근원을 끊지 않고 바깥으로만 돌면서 가지
를 찾고 잎만 따다 보면 결정설(決定說)을 의심하여 이해하지 못하
고 영원토록 생사윤회를 벗어나지 못하고 맙니다.

그러면 여래장, 진여불성 가운데 있는 마니주를 완전히 개척해
놓으면 어떤 쓰임이 생기는 것인가?

19. 여섯 가지 신통묘용은 공하면서 공하지 않음이요
한 덩이 둥근 빛은 색이면서 색이 아니로다.

六般神用空不空이요　一顆圓光色非色이로다
육 반 신 용 공 불 공　　일 과 원 광 색 비 색

육반신용(六般神用)은 여섯 가지 신통묘용을 말하는데, 이것은
육신통(六神通)이라 해도 괜찮지만 육신통을 따로 세울 것은 없
고, 안(眼)·이(耳)·비(鼻)·설(舌)·신(身)·의(意)의 육근(六根)의 작
용을 말하는 것입니다. 진여불성 가운데 마니주를 찾으니 육근 이
대로가 전체로 신통이며 모두 다 진여대용이라는 것입니다.

누구든지 여래장을 열어서 마니보주를 얻지 못하면 육근이 모
두 여섯 가지 도적[六賊]이지만, 여래장을 열어 마니주를 얻어 진
여자성을 깨치면 육근 전체가 육신통, 즉 진여대용이 된다는 것입
니다. 그래서 안·이·비·설·신·의를 통한 전체 진여대용 이것이
공(空)이면서 공(空)이 아니라는 것입니다. 공이란 일체 명상(名相)

이 다 떨어진 쌍차(雙遮)를 말하고, 공하지 않다는 것은 단공(斷空)이 아니라 거기에 묘유(妙有)가 있다는 것으로 쌍조(雙照)를 말합니다. 그래서 여섯 가지 신통묘용이 공했으면서 공하지 않고 공하지 않으면서 공했으며, 진공이면서 묘유이고 묘유이면서 진공이라는 것입니다. 그리하여 쌍차이면서 쌍조이며 쌍조이면서 쌍차하여 차조동시(遮照同時)가 되는 것이니 중도의 참 정의를 우리가 여기서 체득할 수 있는 것입니다.

이론으로만 그런 것이 아니라 마니주를 완전히 얻고 보면 '육반신용' 가운데서 중도의 대용(大用)을 우리가 확실히 알 수 있습니다. '여섯 가지 신통묘용'이라고 하여 여섯 가지가 각각 다른 길이 있는 것이 아니라 근본은 하나입니다.

비유하면 속에 불덩이는 하나인데 구멍이 여러 개 있어서 하나의 불이 여러 개의 구멍으로 비치는 것과 같으니, 그 구멍마다 딴 불이 있는 것은 아닙니다.

'한 덩이 둥근 빛'이란 자성을 말함이니 자성의 진여본성은 똑같아 둘이 아닙니다. 안·이·비·설·신·의의 육문(六門)을 통해서 비치는 신통묘용이 바로 자성이라는 한 덩어리 광명이 발하는 여러 가지 작용이라는 것입니다.

'여섯 가지 신통묘용'이 '한 덩어리 둥근 빛'이요, '한 덩어리 둥근 빛'이 '여섯 가지 신통묘용'인 것입니다.

'한 덩이 둥근 빛은 색이면서 색이 아니다'란 말이 긍정을 먼저 하고 나중에 부정한 것이라면, 앞에 말한 '공하면서 공하지 않다'는 것은 부정부터 먼저 하고 나중에 긍정한 것입니다. 다시 말하면 앞에서는 막고서 비추고[遮而照], 뒤에서는 비춰서 막은[照而遮]

것입니다. 이것은 곧 막고서 비추며 비춰서 막으니 막음과 비춤이 한 때[遮照同時]인 중도정의를 여기서 바로 알 수 있습니다.

누구든지 자성을 바로 깨쳐서 여래장 속에서 마니주를 얻게 되면 중도정각을 완전히 성취할 수 있다는 것입니다.

20. 오안을 깨끗이 하여 오력을 얻음은
증득해야만 알 뿐 헤아리긴 어렵도다.

淨五眼得五力은　　唯證乃知難可測이라
정 오 안 득 오 력　　유 증 내 지 난 가 측

오안(五眼), 다섯 눈이란 첫째는 육안(肉眼)이니 우리들 중생의 육신이 가지고 있는 눈을 말하며, 둘째는 천안(天眼)이니 색계(色界)의 사람들이 가지고 있는 육안으로 멀고 가까움과 안과 밖, 낮과 밤을 가리지 않고 볼 수 있는 눈을 말하며, 셋째는 혜안(慧眼)이니 이승(二乘)의 사람들이 가진 눈으로서 연기의 실상(實相)을 보는 지혜의 눈을 말하며, 넷째는 법안(法眼)이니 보살이 가지고 있는 눈으로써 중생을 제도하기 위하여 일체의 법문을 비춰 보는 지혜의 눈을 말하며, 다섯째는 불안(佛眼)이니 부처님이 가지고 있는 눈으로써 일체를 알며 일체를 비춰 보는 눈이니 앞의 네 가지 눈을 모두 구비한 눈을 말합니다.

중생이 깨치지 못하였을 때는 육안은 육안대로 천안은 천안대로 각각 다르지만 확철히 깨치고 보면 다섯 가지 눈이 서로 통해서 하나가 됩니다. 앞에서 그것을 '여섯 가지 신통묘용'이 한 진여 본성의 묘용으로써 그 비추는 문만 다를 뿐 그 근본 자체는 똑같다고 말한 바와 같이, 오안을 비록 각각 다르게 말하였지만 그 근본 자체에 있어서는 육안이 곧 불안이고 불안이 곧 육안인 것입니다.

육안이란 중생의 육안 이것만 말하는 것이 아니라 자성을 깨치면 육안 이대로가 불안이며 불안 이대로가 육안일 뿐, 육안 내놓고 따로 불안이 없으며 불안 내놓고 따로 육안이 없습니다. 그래서 천안 이대로 혜안이며 법안 이대로 불안이어서 오안 전체가 서로서로 융통자재합니다. 그러므로 이 오안을 차별적으로 보아서 육안을 버리고 천안을 얻은 다음 단계적으로 올라가서 마침내 불안을 얻는다는 것이 아닙니다. 구경각을 증하게 되면 단박에 오안을 모두 성취하게 되는 것입니다.

영가스님은 바로 이 오안을 깨끗이 하면 오력을 얻게 된다고 합니다.

오력(五力)이란 삼십칠도품(三十七道品)의 하나로써 첫째는 신력(信力)이니 신근(信根)을 증장케 하여 모든 삿된 믿음을 깨뜨리는 것이며, 둘째는 정진력(精進力)이니 정진근(精進根)을 증장케 하여 신체의 게으름을 물리치는 것이며, 셋째는 염력(念力)이니 염근(念根)을 증장케 하여 모든 사념(邪念)을 깨뜨리는 것이며, 넷째는 정력(定力)이니 정근(定根)을 증장케 하여 모든 어지러운 생각을 끊는 것이며, 다섯째는 혜력(慧力)이니 혜근(慧根)을 증장케 하여 삼계의 모든 미혹을 끊는 것을 말합니다.

다섯 가지 힘[五力]이라는 것도 각각 떨어져 있는 것이 아니라 하나로 통하는 힘을 말한 것으로써, 그 한 힘을 자세하게 분석하여 말하자니 다섯 가지 힘이라 표현한 것입니다.

그러므로 오안이든 오력이든 전체가 다 진여대용인 것이니 실제에 있어서는 오직 여래장 속에 있는 마니주의 작용일 뿐 다른 것이 아닙니다. 이것은 서로 다른 쓰임으로 보아서 다섯 가지로 나눈 것이니 여럿으로 나누어 볼 때는 천차만별의 작용으로 나눌 수도 있습니다. 그러나 그것은 여래장 속의 마니주, '한 덩이 둥근 빛'이 천차만별로 나타나는 것이지 다른 물건이 각각 따로 있어서 천차만별로 벌어지는 것은 아닙니다. 하나의 눈이 다섯 개의 눈이고 다섯 개의 눈이 하나의 눈이며, 하나의 힘이 다섯 개의 힘이며 다섯 개의 힘이 하나의 힘으로 원융무애한 것입니다.

그러면 어떻게 해야만 원융무애한 진여대용을 우리가 얻을 수 있는가?

'깨쳐야만 알 뿐 헤아리긴 어렵다'고 하였듯이 우리가 진여대용을 알려면 반드시 증해야 되고 구경각을 성취하여 체득해야지 해오(解悟)나 신해(信解)로는 절대로 알 수 없다는 말입니다.

선가에서든 교가에서든 증(證)자를 여러 가지로 해석할 수 있겠지만 근본적으로는 구경각을 말하는 것입니다. 그러므로 진여대용인 오안과 오력을 얻으려면 오직 증(證)해서 중도를 정등각해야지 그렇기 전에는 누구도 절대로 이것을 모른다는 것입니다. 왜냐하면 영가스님의 이 말씀들은 자성을 깨친 대광명 가운데서 말씀한 것인데 눈감은 봉사가 어찌 이 대광명을 볼 수 있겠습니까? 눈을 감고 앉아서 아무리 진여가 어떻고 오안·오력이 어떻고 해보았자, 봉사는 봉사이기 때문에 그 근본 대광명은 보지 못하니, 오안을 쓸 수도 없으며 오력을 쓸 수도 없으니 오직 눈을 떠야만 합니다.

눈을 뜬다는 것은 제8아뢰야 근본무명을 완전히 끊어야 되는 것이니 이와 같이 구경각을 성취하기 전에는 실제로 눈뜬 사람이 아닙니다. 제8아뢰야 무기무심(無記無心)의 마계(魔界)를 완전히 벗어나서 참으로 죽음 가운데서 삶을 얻고, 크게 죽었다가 다시 살아나야만 눈뜬 사람입니다.

진여본성을 확철히 깨쳐서 일체종지(一切種智)를 성취해야만 부처와 조사가 전한 오안을 얻고 오력을 얻을 수 있는 것이지, 참으로 증(證)하지 않고는 어떤 공부를 한다 하여도 절대로 공부라고 취급할 수가 없습니다.

앞으로도 자주 되풀이하겠지만 선종에서는 언제든지 깨치는 증오(證悟)만 말하지 이해하여 아는 해오(解悟)는 절대로 말하지 않는다는 것을 분명히 알아야 합니다. 만약 누구든지 선종을 해오적(解悟的)으로 해석하는 사람이 있다면 이는 선에 있어서 외도적인 해석이며, 선종의 정통이라고는 절대로 볼 수 없습니다.

21. 거울 속의 형상 보기는 어렵지 않으나
     물속의 달을 붙들려 하나 어떻게 잡을 수 있으랴.

鏡裏에 看形見不難이나　水中捉月爭拈得가
경 리　간 형 견 불 난　　수 중 착 월 쟁 염 득

'거울 속에 환하게 비친 내 얼굴을 본다'는 것은 자성을 바로 깨쳐서 오안과 오력을 자유자재하게 쓰는 것을 말합니다. 우리가 공부를 해서 확철히 깨쳐서 증지(證智)를 성취하면 대지혜 광명이 현전한데, 자기 자성을 보는 것이 비유컨대 거울 속에 환하게 비친 얼굴을 보는 것과 마찬가지로 분명하고 밝다는 것입니다. 그렇다고 무슨 볼 물건이 있고 볼 사람이 있어서 보는 줄 알면 큰일이니, 여기서는 모든 주관과 객관이 다 떨어져 버린 데서 하는 말입니다.

그러나 분별망상과 티끌 그림자를 따라가다가는 또 영원토록 자성을 보지 못하는 것이니 '물속의 달을 붙들려 하나 어찌 잡을 수 있으랴'라고 하고 있습니다. 경전에도 이러한 비유의 말씀이 있습니다만, 원숭이가 물속에 비친 달을 잡으려고 달려들지만 천년만년 잡으려 해보았자 그것은 헛일이니 어찌 잡을 수 있겠습니까?

그와 같이 물속에 비친 달이란 분별망상을 말한 것이니 망상과 티끌 그림자를 가지고는 우리의 자성을 영원히 깨치지 못한다는 것입니다. 우리가 자성을 깨치려면 분별망상뿐만 아니라 제8아뢰야의 근본무명까지도 뿌리를 뽑아야 그렇지 않고는 영원토록 자성을 깨칠 수 없다는 것을 비유해서 말한 것입니다. 그러므로 우리는 분별망상과 티끌 그림자를 버리고 회광반조하여 진여본성을 바로 깨쳐야 하는 것이니 외변으로 돌면서 헤매서는 안 되며, 근원을 바로 끊어야 합니다.

22. 항상 홀로 다니고 항상 홀로 걷나니
통달한 이 함께 열반의 길에 노닐도다.

常獨行常獨步하니　達者同遊涅槃路로다
상 독 행 상 독 보　　달 자 동 유 열 반 로

우리가 참으로 깨쳐서 증지(證智)를 성취하였는데 어째서 '항상 홀로 다니고 홀로 걷느냐' 하면, 깨친 경계에서는 부처와 부처가 서로 보지 못하고 조사와 조사가 서로 만날 수 없기 때문입니다[佛佛이 不相見이요 祖祖가 不相逢이라]. 왜냐하면 거기에서는 일체의 명상(名相)이 다 떨어졌기 때문이니, 천상천하에 오직 나 혼자 높아서 천하를 횡행하고 허공 위를 혼자 걸어가는 것입니다. 아무 짝도 없고 걸림도 없이 자기 혼자 노닐게 되므로 서로서로 반려가 없습니다. 반려가 없다는 것은 절대로써 상대가 없다는 것이며 모든 명상의 양변이 다 떨어졌다는 것입니다.

그러면 반려가 없다고 해서 혼자만 다니고 혼자만 걸으면 그만이냐 하면 그렇지는 않습니다.

'깨친 사람들은 서로서로 손을 잡고 열반의 길에서 함께 노닌다'는 것입니다. 그러므로 이 길을 빨리 알려면 '이것이 무엇인고'를 부지런히 해서 깨쳐야 합니다. 그렇지 않고는, 영가스님이 이런 좋은 글을 만들어 놓고 내가 아무리 입이 아프도록 말해 보았자 쓸데없는 말일 뿐입니다. 오직 눈을 바로 뜨고 광명을 보아야 합니다.

23. 옛스러운 곡조 신기 맑으며 풍채 스스로 드높음이여
    초췌한 모습 앙상한 뼈 사람들 거들떠보지 않는도다.

調古神淸風自高여　貌悴骨剛人不顧로다
조 고 신 청 풍 자 고　모 췌 골 강 인 불 고

홀로 다니고 홀로 걸어 열반의 길에서 노닐면 참으로 '곡조가 옛스럽고 신기는 맑고 풍채가 스스로 드높게 되는 것'이니, 이것은

무엇을 표현하느냐 하면, 고불고조(古佛古祖)들이 맨손에 단도를 쥐고 부처를 죽이고 조사를 죽이는 대기대용(大機大用)을 말한 것입니다. 그냥 운치가 좋고 풍채가 높다는 것이 아니라 빈손에 청룡도를 하나 들고 내 마음대로 자유자재하게 써서, 죽이는 것만 마음대로 하느냐 하면 살리는 것도 마음대로 하는 것입니다. 역대의 조사들을 죽이려고 하면 한칼에 다 죽이고, 살리려고 하면 삼세(三世)의 모든 부처님과 역대의 조사들뿐만 아니라 일체 중생을 한날 한시에 살릴 수 있는 살활자재(殺活自在)한 전기대용(全機大用)을 이렇게 표현한 것입니다.

그처럼 살활자재한 전기대용이 현전한 그 사람의 모양이 어떠한가 하면, '얼굴은 초췌하고 뼈는 앙상해서 사람들이 돌아보지도 않는다'는 것입니다. 이것은 곧 '피부가 다 탈락되어 하나의 진실제뿐[皮膚脫落盡 唯一眞實際]'이라고 함과 같이, 일체 번뇌망상은 피부가 탈락되듯이 다 끊어지고 오직 진여본성의 뼈만 남았다는 것입니다.

'모양이 초췌하다'는 것은 일체 망상의 모양이 다 끊어졌음을 말하고, '뼈가 단단하다'는 것은 금강반야가 현전하여 진여의 뼈가 단단하지 않을 수 없다는 것을 말합니다.

'사람이 돌아보지 않는다'는 것은 모든 망정이 다 떨어져서 살활자재한 전기대용이 현전하여, 거기서는 부처와 조사도 찾아볼 수 없고 중생과 마구니도 찾아볼 수 없는 인상(人相)과 아상(我相)이 다 끊어진 것을 말합니다.

그냥 사람의 모습이 야위고 뼈만 앙상해서 사람들이 보기 싫다고 돌아보지 않는다는 것이 아닙니다. 그렇게 알면 피상적일 뿐만 아니라 영가스님의 참뜻과는 정반대가 되고 맙니다.

24. 궁색한 부처님 제자 입으로는 가난타 말하나
     실로 몸은 가난해도 도는 가난치 않음이라.

窮釋子口稱貧하나   實是身貧道不貧이라
궁 석 자 구 칭 빈   실 시 신 빈 도 불 빈

'궁색한 부처님 제자'라 하니 무엇이 궁색하다는 말인가?

돈이 없고 옷이 없고 쌀이 없고 또 무슨 물건이 없다는 말인가?

예전 스님들이 하시는 말씀이 '도를 배우려면 마땅히 가난함부터 먼저 배우라[學道先須學貧]'고 하였습니다. 중생이란 그 살림이 부자입니다. 8만4천 석이나 되는 온갖 번뇌가 창고마다 가득가득하기 때문입니다. 그래서 창고마다 가득 찬 번뇌를 다 쓰지 못하고 영원토록 생사윤회를 하며 해탈의 길을 걸어가지 못하고 있는 것입니다. 그러니 우리가 참답게 도를 배우려면 8만4천 석이나 되는 번뇌의 곳집을 다 비워야 하는 것이니 그렇게 할 때 참으로 가난한 사람이 되는 것입니다. 8만4천 석이나 되는 번뇌를 다 버리고 나면 참으로 가난하고 가난한 사람이 되어서 텅텅 빈 창고만 남게 되는 것입니다. 이 뜻은 실제로 진공(眞空)을 먼저 깨쳐야 한다는 말입니다. 아주 가난한 진공(眞空), 이것은 가난한 것도 없는 데서 하는 말입니다. 그래서 누구든지 도를 닦음에 있어서는 가난한 것부터 먼저 배우라는 것인데 그것은 번뇌망상을 먼저 버려야 한다는 것입니다. 중생이 망상의 살림살이를 버리면 진여자성(眞

如自性)이 진공(眞空)임을 알게 되는데 그것을 아는 사람만이 참으로 가난한 사람입니다.

일체 번뇌망상이 다해서 영원히 가난하면 한 물건도 거기 설 수 없어서 '몸은 가난하나 도는 가난하지 않게 되는 것'입니다.

예전 스님들이 가난한 것을 말할 때, "작년에는 송곳 세울 땅도 없더니 금년에는 송곳마저도 없다[去年無錐地러니 今年錐也無로다]."고 하였습니다.

작년에는 번뇌망상을 버리고 또 버려서 송곳 세울 땅도 없을 만큼 모든 망상이 끊어져 가난해졌지만 끊어졌다는 그 놈, 송곳이라는 물건은 아직 남아 있었다는 것입니다.

그러나 올해는 그 송곳마저도 다 버려서 가난하게 되었다는 것입니다. 그렇게 되면 인상(人相)과 아상(我相)이 끊어지고 모든 상대가 끊어져서 절대인 진여묘용(眞如妙用)이 현발(顯發)하는 것입니다. 그것을 우리는 정각(正覺)이라 하고 중도라 합니다.

그러면 우리가 마음속에 있는 번뇌망상만 버리면 그만이지 금은보화는 도 닦는 이가 아무리 많이 가져도 상관없다는 말인가 하고 혹 이렇게도 생각할는지 모르겠습니다. 그 말도 참 좋은 말이지만 금은보화라는 패물을 지니고 있으면 재물에 대한 욕심이 늘 붙어 있어서 마음속의 탐심을 버릴 수 없게 됩니다. 내 마음속의 탐심을 버리려면 바깥에 있는 물질적인 금은보화 같은 물건까지도 버려야 합니다.

그래서 당(唐)나라의 방거사(龐居士)는 자기의 그 많은 모든 재산을 배에 싣고 가서 동정호(洞庭湖)에 버리고는 대조리를 만들어서 장에 갖다 팔아 나날의 생계를 이어 갔다고 합니다.

이와 같이 밖으로는 모든 물질까지도 다 버리는 동시에 안으로는 번뇌망상을 다 버리게 되면 안팎이 함께 가난하게 됩니다.

이렇게 철두철미하게 가난뱅이가 된다면 모든 것이 공해서 거기에는 항사묘용이 현전하지 않으려야 않을 수 없으니, 이것이 곧 견성이며 성불인 것입니다. 그러므로 도를 배우는 사람은 안팎으로 가난한 것부터 먼저 배워야 합니다.

25. 가난한즉 몸에 항상 누더기를 걸치고
도를 얻은즉 마음에 무가보를 감추었도다.

貧則身常披縷褐이요   道則心藏無價珍이로다
빈 즉 신 상 피 루 갈   도 즉 심 장 무 가 진

'가난한즉 몸에 누더기를 걸친다'고 하는 것은 안팎이 함께 가난함을 말합니다. 안으로 번뇌망상이 다 떨어져서 탐심과 구하는 마음이 없어지니 밖으로야 무슨 금은보화가 필요하겠습니까?

안과 밖이 함께 가난하면 어떻게 되느냐?

안과 밖이 함께 가난해서 철두철미하게 진공(眞空)을 성취하면 거기서 항사묘용의 다 쓸 수 없는 보고가 열린다는 것입니다. '도를 얻은즉 마음에 값할 수 없는 보배'를 지니는 것입니다. 삼천대천세계가 아무리 크고 넓다 하지만 설사 그것을 억천만 개를 합한다 하더라도 우리 마음속에 내재되어 있는 무진장의 '값할 수 없는 보배'와는 비교할 수가 없습니다. 이와 같이 우리는 우리들 마음속에 천상천하에 비교할 수 없는 값진 보배를 가지고 있으니만큼 하루빨리 개척해서 그것을 마음대로 써야 할 것입니다.

도를 이루기 위해서는 가난한 것부터 배워서 밖으로는 물질을 버리고 안으로는 번뇌망상을 버려야 합니다. 만약 욕심을 부려서 도를 얻으려는 사람은 말로는 동으로 간다고 하면서 몸은 서쪽으로 가는 사람과 같습니다.

그러므로 모든 수행자는 '도를 배우려면 먼저 가난한 것부터 배워야 한다'는 고불고조(古佛古祖)의 말씀을 철칙으로 삼아 공부해야 합니다.

그와 같이 수행하여 안팎이 가난해진다면 참으로 무진장의 값할 수 없는 보배를 얻어서 천하에 둘도 없는 큰 부자가 되는 것입니다.

이 말씀을 꼭 믿고 명심하여 대중들은 열심히 정진합시다.

26. 무가보는 써도 다함이 없나니
중생 이익 하며 때를 따라 끝내 아낌이 없음이라

無價珍用無盡하니　利物應時終不悋이라
무 가 진 용 무 진　　　이 물 응 시 종 불 인

이것은 우리 진여자성의 쓰임[用]을 말합니다. 일체 만물을 이롭게 하고 일체시(一切時)에 응하여 쓰더라도 끝내 아끼는 것이 없어 영원토록 다함이 없다는 것입니다. 그러면 어떻게 해서 그렇게 되는가?

27. 삼신·사지는 본체 가운데 원만하고
     팔해탈·육신통은 마음 땅의 인(印)이로다.

三身四智는 體中圓이요   八解六通은 心地印이로다
삼 신 사 지   체 중 원   팔 해 육 통   심 지 인

삼신(三身)이란 법신(法身)·보신(報身)·응신(應身) 또는 화신(化身)을 말하고, 사지(四智)란 대원경지(大圓鏡智)·평등성지(平等性智)·성소작지(成所作智)·묘관찰지(妙觀察智)를 말합니다.

삼신(三身)과 사지(四智)를 성취하면 이를 부처라 하는데, 우리가 마니주를 완전히 알아서 자성을 바로 깨치면 삼신·사지가 원만구족해서 다시는 더하려야 더할 것이 없고 덜려야 덜 것이 없는 구경법을 성취하는 것입니다. 그렇기 때문에 '값할 수 없는 보배는 써도 다함이 없다'는 것입니다.

이렇게 말하면 혹 어떤 사람은 '깨쳤다고 해서 삼신·사지가 그대로 원만구족할 수 있나' 하고 의심하는 사람도 있겠지만, 그런 사람은 증지(證智)라는 것이 무엇인지도 모르는 사람이고, 깨친 것, 곧 돈오(頓悟)라는 것이 어떤 것인지도 모르는 사람입니다. 참으로 돈오(頓悟)를 한 사람은 삼신·사지가 원만구족하지 않으려야 않을 수 없습니다. 이런 좋은 마니보주를 사람사람이 다 가지고 있건만 이것을 모르고 깨쳐서 쓰려고 하지 않으니 이보다 한심스러운 일이 어디 있겠습니까?

삼신·사지가 원만구족하면 팔해탈과 육신통이 그 가운데 다 갖추어 있다는 것입니다.

팔해탈은 진여해탈의 경계를 여덟 가지로 분류한 것인데 각각 다른 무엇이 있는 것이 아니라 진여의 대용인 줄 알면 됩니다. 육

신통(六神通)이란 천안통(天眼通)·천이통(天耳通)·신족통(神足通)·숙명통(宿命通)·타심통(他心通)·누진통(漏盡通)을 말합니다.

그런데 이것은 우리가 마음에 체득을 해야 아는 것이지 말로만 해서는 모르는 것이니 밥 이야기만 아무리 한들 배고픔에 무슨 소용이 있겠습니까? 그러므로 우리는 어느 때 어느 곳에서든지 항상 '이것이 무엇인고'를 부지런히 깨쳐서 자성을 하루빨리 깨쳐야 합니다. 금강산이 좋다고 아무리 말해 주어도 '어디 그런 좋은 산이 있을라고! 거짓말이다' 하면서 가 보지 않으면 그 사람은 영원히 금강산을 보지 못하고 맙니다. 그와 마찬가지로 삼신·사지와 팔해탈·육신통이 구족한, 값할 수 없이 귀한 마니주가 사람사람에게 다 있어서 삼세의 모든 부처님과 역대의 조사들이 모두 다 개발하여 다함이 없이 썼는데도, 이것을 믿지 않고 거짓말이라고 의심하다가는 영원토록 성불하지 못하고 미래겁이 다하도록 중생 그대로 남게 됩니다.

28. 상근기는 한 번 결단하여 일체를 깨치고
중·하근기는 많이 들을수록 더욱 믿지 않도다.

上士는 一決一切了하고　中下는 多聞多不信이라
상 사　　일 결 일 체 료　　　중 하　　다 문 다 불 신

참으로 영리한 상근기의 사람은 이런 좋은 법문을 한 번 들으면 일체가 이해되어 다시는 더 의심하지 않는다는 것입니다.

그러나 영리하지 못한 중·하근기의 사람은 값할 수 없이 귀한 마니주가 자기 마음 가운데 있다고 입이 아프도록 말해 주어도

믿지 않고 의심만 한다는 말입니다. 관운장이 안량과 문추의 목을 베듯이 한꺼번에 해치워야지 이리저리 빙빙 돌면서 허송세월을 보내서야 되겠습니까?

29. 스스로 마음의 때 묻은 옷 벗을 뿐
뉘라서 밖으로 정진을 자랑할 건가.

但自懷中解垢衣어니 誰能向外誇精進가
단 자 회 중 해 구 의   수 능 향 외 과 정 진

『신심명』의 "참됨을 구하려 말고 망령된 견해만 쉴 뿐이라[不用求眞唯須息見]."는 말씀과 같은 뜻입니다. 마니주는 본래 사람마다 가지고 있는데 오직 때묻은 옷, 즉 번뇌망상 때문에 쓰지를 못하는 것이니, 때묻은 옷을 벗어버리듯이 번뇌망상·분별취사심만 쉬어 버린다면 그것을 쓴다 해도 다함이 없다는 것입니다.

해가 시방세계를 비추고 있지만 해를 보지 못하는 것은 구름이 가려 있기 때문입니다. 해를 억지로 보려고 하지 않아도 구름만 걷히면 해는 저절로 나타나게 됩니다. 그와 같이 오직 때묻은 옷만 벗어버리고 망상을 쉴 뿐입니다. 도를 성취한다, 겉으로 육도만행을 한다, 무엇을 한다 하여 가지를 더듬고 잎이나 따는 등 공연히 쓸데없는 짓 하지 말라는 말입니다.

30. 남의 비방에 따르고 남의 비난에 맡겨 두라.
　　불로 하늘을 태우려 하나 공연히 자신만 피로하
　　리로다.

　　從他謗任他非하라　　把火燒天徒自疲로다
　　종 타 방 임 타 비　　파 화 소 천 도 자 피

　　저 사람이 비방하고 욕하는 것을 가리지 말고 탓하지 말라는
것입니다. 왜냐하면 이런 좋은 마니주가 있다고 입이 아프도록 말
해 줘도 도리어 반대하고 욕하는 것은 그 사람이 몰라서 그런 것
이지 알고는 그렇게 욕하고 비방할 까닭이 없다는 말입니다. 그러
면 욕하고 비방하는 사람은 어떻게 되느냐 하면 불을 들고 하늘
을 태우려는 사람과 같아서 헛되이 스스로만 피로할 뿐이라는 것
입니다.

　　진여자성을 깨쳐서 마니보주를 얻어 무상대도(無上大道)를 성취
하고 성불한다는 이 법을 비방하는 사람은 아무리 자기가 비방하
고 반대를 해보아도 정법인 진여자성에는 아무런 방해가 되지 않
는다는 것입니다.

　　그러면 이 법문을 비난하지 않고 들어서 아는 사람은 어떻게
되느냐?

31. 내 듣기엔 마치 감로수를 마심과 같아서
　　녹아서 단박에 부사의해탈경에 들어가도다.

　　我聞恰似飮甘露하야　　鎖融頓入不思議로다
　　아 문 흡 사 음 감 로　　소 융 돈 입 부 사 의

이 법을 모르는 사람은 욕을 하고 비방을 하지만, 아는 사람은 남이 욕하고 헐뜯어도 마치 감로수를 마시는 것과 같아서 팔만사천 가지 병이 눈 깜짝할 사이에 다 낫는다는 것입니다. 병이 나음과 동시에 삼신·사지와 팔해탈·육신통이 원만구족하게 됩니다.

그렇게 되면 중생이 아무리 생각해도 생각할 수 없는 부사의 대해탈경계로 우리가 들어가지 않을 수 없습니다. 그러므로 우리는 최상승 무상묘법을 듣고 비방만 하지 말고 부사의해탈경계에 들어가서 일체 중생과 더불어 화장찰해(華藏刹海)에서 영원토록 자유자재하게 살아야 되지 않겠습니까?

모르면 자꾸 비방하고 반대하는 것은 옛날이나 지금이나 같습니다. 부처님 당시도 그랬고 육조스님·영가스님 당시도 그랬으며 현재도 그렇습니다. 이 불법(佛法)이란 것이 하도 신기하고 묘한 것이어서 중생이 알기 어렵고 믿기 어렵기 때문에 비방하고 반대하는 사람이 많다는 것을 들어서 영가스님이 이렇게 말씀하시는 것입니다.

32. 나쁜 말을 관찰함이 바로 공덕이니
이것이 나에게는 선지식이 됨이라

觀惡言이 是功德이니   此則成吾善知識이라
관 악 언   시 공 덕   차 즉 성 오 선 지 식

부처님께서는 오역죄(五逆罪)를 짓는 것보다도 정법(正法)을 비방하는 죄가 더 크다고 항상 말씀하셨습니다. 오역죄를 지은 죄는 참회하면 다시 돌이킬 수 있지만, 정법을 비방하면 불법에 인연

을 끊어서 그 사람은 영원토록 성불하지 못하게 됩니다. 그 사람이 미워서 죄가 크다는 것이 아니라 정법을 비방하여 불법인연을 완전히 끊으면 영원히 성불할 길이 막히기 때문에 죄가 크다는 것입니다. 그러나 사소한 욕을 하는 것은 고사하고 정법을 비방하는 큰 욕도 나에게는 큰 공덕이 된다고 보아야 한다는 말입니다.

비방하고 욕을 하는 것에 조금도 움직이지 않고, 저쪽에서는 독을 주어도 이쪽에서는 감로수로 받아 마시면 그것이 오히려 살이 되고 뼈가 되어서 부처가 안 되려야 안 될 수 없고 자성을 깨치지 않으려야 깨치지 않을 수 없습니다.

그런데 저쪽에서 나에게 독을 준다고 나도 함께 독을 내놓으면 내 몸과 마음이 영원히 독이 되어 지옥만 깊어지고 자성을 깨칠 수 없어 성불은 영원히 할 수 없게 됩니다. 저쪽에서 아무리 비방하고 욕을 하더라도 그 비방과 욕을 감로수로 삼아서 성불의 길을 걸어가야지, 같이 상대를 해서 비방하고 욕하며 싸워서는 안 된다는 말씀이니 오히려 그것을 나의 선지식으로 삼으라는 말씀입니다.

33. 비방 따라 원망과 친한 마음 일지 않으면
    하필이면 남이 없는 자비 인욕의 힘 나타내 무엇
    할 건가.

不因訕謗起怨親하면　何表無生慈忍力가
불 인 산 방 기 원 친　　하 표 무 생 자 인 력

일반적으로 비방하면 원수가 되고 칭찬하면 친구가 되는데 도를 닦는 사람은 어떻게 해야 되느냐?

수행하는 데 있어서 우리에게 참으로 수행할 능력이 있느냐 없느냐 하는 것은 나를 아무리 비방하고 욕을 하더라도 거기에 얼마만큼 움직이느냐 않느냐, 감로수로 받아 마시느냐 못 마시느냐 하는 것이 중요하다고 봅니다.

그래서 누가 비방해도 움직이지 않고 마음을 기울이지 않으면 '하필이면 남이 없는 자비 인욕의 힘을 나타낼 것 있느냐' 하는 것입니다.

'남이 없는 자비 인욕의 힘'이란 구경법을 성취하면 발현되는 대자대비의 힘을 말하는데, 그렇게 되면 아무리 저쪽에서 나에게 해독을 끼치려고 해도 그것을 독이 아닌 은혜로 받아들이게 됩니다. 부처님 말씀과 같이 '원수를 부모같이 섬기게 되는 것'입니다.

'내 듣기엔 마치 감로수를 마심과 같다'는 것은, 한편으론 내가 정법을 들으면 감로수를 마신 것 같아서 부사의해탈경계에 들어간다고 해석할 수도 있고, 또 한편으로는 나를 욕하는 것을 들으면 감로수를 마심과 같아서 부사의해탈경계에 들어간다고도 해석할 수 있습니다.

그런데 '욕하고 비방하는 것을 감로수처럼 받아들인다'고만 하면 '걸왕을 도와 학정을 위하는 것[助桀爲虐]'이 되지 않느냐 하는 격정이 있습니다.

옛날 중국 은나라 마지막 임금에 걸왕(桀王)이 있었는데 학정이 심해서 마침내 쫓겨난 일이 있습니다. 이렇게 나쁜 사람을 징계는 하지 않고 나쁜 짓들을 좋게만 받아들인다면 그 사람을 언제 나쁜 짓을 고칠 수 있을지 모르며, 오히려 점점 더 나쁘게 만들지 않겠느냐 하는 면도 있습니다.

그래서 어떤 때는 자비로 베풀고 어떤 때는 위엄으로 다스려서 어떻게 하면 저 사람에게 이익을 줄 수 있느냐 하는 것이 문제입니다. 한쪽으로 자비만을 집착해 나가다 보면 오히려 저쪽에 해독을 주게 되는 것은 참된 자비가 아닙니다.

　그러므로 '비방을 받아도 원수를 맺지 않는다'든가 '남이 없는 자비 인욕의 힘'을 베푼다는 것도 무조건적인 자비만 말하는 것이 아니라 자비와 위엄을 겸한 것을 말합니다. 한쪽으로만 국집하면 실지의 중도정견을 이룰 수 없습니다.

　대자대비를 성취한 불보살은 중생을 상대할 때 어떻게 하면 저들에게 이익을 줄 수 있겠나 하는 생각뿐입니다. 그래서 혹은 자비로 대하기도 하고 혹은 위엄을 보이기도 하지만 결국은 중생을 위해서 하는 것이기 때문에 모두가 다 자비가 됩니다.

　만약 자비를 베푼다 하여 그 자비가 일방적인 것이라면 도리어 중생에게 해로움을 끼치게 되는 것이니 이것은 자비가 아니라 독인 것입니다.

　자비와 위엄을 겸해야만 참다운 대자대비가 되어 중생에게 이익을 줄 수 있는 것이지 자비만 주장하면 도리어 해를 줄 수 있습니다. 자비와 위엄을 보이는 데 있어서도 자비의 위엄이 되어야지 추호라도 감정이 개재된 위엄이라면 자비가 아니라 중생에게 해독을 주는 것이므로, 자비로 근본을 삼는 위엄이 되어야만 '남이 없는 자비 인욕의 힘'이 되는 것입니다.

34. 종취도 통하고 설법도 통함이여
선정과 지혜가 뚜렷이 밝아 공에 응체하지 않는도다.

宗亦通說亦通이여　定慧圓明不滯空이로다
종 역 통 설 역 통　　정 혜 원 명 불 체 공

자성을 확철히 깨쳐서 구경각을 성취하여 중도를 체달한 것을 '종취를 통한다[宗通]'고 말합니다.

'종취를 통하여' 일체종지(一切種智)를 성취하면 중생을 위해서 한량없고 걸림 없이 설법할 수 있는 변재(辯才)가 발현되는 것이니 이것을 '설법도 통한다[說通]'고 말합니다. 그러면 일대시교(一代時敎)를 꼭 보아야 하느냐 하면 그런 것은 아닙니다. 육조스님과 같이 무식하여도 '종취를 통함'이 확철하면 사람에 그림자 따라가듯이 '설법도 통하게 되는 것'입니다.

그러면 어째서 종취를 통하는 것과 설법을 통하는 것을 둘로 나누느냐?

아무리 종취를 통했다 하여도 중생을 위하고 중생을 상대로 하지 않는다면 설법을 통하지 못하게 되기 때문입니다. 우리가 불법을 성취한다는 것은 중생을 위한 것일 뿐 결코 자기 개인을 위한 것은 아닙니다. 자기 개인을 위한 것이라면 그것은 불교가 아니니, 누구든지 확철히 깨쳐서 일체종지를 성취한 뒤에는 반드시 '설법을 통해서' 일체 중생을 교화시켜야 합니다.

그렇게 해서 종취와 설법을 완전히 통하면 '선정과 지혜가 뚜렷이 밝아 공에 응체하지 않는다'는 것입니다.

'공에 머물지 않는다'고 하는 것은 모든 중생은 있음[有]에 많이 집착하게 되는데, 그 있음[有]을 부수는 데 가장 좋은 약은 공(空)

입니다. 있음[有]을 부수어서 있음[有]이 소멸되면, 공에 집착하는 공병(空病)이 생기게 됩니다. 또한 공에 집착하여 머물러 있으면 선정과 지혜가 둥글고 밝은 무애자재한 구경법을 성취하지 못하고 맙니다. 그래서 선정과 지혜가 둥글고 밝으려면 반드시 공적(空寂)한 제8아뢰야 무기공(無記空)까지 타파하여 벗어나야 합니다. 그것을 벗어나지 않고는 선정과 지혜가 둥글고 밝은 대자재(大自在)는 절대로 성취하지 못합니다.

그러므로 누구든지 바로 깨쳐서 종취와 설법을 함께 통달하여 무애자재하게 되면 선정과 지혜가 둥글고 밝아 차조동시(遮照同時)가 되어서 공(空)에 머무려야 머물 수 없습니다. 공에 머뭄이 없는데 있음[有]에 머뭄이 없을 것은 말할 필요도 없으니, 공(空)과 있음[有]을 초월하면 선정과 지혜가 둥글고 밝아 구경법을 성취한다는 것입니다.

35. 나만 이제 통달하였을 뿐 아니라
　　수많은 모든 부처님 본체는 모두 같도다.

非但我今獨達了요　河沙諸佛體皆同이로다
비 단 아 금 독 달 료　하 사 제 불 체 개 동

자성을 확철히 깨쳐 진여본성을 확실히 알아서 정각을 성취한 이 경계는 나 혼자만 지금 통달한 것이 아니요, 갠지스 강의 모래알 같이 수많은 모든 부처님들의 본체도 모두 다 똑같다는 것입니다. 종취를 통하고 설법을 통하여 선정과 지혜가 둥글고 밝은 이 경계는 남녀노소를 묻지 않고 깨치면 모두 같은 부처라는 것입니다.

그런데 흔히 말하기를 자고로 불(佛)자 붙인 사람은 사바세계에서 석가모니불 한 분뿐인데 그 뒤에 선정과 지혜가 둥글고 밝은 사람이 누가 있느냐고 말합니다. 그러나 그건 그렇지 않습니다. 누구든지 제8아뢰야 근본무명을 완전히 끊고 쌍차쌍조하여 선정과 지혜가 둥글고 밝은 중도를 성취하면 그 사람이 부처[佛]이지 따로 부처가 없습니다. 그래서 모래알같이 많은 모든 부처님들도 선정과 지혜가 둥글고 밝은 것은 똑같아서 그 본체가 둘이 아닌 것입니다.

36. 사자후의 두려움 없는 설법이여
뭇 짐승들 들으면 모두 뇌가 찢어짐이라

獅子吼無畏說이여 　百獸聞之皆腦裂이라
사 자 후 무 외 설 　　 백 수 문 지 개 뇌 열

사자는 백 가지 짐승 가운데서 가장 무섭고 위엄 있는 짐승으로 한 번 포효하면 모든 짐승들이 무서워 벌벌 떤다고 합니다. 최상승인 자성을 바로 깨쳐 중도를 정등각한 사람의 법문을 '사자후'라 하고, '무외설'이라고 합니다.

왜냐하면 짐승 가운데는 사자가 가장 높아서 위가 없듯이 불법 가운데서는 자성을 깨쳐 중도를 정등각하여 선정과 지혜가 둥글고 밝은 그 도리를 체달한 그 사람이 최상이기 때문이니, 그 사람의 법문을 '사자후'라 하고 '두려움 없는 설법'이라고 하는 것입니다.

'사자가 한 번 소리 지르면 백 가지 짐승들의 머리가 터져 죽어 버린다'는 것은 부처님의 '두려움 없는 설법' 한마디에 일체 중생의 모든 무명이 끊어지고 자성을 깨쳐 성불하게 된다는 말입니다. '죽는다'는 것은 중생의 모든 업장이 다 녹고 근본무명이 다 끊어져서 중생이라는 것은 완전히 죽어버렸다는 것입니다.

그래서 이런 위없는 법문을 듣고 발심해서 이 법을 따라오면 결국에는 중생을 보려야 볼 수 없고 성불하지 않으려야 않을 수 없다는 말입니다. 즉 '머리가 터져 버린다'는 것은 중생이 모두 다 성불한다는 말이지 그냥 죽어버린다는 말이 아닌 줄 알아야 합니다.

37. 향상은 분주하게 달아나 위엄을 잃고
   천룡은 조용히 듣고 희열을 내는도다.

香象은 奔波失却威하고   天龍은 寂聽生欣悅이로다
향 상   분 파 실 각 위   천 룡   적 청 생 흔 열

향상(香象)은 성문(聲聞)·연각(緣覺)과 같은 이승(二乘)을 비유한 것입니다.

짐승 가운데서도 코끼리라 하는 것은 덕이 높고 기운이 세어 지위가 높은 짐승이라고 생각합니다. 그런데 중생 가운데서도 성문이나 연각 같은 사람들을 보면 지위가 좀 높지만, 이 '사자후'를 들으면 분주하게 달아나서 위엄을 잃고 망연자실해서 정신이 없다는 것입니다.

'천룡(天龍)'이란 천상인(天上人)이나 용왕같이 무애자재한 능력을 가진 이들을 비유해서 말한 것입니다. 향상(香象)은 발로 땅위를 걸어다니기만 하지만 천룡은 날아다니기 때문에 자유가 있습니다. 천룡은 부처님이나 대보살들처럼 큰 자유는 없지만 부분의

자유는 있습니다. '천룡이 조용히 듣고서 환희심을 낸다'는 것은 "이 무상대법을 듣고서 일체 중생이 이 법에 의지해서 한날한시에 일체종지를 성취케 하여지이다." 하는 큰 서원을 발하지 않을 수 없다는 것이며, 또 무상대법에 의지해서 공부를 하면 누구나가 성취하게 된다는 것입니다.

그러면 앞에서는 백 가지 짐승들이 사자후를 듣고 머리가 깨져서 죽듯이 중생이 '무외설'을 듣고 망상을 모두 끊고서 성불한다고 했는데, 여기서는 향상이 무슨 죄가 있어서 제도를 받지 못하나 하는 것입니다. 향상은 불법 가운데 있기는 하나 정법에 바로 들어오지는 못했으므로 '사자후'를 듣고는 도망가는 것입니다. 그러나 천룡처럼 어느 정도까지 자유를 가진 사람들은 끝내 중도에 들어오고야 맙니다. 결국 향상도 천룡과 마찬가지로 모두 백수(百獸)들인지라 사자가 한 번 소리 지르면 모두가 머리가 터지는 것이니, 머리가 터져서 죽고 마는 것이 아니라 역시 모두 성불하게 된다는 것입니다.

38. 강과 바다에 노닐고 산과 개울을 건너서
    스승 찾아 도를 물음은 참선 때문이라

遊江海涉山川하야   尋師訪道爲參禪이라
유 강 해 섭 산 천   심 사 방 도 위 참 선

강과 바다를 건너고 태산과 개울을 넘어서 공부하러 다닌다는 말입니다. 공부하는 데 있어서 그냥 가만히 앉아 있다고 저절로 공부가 되는 것이 아니고, 공부를 성취하기 위해서는 천리만리를 멀

다 하지 않고, 넓은 바다를 넓다고 하지 않으며, 높은 산 넘기를 겁내지 않고 스승을 찾고 도를 물어야 하는 것입니다. 산을 넘고 물을 건너서 어떤 고생이 있더라도 조금도 두려워하지 않고 오직 대법을 위하고 불법을 성취하기 위해서 몸을 돌보지 않아야 합니다.

예전 스님들이 공부를 위해 이와 같이 몸을 돌보지 아니한 예를 몇 가지 들어 보고자 합니다.

설봉(雪峰)스님이라면 천하에 유명한 분입니다.

"세 번 투자산에 가고 아홉 번 동산에 갔다[三到投子九至洞山]."고 일컬어지고 있습니다. 투자산과 동산과의 거리는 오륙천 리나 되는 거리인데 그런 먼 길임에도 세 번이나 투자를 찾아가고 아홉 번이나 동산을 찾아갔다는 것입니다.

그것은 아무리 멀고 먼 길, 아무리 험하고 높은 산일지라도 멀고 험하다고 생각하지 않고 오직 도를 위해서 몸을 아끼지 않고 부지런히 공부했다는 것입니다. 설봉스님은 암두(巖頭)스님, 흠산(欽山)스님과 더불어 세 분이서 항상 도반이 되어 함께 다녔습니다. 설봉스님은 어디를 가든지 공양주만 하여 늘 쌀 이는 조리를 가지고 다녔고, 암두스님은 어디를 가나 항상 채소밭을 가꾸는 원두(園頭)만을 맡아 괭이와 호미를 항상 가지고 다녔으며, 흠산(欽山)스님은 어디를 가나 바느질만 해서 실뭉치와 바늘을 늘 몸에 지니고 다녔습니다.

그래서 셋이서 어느 처소에 가든지 설봉스님은 공양주를 맡아 대중의 공양을 지어 올리고, 암두스님은 채소밭을 가꾸어서 대중의 반찬을 해 올리고, 흠산스님은 온 대중의 바느질이란 바느질은 전부 도맡아 해주었습니다. 이렇게 셋이서 도반을 되어 천하를 다니면서 공부하여 마침내 세 분이 다 공부를 성취하여 후세에 모범적인 대도인(大道人)들이 되었습니다. 『선문염송(禪門拈頌)』에 보면 이 세 분 스님들의 무서운 법문들이 많이 나옵니다.

선종사에 있어서 최초로 대중을 많이 거느린 스님이 설봉스님인데 평생에 늘 1,500명 이상의 대중을 거느리고 살았습니다. 그때는 선종 초기로서 중간에 와서는 더러 2,3천 명의 많은 대중을 거느리는 총림도 있었지만 초기에는 그렇게 많이 모여 살지를 않았습니다. 처음에는 선(禪)이 제대로 보급이 되지 않기도 했지만 선만 전문으로 하는 처소도 거의 없었습니다.

설봉스님은 1,500명 대중을 보고 늘 하시는 말씀이, "너희 천오백 명 대중이 모두 나의 이 조리 속에서 나왔다."고 하였습니다. 결국 무슨 뜻이냐 하면 복혜쌍수(福慧雙修)를 해야 된다는 말씀입니다. 자기가 참으로 공부만 열심히 한 것이 아니라 공양주를 많이 했기 때문에 대중들이 많이 모이는 이런 복도 있다고 하는 것입니다.

즉 우리가 공부하는 데 있어서 한편으론 '한 번 뛰어넘어 여래지에 들어간다'는 최상승의 공부를 바로 지어가야 하지만, 다른 한편으로는 대중이나 중생들을 섭수하는 방편으로써 중생의 생멸복인 추복(麤福)이 아닌 청복(淸福)을 설봉스님이 공양주를 하며 닦아 가듯이 닦아 가야만 원만한 법을 성취할 수 있다고 예전 큰스님들이 많이 말씀하고 계십니다.

그러므로 우리가 아무리 강과 바다를 건너고 산천을 밟고 다녀도 설봉스님과 같이 발심해서 법을 위해 몸을 돌보지 않는 사상을 가지지 않는다면, 산이나 보고 물이나 구경하는 유람꾼이지 참으로 공부하는 사람은 아닙니다. 유람꾼이 되지 않고 진정한 구도자가 되려면 설봉스님처럼 법을 위해 몸을 잊어버리는 철두철미한 발심을 해야 합니다.

요사이 발심해서 공부하는 사람을 별로 보지 못했습니다. 전부가 유람꾼들뿐입니다. 해제(解制)하기가 바쁘게 "이번은 어느 산을 구경할까? 어느 섬을 가보고 싶네!" 하는데, 그런 사람들은 산에나 놀러 다니고 물 구경이나 하는 사람들입니다. 공부하는 사람은 법을 위해서는 몸을 잊어야 하는 것이니 그와 같은 한가로운 유람꾼이 되어서 어느 시절에 대도를 성취할 수 있겠습니까?

공부하는 근본 자세는 나[我]라는 생각을 버리고 제방으로 지도자를 찾아가서 철저한 지도를 받을 수 있도록 되어야지,

"너나 나나 똑같은데 네 말 들을 것이 뭐 있나!"

하는 아만으로 가득 차 공부할 것 같으면 아무런 이익이 없습니다.

옛날 오대산에 구정조사(九鼎祖師)라는 큰스님이 계셨는데 그 스님의 부도(浮圖)가 지금도 월정사 옆에 있습니다. 재작년 겨울에 그곳에 가서 보았습니다.

어째서 구정조사냐 하면, 북대(北坮)에 무념(無念)이라는 큰스님이 계셨는데 구정조사는 무념스님이 큰스님이라는 말을 듣고 도를 배우러 찾아갔습니다. 그런데 공부에 대해서는 한마디도 일러주지 않고,

"밥 해먹는 솥이 잘못 걸렸는데 이 솥을 한 번 잘 걸어 보아라."

라고 하였습니다. 그 말씀을 듣고 구정조사가 보니 솥은 반듯하게 잘 걸려 있는데 어째서 잘못 걸렸다고 하는지 알 수가 없었습니

다. 그러나저러나 큰스님이 솥이 잘못 걸렸다고 다시 잘 걸라고 하시니 할 수 없이 전부 뜯어서 다시 정성껏 솥을 잘 걸었습니다. 그리고 나서,

"솥을 다 걸었습니다."

라고 여쭈었더니, 큰스님이 보시고 화를 벌컥 내시면서,

"이리 걸면 안 돼! 다시 걸어라."

라고 하셨습니다. 그래서 또 새로 솥을 걸었습니다.

그러나 이번에도 또,

"틀렸어. 다시 걸어라!"

라고 하셨습니다. 그래서 이리도 걸어 보고 저리도 걸어 봐도 다 퇴짜를 맞았습니다. 이러기를 아홉 번을 되풀이하였습니다. 그래서 솥을 아홉 번 옮겨 걸었다고 하여 '구정(九鼎)스님'이라 하였습니다.

큰스님의 뜻은 솥을 잘 거는 데 있는 것이 아니라 저놈이 나를 찾아와서 믿고 공부를 배우겠다고 하니 내 말을 어느 정도 복종하고 듣느냐는 것을 시험하기 위해서 일부러 트집을 잡아 솥을 아홉 번이나 다시 걸게 해보았던 것입니다.

보통 사람 같으면 한두 번 걸고 나서 다시 걸라고 하면,

"저 스님 정신 나간 모양이야. 이렇게 반듯한 솥을 자꾸 다시 걸라고 하니 누가 믿겠어!"

하고 얼굴에 침이라도 뱉고 달아날 것입니다.

그러나 구정선사는,

"오직 내가 저 스님을 믿고 왔으니 어찌 됐든지 저 스님 시키는 대로 무조건 복종해서 도를 배우는 것이 목적이지, 이까짓 솥을 천 번 걸고 만 번 걸라 한들 나에게 무슨 상관이 있겠는가!"

하는 생각을 하였습니다. 도(道)를 배움에 있어서 나[我]라는 생각은 모조리 버리고 오직 법을 위해 내 몸을 돌보지 않는 발심이 필요한 것입니다. 그렇게 발심한 사람에게는 어떤 욕을 하고 어떤 고통을 주어도 감내해 내는 것입니다. 그래서 구정선사는 그 큰스님 밑에서 공부를 성취하여 유명한 '구정조사'가 되었고, 이것이 천추만대로 도를 위해 공부하는 사람들의 귀감이 되고 있습니다. 우리들도 구정조사와 같은 그런 발심과 신심으로 참선하러 다녀야지 다만 조금이라도 아상(我相)을 품고 다닌다면, 이런 사람들은 실제로 공부하러 다니는 사람이 아니고 산에나 놀러 다니고 물 구경이나 다니는 유람꾼이지 스승을 찾고 도인을 방문하여 참선하는 태도는 아닌 것입니다. 우리가 출가하였으면 참으로 공부인이 되어야지 유람꾼이 되어서야 되겠습니까?

한 가지 예를 더 들면 운문종(雲門宗)의 개조(開祖)인 운문스님의 일입니다.

그 당시 황벽스님의 제자 되는 목주(睦州)스님이 유명한 큰스님이라는 말을 듣고 찾아갔습니다. 목주스님은 대중을 거느리지도 않고 짚신이나 삼으면서 허물어져 가는 조그마한 토굴에 살았는데, 토굴 주위를 높게 담을 쌓고 대문을 만들어 아무도 들어오지 못하게 문을 걸어 잠그고 그 안에서 혼자 살고 있었습니다.

하루는 운문스님이 그 토굴로 찾아가서 문을 두드리니 목주스님이 방문을 열고 나오면서,

"누구냐?"

하니, 엉겁결에

"운문입니다."

라고 대답했습니다.

"너 뭣 하러 여기 왔느냐?"

"제가 스님을 찾아뵈옴은 도를 배우기 위해서입니다."

목주스님이 대문을 열자 운문스님이 토굴 안으로 들어가려고 발을 밀어 넣으니 목주스님이 운문스님의 멱살을 콱 움켜잡고는,

"한마디 말해 보라, 한마디 말해 보라."

고 다그쳤습니다. 그렇게 다그침에도 운문스님이 아무 말도 못하자 목주스님이 뒷 등덜미를 콱 밀어붙이면서,

"산 송장놈이 왔구나! 문은 왜 두드려……."

하고 투덜대면서 문을 잠그고 들어가버렸습니다. 그날은 그렇게 쫓겨나고 운문스님이 그 이튿날 또 목주스님을 찾아갔으나 어제와 같이 한마디 대답도 못하고 쫓겨나기만 했습니다. 사흘째 가서는,

"오늘은 어떻게 해서라도 문전에서 쫓겨나지 않고 기어이 토굴에 들어가고 말리라."

고 결심하고 다시 목주스님을 찾아갔습니다. 전날과 마찬가지로 목주스님이 문을 열자 "한마디 말해 보라."는 운도 떼기 전에 운문스님이 문 안으로 발을 들이밀고 들어가려고 하자 목주스님은 있는 힘을 다하여 문을 닫으니, 그 사이에 운문스님의 다리가 문틈에 끼어 부러지고 말았습니다. 어찌나 아프던지 "악!" 하고 소리치는 그 순간에 확철히 깨쳤습니다. 그리하여 다음에 운문종의 개조가 되었습니다.

이처럼 법을 위해서는 몸을 돌보지 않고 오직 도를 성취할 생각만을 할 뿐이지 다리 부러지고 머리 터지는 것은 생각할 겨를이 없다는 것입니다. 그렇게 공부하여 운문스님은 대조사가 되었는

데, 평생 내내 절름발이로 다리를 절룩이며 지팡이를 짚고 다녔다고 합니다. 그래서 종문(宗門)에서는 운문스님의 절름발이와 이조 혜가스님이 팔을 베어 도를 구한 일은 법을 위해 몸을 잊어버리는 좋은 일화로 전해지고 있습니다.

우리들은 비록 일부러 부뚜막을 헐고 솥을 새로 걸고 다리를 부러뜨리고 할 것은 없지만, 그래도 구정조사가 한 만큼은 못 한다 해도 공부하는 사람은 아상(我相)을 근본적으로 버려야 합니다. 다만 조금이라도 '나'라는 생각을 가지고 다니면 어느 곳을 가든지 서로서로 상대가 되어 싸움만 했지 이익은 얻지 못하게 됩니다. 그렇게 되면 스승을 찾고 도인을 뵙고 참선하는 사람도 못되고 산천 구경하는 유람꾼만 되는데, 그것도 산만 보고 강만 보고 놀러 다니는 사람이면 그래도 일 없는 한가한 사람이라고 하겠지만, 아상(我相)을 가지고 돌아다니면 어디를 가나 시비꾼만 되고 불집을 일으키는 싸움꾼만 되고 마는 것입니다.

그러므로 도를 구하려 공부하는 사람들은 마음을 단단히 가져 법을 위해 내 몸을 돌보지 않을 뿐만 아니라 나[我]를 버리고 살아야 함을 우리 깊이 명심합시다.

39. 조계의 길을 인식하고부터는
생사와 상관없음을 분명히 알았도다.

自從認得曹溪路로는   了知生死不相干이로다
자 종 인 득 조 계 로   요 지 생 사 불 상 간

영가스님이 어릴 때부터 출가해서 공부를 하여 소득이 없었던

것은 아니지만 확철히 정각을 이루지 못하다가, 현책(玄策)스님의 권유에 따라서 육조스님을 찾아뵙고 법문 끝에 확철히 깨쳤던 일을 말하고 있습니다.

육조스님을 찾아가서 조계의 길을 확실히 깨쳐 얻어서 생사가 서로 관계없음을 밝게 알았다는 것입니다.

생사를 해탈하여 영원토록 자유자재한 무애경계를 증득한 것은 많이 노력한 곳에서 얻어진 것이지, 게으르게 아무것도 하지 않고 가만히 있는 곳에서 이루어진 것은 절대로 아닙니다. 바다를 건너고 산을 넘고 물을 건너 스승을 찾고 도를 물어 열심히 노력한 결과로 얻어진 것입니다. 영가스님도 그렇게 육조스님을 찾아가서 확철히 깨쳐 영원히 생사와 상관없는 해탈의 길을 얻었던 것입니다.

40. 다녀도 참선이요 앉아도 참선이니
    어묵동정에 본체가 편안함이라.

行亦禪坐亦禪이니　語默動靜體安然이라
행 역 선 좌 역 선　　어 묵 동 정 체 안 연

다녀도 참선이고 앉아도 참선이니, 말하거나 묵묵하거나 움직이거나 고요하거나 언제든지 선정과 지혜가 둥글고 밝아 본체가 편안하다는 것입니다.

흔히 공부하는 사람들이 생각하기를,

"나는 지금 깨치지는 못했어도 가나오나 화두가 그대로 있으니 가도 선이고 앉아도 선이 아닌가! 말하거나 말하지 않거나 움직이

거나 움직이지 않거나 화두가 그대로 있으니 이것이 참선 잘 하는 것 아닌가?"

이렇게 생각할는지 모르겠으나 이것은 참선이 아니라 전체가 망상입니다.

선이란 일체 망상을 떠나서 오매일여(寤寐一如)한 데서 확철히 깨쳐 대원경지가 현발되어야 합니다. 자성을 완전히 깨쳐서 선정과 지혜가 둥글고 밝은 경계가 참으로 선이지 그전에는 전체가 망상인 줄 알아야 합니다. 화두가 조금 잘 된다고 참선 잘 하는 줄 알아서는 천부당만부당이니 그 사람은 망상 피우는 사람이지 참선하는 사람은 아닙니다. 선방에 앉아서 화두 한다고 해도 망상하는 것이지 참선하는 사람은 별로 없다고 봐야 할 것입니다.

자성을 깨친 뒤부터가 실제 참선이지 깨치기 전에는 참선이 아니고 망상인 줄 알아야 합니다. 언젠가도 말했지만 원오스님이 확철히 깨치고 나니 오조법연(五祖法演) 선사가 대중들에게

"내 시자(侍者)가 오늘부터 참선할 줄 안다[我侍者參得禪也]."
고 말씀하셨습니다. 그러므로 자성을 깨친 뒤부터가 실제 참선이지 확철히 깨치기 전에는 선이 아니라 모두가 망상(妄想)인 줄 분명히 알아서 경계에 속지 말아야 합니다.

제8아뢰야 무기식(無記識) 경계에 있으면 대무심지에 있는 것 같아서 어느 정도 자재하지만 그것은 크게 죽은 것이고 아직 살아나지 못한 것이므로, 옛 스님들은 그 경계가 공부를 마친 것으로 잘못 알기 쉽다고 하여 제8마계(第八魔界)라고도 하였습니다. 그러므로 선이란 것은 제8아뢰야의 무기무심까지도 벗어나 대원경지가 현발한 그때가 비로소 선인 것입니다.

영가스님이 선이라고 하는 것은 조계의 길을 깨쳐서 구경각을 성취한 것을 말합니다. 그렇게 구경각을 깨치고 보니 가거나 오거나 앉거나 서거나 말하거나 말하지 않거나 움직이거나 고요하거나 간에 선이 아니려야 아닐 수 없으니 그때가 무애자재한 열반의 길에서 노니는 때이며 이것이 선이라는 말입니다.

선(禪)과 망(妄)을 구별해야지 화두 한다고 하면서 선방에 앉았다고 다 참선하는 것은 아닙니다. 가나오나 앉거나 서거나 말하거나 묵묵하거나 움직이거나 고요하거나 간에 모두가 진여대용이 되는 때가 참으로 참선하는 때입니다.

그렇게 되면 어떻게 되겠습니까?

41. 창·칼을 만나도 언제나 태연하고
독약을 마셔도 한가롭고 한가롭도다.

縱遇鋒刀常坦坦하고　假饒毒藥也閑閑이로다
종 우 봉 도 상 탄 탄　　　 가 요 독 약 야 한 한

도를 성취하면 칼과 창으로 목을 천 번 만 번 끊는다 해도 항상 태연하여 조금도 겁낼 것이 없어 대자유자재하다는 것입니다.

한 가지 예를 들어 보겠습니다.

구마라습(九摩羅什)스님의 뛰어난 제자가 열 명 있었는데 그중에 승조(僧肇)법사라는 분은 사철(四哲)로 유명한 분이었습니다.

승조법사의 자격과 재질이 특이하고 뛰어났으므로 그 당시 요진(姚秦)나라 임금이,

"승조법사를 환속시켜 재상으로 삼으면 천하가 요순세계로 돌

아가 태평시절이 될 것이다."

라고 생각하고 구마라습스님에게도 청하고 승조법사에게도 간청하였습니다.

"스님이 머리를 기르고 재상이 되어 정치를 한다면 천하에 명재상이 되어 백성들이 편안할 것이니 환속해서 부디 재상직을 맡아 주시오."

하니, 승조법사가 끝내 허락하지 않고서,

"재상이 다 무엇이냐! 일국의 재상이란 꿈속의 꿈이고 어린애 잠꼬대 같은 소리다. 나는 무상대도를 얻어 영원토록 자유자재하여 일체 중생을 위해 살 뿐이다."

라고 하였습니다. 임금이 아무리 권해도 듣지 않으므로 마침내 옥에 가두고,

"끝까지 내 말을 듣지 않으면 죽여 버린다."

라고 위협하여도 막무가내였습니다. 나중에 정말 왕이 죽이려고 하니 승조법사께서,

"나를 꼭 죽이려면 일주일만 시간을 달라."

하고는 그 동안에 『보장론(寶藏論)』한 권을 지었습니다. 『조론(肇論)』이라고도 하는데, 그 문장이 뛰어날 뿐만 아니라 불법의 진리가 없는 것이 없을 정도로 유명한 책입니다. 우리 팔만대장경에도 들어 있는 책입니다. 일주일 뒤에 형틀에 올려놓고 죽이려 하니 게송을 읊었습니다.

사대는 원래 주인이 없음이요
오음은 본래 비었음이라

머리를 흰 칼날 아래 내미니
마치 봄바람을 베는 것 같도다.
四大元無主요 五陰本來空이라
將頭臨白刀하니 猶似斬春風이로다.

자기는 사대가 주인이 없고 오음은 본래 비어 일체가 다 공함을
깨쳐서 불생불멸하고 쌍차쌍조한 대도를 성취하였기 때문에, 허공
은 열 번 쪼개고 부술 수 있어도 자기는 죽일 수 없다는 것입니다.
몸뚱이는 죽는 것 같지만 실제로 자기를 죽일 수 없다는 것이며,
자성을 확철히 깨쳐서 자유자재하기 때문에 칼로 천 번 만 번 내
리쳐도 자기와는 상관없다는 말입니다.

'창과 칼을 만날지라도 항상 탄탄하다'는 것은 승조법사의 이러
한 경계를 말한 것입니다. 조금도 겁내지 않는다는 뜻만이 아니라
자성을 깨치면 영원토록 손익이 없고 생멸이 없는 경계를 '항상
탄탄하다'고 표현하였습니다.

내 목에 칼을 맞는 것이 봄바람을 베는 것과 같다고 한다면 독
약을 먹는 것은 어찌 되느냐?

달마스님의 예를 들어 보겠습니다.

달마스님 당시에 보리유지삼장(菩提流支三藏)과 광통율사(光統
律師)는 승단 가운데 뛰어난 스님들로 추앙을 받고 있었습니다. 그
러나 그들은 달마대사와 토론을 벌여 시비를 일으켰습니다. 그들
은 달마대사가 고준하게 법을 설하여 중생들에게 크게 덕화를 끼
침을 보고 다투어 해치려는 마음을 내어 음식에 자주 독약을 넣
었습니다. 어떨 때는 독약을 먹고 나서 토하니 바위가 갈라지더라

는 기록도 있습니다. 달마대사는 그렇게 여섯 번이나 독약을 드셨는데, 그 여섯 번째에 이르러서는 세상에 교화할 인연도 다하였고 법을 전할 혜가스님도 만난 뒤였으므로 독약을 드시고 조용히 앉아서 돌아가셨습니다. 이때는 후위(後魏)의 여덟째 임금인 효문제(孝文帝) 태화(太和) 19년(서기 495)이었다고 합니다. 웅이산(熊耳山)의 오판(吳板)에서 장사 지내고 정림사(定林寺)에 탑을 세웠습니다.

그 뒤로 3년 만에 위(魏)나라의 송운(宋雲)이라는 이가 서역에 사신(使臣)으로 갔다가 돌아오는 길에 총령(葱嶺)에서 달마대사를 만났는데 손에 짚신 한 짝을 들고 훌훌히 혼자 지나가시므로 송운이 물었습니다.

"스님 어디로 가십니까?"

"나는 서천으로 돌아가오. 그대의 나라 천자는 이미 세상을 떠나셨소."

송운이 이 말을 듣고 돌아와 보니 과연 문제(文帝)는 이미 떠난 뒤였습니다. 송운이 이 사실을 자세히 보고하므로 황제가 광(壙)을 열어 보게 하니 빈 관 속에는 정말 짚신 한 짝만이 남아 있었다고 합니다.

그러면 달마스님이 모르고서 여섯 번이나 독약을 드셨느냐 하는 것인데 모르고서 드셨다고 하면 달마스님이 아닙니다. 알고도 드시는 것입니다. 여섯 번째 가서는 세연(世緣)이 다했음을 아시고 돌아가신 것입니다. 보통 볼 때는 독약에 돌아가신 것으로 보겠지만 세연이 다해서 자신이 독약을 드시고 돌아가셨던 것입니다. 그 뒤에 신짝 하나를 들고 총령을 넘어갔으니 그것을 죽었다고 해야 될 것입니까, 살았다고 해야 될 것입니까? 그런데 실제로 그러한 대자유한 경계를 체득한 사람, 바로 깨친 사람, 다녀도 참선이요 앉아도 참선이요 어묵동정에 본체가 편안한 사람에게 있어서는 칼날도 소용없고 독약도 소용없다는 것입니다. 그 모든 것이 소용없는데 무엇을 겁내고 무엇을 무서워하겠습니까? 그렇기 때문에 무서운 칼날에도 항상 태연하고 독약에도 한가로워 독약을 꿀같이 보고 칼날도 꽃같이 본다는 것입니다. 이것이 실제로 확철히 깨쳐서 자유자재한 사람의 행리처(行履處)요 생활인 것입니다.

42. 우리 스승께서 연등불을 뵈옵고
다겁토록 인욕선인이 되셨도다.

我師得見燃燈佛하고　多劫에 曾爲忍辱仙이로다
아 사 득 견 연 등 불　　　다 겁　　증 위 인 욕 선

석가모니 부처님께서 과거 도를 위해 공부하시던 전생담입니다. 그 인행(因行)시에 연등불이 마침 진흙 위를 지나가시게 됨을 보고 자기의 머리를 풀어서 그 진흙 위에 깔아서 발에 흙이 묻지 않고 지나가시게 한 일이 있었습니다. 이 머리 푼 공양의 공덕으로 연등불께서 수기를 주셨는데,
　"네가 미래세에 부처가 되어 이름을 석가모니라 하리라."
라고 하셨습니다. 위 구절은 그 전생담을 인용하여 말씀하신 것입니다.
　이것은 무엇을 말하고자 하느냐 하면 공부를 하려면 하심(下心)해야 하며, 철저하게 하심하는 신심과 발심을 가져야 한다는 것입니다. 자기의 머리를 풀어 부처님이 밟고 지나가도록 한 것은 참으

로 아상(我相)이란 하나도 없고, 오직 구도심·신심 하나만 가지고 되는 것입니다. 그렇지 않고서야 자기의 머리를 풀어서 밟고 지나가게 할 수 있겠습니까? 그래서 지금 내가 대자유자재한 공부를 성취한 것도 이런 하심을 했기 때문이라는 영가스님의 말씀입니다.

선(僊)은 곧 선(仙), 신선이란 말이니 도가(道家)에서 말하는 신선이 아니고 성불한 것을 신선이라고 하니 부처님을 대금선(大金仙)이라고 하는 것입니다. 생사해탈하여 자유자재한 것을 선(仙)이라고 표현하고 있습니다. 이것은 부처님이 연등불을 위해 진흙땅에 머리를 풀어 공양을 올렸을 뿐만 아니라 과거의 다겁 동안 인욕의 선인이 되어 공부를 했기 때문에 성불하셨다는 것입니다.

예를 들자면 가리왕 때의 일입니다.

산중 토굴에서 공부하고 있자니 그때 가리왕(哥利王)이 신하들과 궁녀들을 많이 거느리고 사냥을 나왔다가 인욕선인의 토굴 있는 곳으로 오게 되었습니다. 가리왕이 사냥을 하고 있는 동안에 궁녀들이 산책하다 보니 스님 한 분이 토굴 속에서 다 떨어진 옷을 입고 앉아 있는데 그 모습이 하도 거룩해서 숭배심이 일어나 그 앞에 가서 모두 예배를 드리고 또 드리며 떠날 줄을 몰랐습니다. 그런데 가리왕이 사냥에서 돌아와 보니 자기가 총애하는 궁녀들이 하나도 보이지 않으므로,

"이것들이 다 어디로 갔나?"

하면서 찾아보니, 남루한 옷을 입고 토굴에 앉아 있는 스님을 보고 예배하고 있었습니다. 그 광경을 목격한 가리왕은,

"저 놈이 내 계집들을 다 빼앗아 가려고 한다."

고 생각하고는 그만 분한 마음을 내어 그 인욕선인을 잡아다가 사지를 마디마디 잘라 고통을 주며 죽여버렸습니다. 그때 인욕선 인이 만약 아상(我相)이나 인상(人相)이 조금이라도 붙어 있었다면 참으로 원한심을 품었을 것이고, 그것이 원결이 되어서 세세생생 으로 호랑이가 되든지 칼이 되든지 해서 가리왕을 뜯어먹거나 찌르든지 하여 원수를 갚으려고 자꾸 달려들었을 것입니다. 그렇지 만 오직 대도를 위하고 법을 위해 몸을 잊어버렸기 때문에 거기에 무슨 원수라든가 한이 맺힐 수 없었습니다.

그런 일이 있어도 조금도 원한이 없이 인욕선인 노릇을 하며 많은 겁을 닦아 내려왔기 때문에 오늘 내가 확철히 깨쳐서 부처도 되고 조사도 되고 하는 것이지, 공연히 일조일석에 조그마한 생각을 가지고 공부한다면서 쓸데없이 이 길 저 길 오가며 산이나 보고 물이나 구경하고 다녀서는 절대로 공부를 성취할 수 없습니다. 오직 스승을 찾아 도를 묻기 위해 위법망구(爲法忘軀)하는 철두철미한 신심으로만 공부를 성취해야 합니다. 공부를 성취하면 다녀도 선 앉아도 선이며, 칼을 만나도 꽃잎과 같고 독을 마셔도 꿀을 먹는 것같이 대자유자재한 경계를 얻게 됩니다.

43. 몇 번을 태어나고 몇 번이나 죽었던가?
    생사가 아득하여 그침이 없었도다.

幾廻生幾廻死오   生死悠悠無定止로다
기 회 생 기 회 사   생 사 유 유 무 정 지

우리가 무엇 때문에 법을 위해 몸을 잊어야 하고, 마디마디를 토막 내는 그런 욕을 참아 가면서 공부를 해야 되며, 도를 위해 노력해야 하는 것일까요? 그것은 다람쥐 쳇바퀴 돌듯이 도는 우리들의 생사윤회의 세계가 억천만겁토록 사생육도를 이리 돌고 저리돌아서 미래겁이 다하도록 말할 수 없는 고(苦)를 받기 때문입니다. 그러므로 무수억겁의 생사를 해탈하려면 반딧불 같은 조그마한 노력으로는 어림도 없는 일입니다. 그러므로 어떤 때는 인욕선인이 되어 가리왕의 고(苦)도 받고, 어떤 때는 연등불에게 하듯이하심(下心) 공양도 하고, 어떤 때는 혜가스님처럼 눈 속에 서서 팔뚝을 자르기도 하며, 또 어떤 때는 운문스님처럼 다리도 부러뜨리는 식으로 법을 위해 몸을 바치는 그러한 노력과 공부가 있어야만참으로 억천만겁의 생사의 길에서 벗어날 수 있습니다.

그러면 그렇게 노력한 수행의 결과는 무엇인가?

44. 단박에 깨쳐 남이 없음을 요달하고부터는
모든 영욕에 어찌 근심하고 기뻐하랴.

自從頓悟了無生으로　於諸榮辱何憂喜아
자 종 돈 오 료 무 생　　　어 제 영 욕 하 우 희

확철히 깨쳐서 남이 없는 무생법인(無生法忍)을 요달하여 일체경계에 대무심을 얻었다는 뜻입니다. 돈오(頓悟)라 하면 흔히 이치는 알았으나 객진번뇌는 전과 다름이 없이 일어나는 것을 말하는데, 그것은 생멸이지 돈오가 아니며 무생이 아닙니다. 돈오(頓悟)란제8아뢰야의 무기무심을 완전히 끊은 대원경지의 무생(無生)을 말합니다.

그러면 누구든지 돈오하여 무생법인을 증득하면 어떻게 되느냐?

영광스러움과 욕됨에 무엇을 걱정하고 무엇을 기뻐하겠습니까? 영화로운 일이든지 욕된 일이든지 근심하거나 기뻐한다는 것은 전부 다 생멸변견에서 하는 일이며, 돈오해서 무생을 증득하면 변견을 여의고 중도를 정등각한 것이므로 그때에 있어서는 영화로움과 욕됨과 근심과 기쁨이 완전히 떨어진다는 것이니, 곧 양변이 다 떨어졌다는 말입니다. 여기 와서는 혹은 앉고 혹은 서더라도 절대로 주위 환경의 지배를 받지 않습니다. 그래야만 자유가 있는 것이지 주위 환경의 지배를 받는다면 진정한 자유라 할 수 없습니다. 그래서 돈오하여 무생(無生)을 밝혔다는 것은 구경각을 말한 것이며, 구경각을 성취하면 주위 환경의 지배를 받지 않고 팔풍(八風)에 움직이지 않으며 영원토록 자유자재한 열반로에서 놀며, 절대로 생사의 길은 밟지 않는다는 것입니다.

그러면 생사 없는 열반로에서 어떻게 사느냐?

45. 깊은 산에 들어가 고요한 곳에 머무르니
    높은 산 그윽하여 낙락장송 아래로다.

入深山住蘭若하니　岑崟幽邃長松下로다
입 심 산 주 란 야　　잠 음 유 수 장 송 하

깊은 산중에 들어가 토굴 생활을 하니 산은 첩첩하고 물은 깊으며 낙락장송 우거진 심산유곡에서 새소리 물소리 들으며 살기도 한다는 것입니다.

46. 한가히 노닐며 절 집에서 조용히 앉았으니
    고요한 안거 참으로 소쇄하도다.

優遊靜坐野僧家하니　閴寂安居實蕭灑로다
우 유 정 좌 야 승 가　　격 적 안 거 실 소 쇄

　그러면 도를 깨친 사람이 깊고 깊은 산중에서만 사는가 하면
그렇지 않습니다. 어떤 때는 산중에 살기도 하지만 어떤 때는 들
녘에 나와 살기도 한다는 것입니다. 야승가(野僧家)란 서울 한복판
에 살기도 하고, 인연 따라서 여기도 가고 저기도 가면서 자유자
재하게 생활함을 말합니다. 도를 깨쳐 대자재를 얻은 사람은 아무
리 깊은 산중에 있다 해도 적적함이 없어 분주한 도시에 있는 것
과 같고, 아무리 분주한 도시 가운데 있다 해도 저 심산궁곡에 있
는 것과 마찬가지라는 것입니다. 그래야 진실로 주위 환경의 지배
를 받지 않은 것이지 깊은 산중에 들어가면 조용해서 마음이 편
하고, 도시에 나가면 분주해서 싫다면 실로 바로 깨친 사람이 아
닙니다. 그렇게 되면 주위 환경의 지배를 받는 사람이지 진실로
자유로운 사람은 아니기 때문입니다.

47. 깨친즉 그만이요 공 베풀지 않나니
    모든 유위법과 같지 않도다.

覺卽了不施功이니　一切有爲法不同이로다
각 즉 료 불 시 공　　일 체 유 위 법 부 동

　깨치면 그만이어서 다시 뭐 공부할 필요가 없다는 것입니다. 병
이 다 나으면 약이 더 이상 필요 없듯이 확철히 깨쳤는데 무슨 공

부를 다시 더 할 필요가 있느냐 하는 것입니다. 환자는 병이 다
나은 사람이 아니듯이 선가에서는 십지(十地)·등각(等覺)도 환자
로 봅니다. 여기서 깨쳤다 하는 것은 무생법인(無生法忍)을 증득해
서 중도를 정등각한 것을 말합니다. 그렇게 되면 병이 다 나아 약
이 더 필요 없게 된 것이므로 거기서 공부를 더 한다는 것은 우스
운 소리가 되고 '배움이 끊어진 한가한 도인'이 되지 못하는 것입
니다.

돈오(頓悟)했는데 점수(漸修)할 것이 있다면 이것은 돈오가 아닙
니다.

무생(無生)을 증해버린 여기서는 모든 유위법과는 틀려서 참으
로 무위법도 취하지 않는 것입니다. 무위법이란 유위법에 상대한
무위법이지 바로 깨친 사람에게는 유위·무위가 다 상관이 없습
니다. 그러므로 무위법도 상관하지 않는데 유위법은 더 말할 것도
없다는 것입니다. 예전 스님들이 목우(牧牛)를 하느니 보임(保任)을
하느니 하는 것은 모두가 대자재한 경계에서 하는 말이지, 아직
약을 쓸 필요가 있고 닦을 데가 있어서 그런 것은 절대로 아닙니
다. 닦을 것이 있다면 이것은 유위법입니다. 깨치면 전체가 다 끝
났기 때문에 절대로 후수(後修)가 없습니다. 마조스님과 꼭 같이
후수(後修)가 없는 것입니다.

48. 모양에 머무르는 보시는 하늘에 나는 복이나
   마치 허공에 화살을 쏘는 것과 같도다.

住相布施는 生天福이나   猶如仰箭射虛空이라
주 상 보 시   생 천 복   유 여 앙 전 사 허 공

남에게 쌀 한 움큼 주고 돈 한 푼 주며 옷 한 가지 주는 것이 좋은 일임에는 분명하나, 모양[相]이 있는 유위법으로는 그 끝이 있다는 것입니다. 이러한 모양에 머무는 보시는 천상락(天上樂)은 받을 수 있다는 말이니, 꼭 천상에 가야만 복이 있는 것이 아니라 현재의 과보로 좋은 행복을 누리게 되면 그것이 천상락입니다. 그렇지만 이 복은 한정이 있는 것으로써 허공을 향해 화살을 쏘는 것과 같다는 것입니다.

49. 세력이 다하면 화살은 다시 떨어지나니 내생에 뜻과 같지 않은 과보를 부르리로다.

勢力盡箭還墜하니 　**招得來生不如意**로다
세 력 진 전 환 추　　　초 득 래 생 불 여 의

모양에 머무는 보시는 행복을 누리더라도 한정이 있기 때문에 허공에 쏜 화살이 힘이 다하면 다시 땅으로 떨어지는 것과 마찬가지로, 이 복이 다하면 내생에는 뜻과 같지 않게 된다는 것입니다. 그래서 영원한 자유를 얻지 못하게 되고 맙니다.

모양에 머물러 보시하는 것은 삼생(三生)의 원수라 했습니다. 금생(今生)에는 모양에 집착한 복을 닦느라고 공부를 못하고, 내생(來生)에는 금생에 닦은 복을 받느라고 공부를 못하고, 내래생(來來生)에는 복이 다하면 타락하여 고(苦)를 받느라고 공부를 하지 못하기 때문에, 결국 모양에 집착하여 보시하는 것은 삼생의 원수라고 부처님이나 조사스님들이 다 말씀하신 것입니다.

모양에 머문 보시가 삼생의 원수가 된다면 어떻게 해야 할까요?

참으로 모양에 머물지 않는 보시를 해야 합니다.

모양에 머뭄이 없는 보시란 내 마음속에 있는 양변·변견을 다 버리는 것이 참다운 보시라는 것입니다.

보시를 이렇게 해야만 영원토록 자유자재한 무상대도를 성취할 수 있는 것이지 수도인이 되어서 삼생의 원수인 '모양에 머문 보시'는 하지 말라는 말입니다.

달마스님이 양무제를 만나니 무제가 물었습니다.

"짐이 만승천자가 되어 절도 많이 짓고 경전도 많이 펴고 탑도 많이 세우고 보시도 많이 하였는데 어떤 공덕이 있습니까?"

"공덕이 없습니다."

라고 달마스님이 대답하였습니다. 그것은 '모양에 머문 보시이기 때문이니 당신이 실제로 불법을 위하여 공덕을 쌓으려거든 자성을 깨쳐라' 하시는 말씀입니다.

그러므로 자성을 깨치는 이것이 참 공덕이라는 것입니다. 모양에 머무는 보시는 삼생의 원수이니만큼 수행하는 사람은 자성을 바로 깨쳐서 영원토록 자유자재한 길을 걸어가야 합니다.

한 가지 더 말할 것이 있습니다.

이렇게 말하면 아무것도 하지 말고 가만히 앉아 있으면 삼생의 원수는 맺지 않는 것이 아닌가, 혹 이렇게 생각할는지 모르겠습니다만 그렇지 않습니다.

우리가 최상승법을 바로 알아서 그 법을 성취하기 위하여 고행난행(苦行難行)하는 것은 모양에 머무는 보시가 아니라 최상승법을 빨리 성취시키는 방편입니다. 그래서 고불고조가 무상대도를 성취하기 위해 신심을 조장시키는 데 있어서는 모든 고행난행(苦行

難行)을 해야 된다고 이구동성으로 말씀하고 계십니다.

부처님의 정법이 십대제자 가운데 두타제일(頭陀第一)인 가섭존자에게 갔습니다. 왜 그런가 하니 가섭존자와 같이 고행난행하는 철두철미한 신심으로 부처님 말씀을 믿고 공부해야만 이 무상대법을 깨칠 수 있다는 근본 표본 때문입니다. 그리고 가섭존자의 고행난행은 자성을 깨쳐서 모든 모양으로부터 떠나 있기 때문에 전체가 모두 대기대용의 현발입니다.

예전의 총림에서 큰스님들이 공부하는 사람이 최상승법을 모르고 다만 모양에 머무는 보시를 하는 것만을 배격하였지, 그 이외의 최상승법의 성취를 위한 고행난행은 누구에게든지 장려하였던 것이었습니다.

백장스님은,

"하루 일하지 않으면 하루 먹지 않는다[一日不作一日不食]."

고 하여 구십 평생을 호미를 들고 살았듯이, 이 고행난행을 하지 않고 공부한 이가 아무도 없습니다. 그러므로 모양에 머무는 보시와 예전 큰스님들의 조도방편(助道方便)을 혼동하면 큰 오해가 따릅니다.

그러므로 우리 종문에서 하는 공부는 모양에 머무는 보시도 아니고 삼생의 원수가 되는 것도 아닙니다. 오직 고행난행을 하여 신심이 고양되어 최상승법을 하루빨리 깨치게 하는 것이 그 근본 방침이기 때문입니다. 예전 어느 큰스님이든지 고행난행하는 철두철미한 신심으로 모든 것을 섭수해 나갔지 이것을 배격한 사람은 아무도 없습니다.

최상승법으로 들어가서 모든 모양을 떠난 공부를 하면 어떻게 되느냐?

50. 어찌 함이 없는 실상문에
    한 번 뛰어 여래지에 바로 들어감과 같으리오.

    爭似無爲實相門에   一超直入如來地리오
    쟁 사 무 위 실 상 문   일 초 직 입 여 래 지

　모양에 머무는 보시를 하면 삼생의 원수가 되어서 세력이 다하면 윤회를 거듭하고 말지만, 최상승법에 의지해서 함이 없는 실상문에 바로 들어가면 눈 깜짝할 사이에 구경각을 성취하게 된다는 것입니다.

　교가(敎家)에서는 삼아승지겁을 거쳐 육도만행을 닦아 구경각을 성취할 수 있다고 하는데, 선가에서의 '한 번 뛰어넘어 여래지에 들어간다'고 하는 것은 말도 안 되는 것이라고 교가에서 강변합니다. 특히 천태종이 『증도가』 가운데서 가장 반대하는 대목이 바로 '한 번 뛰어넘어 여래지에 들어간다'는 구절입니다.

　교가의 교리상으로 볼 때는 구경각은 성취하는 기간이 무한한 시간이 걸리고 무한한 노력이 드는 것인데 어째서 자기 마음을 닦으면 단박에 구경각을 성취할 수 있느냐, 그렇게 될 수 없다고 공격하는 것입니다.

　그러나 그것은 교외별전인 비밀방법을 참으로 모르는 데서 하는 말입니다. 누구든지 모양에 집착해서 자꾸만 밖으로 나간다면 말할 수 없는 시간이 걸리지만, 그렇지 않고 모양을 완전히 떠나 자신을 바로 닦아 나가면 단도직입으로 구경각을 성취할 수 있다

는 것이 선문의 정설입니다.

황벽스님 법문에,

"힘센 사람이 구슬이 자기의 이마에 박혀 있는 것을 모르고 시방세계를 두루 다니면서 밖으로만 찾아다녀도 끝내 찾지 못하다가, 지혜로운 이가 가르쳐 주면 당장에 구슬이 이마에 본래대로 있음을 아는 것과 같다."

는 말씀처럼, 구슬은 본래 이마에 있는데 자꾸만 외변으로만 돌면서 저 미국으로 영국으로 달나라로 다녀 보았자 구슬은 못 찾는다는 것입니다. 어떤 지혜로운 사람이 "구슬이 너의 이마에 있지 않느냐."고 바로 가르쳐 주면 스스로 더듬어 만져 보아 알게 되니 이것이 바로 '한 번 뛰어넘어 여래지에 드는 것'과 같다는 것입니다.

모양에 머물러 보시하는 방법과 함이 없는 실상문의 방법과는 이렇게 근본적으로 다르다는 것입니다. 모양에 머물러 보시하는 방법으로 공부를 한다면 삼아승지겁이 아니라 미래겁이 다하도록 성불하기가 곤란한 것이고, 함이 없는 실상문에 들어가는 방법으로 공부하면 '한 번 뛰어넘어 여래지'에 들어가지 않으려야 않을 수 없다는 것입니다. 육조스님께서도 '미혹하여 들면 여러 겁이 걸리고 깨치면 찰나간'이라고 늘 말씀하셨습니다. 즉 자기의 마음을 깨치면 눈 깜짝할 사이에 구경각을 성취하는 것이지 절대로 많은 시간이 필요 없으므로, 누구든지 이 법을 바로 믿고 선택해서 부지런히 닦기만 하면 금생에 '한 번 뛰어넘어 여래지'에 들어가지 않으려야 않을 수 없다는 말씀입니다. 이것은 영가스님이 헛되게 하신 말씀이 아닙니다. 앞에서도 "만약 거짓말로 중생을 속인다면 발설지옥에서 진사겁토록 지낼 화를 자초한다."고 맹세까지 하시지 않았습니까? 이것은 중생의 업이 너무도 두터워 참으로 믿기가 어렵기 때문에 그런 말씀을 노파심절로 하신 것입니다. 그래서 우리는 누구든지 '함이 없는 실상문'에 바로 들어가면 '한 번 뛰어넘어 여래지에 들어가는 길'이 있다는 것을 확신하고 부지런히 공부한다면 옛 사람과 같이 눈 깜짝할 사이에 구경각을 성취할 수 있습니다.

51. 근본만 얻을 뿐 끝은 근심치 말지니
      마치 깨끗한 유리가 보배 달을 머금음과 같도다.

但得本莫愁末이니   如淨瑠璃含寶月이로다
단 득 본 막 수 말   여 정 유 리 함 보 월

앞에서도 여러 번 강조한 바와 같이 뿌리를 끊으면 나무 전체가 넘어지는 것인데, 어리석은 사람은 외변으로 공연히 잎만 따고 가지만 찾고 하여 무한한 세월과 한없는 노력을 허비한다고 하였습니다. 그러나 누구든지 근본자성을 닦으면 거기에 육도만행이 원만히 다 갖추어져 있음을 알아야 합니다.

달마스님께서도 "마음을 관찰하는 한 가지 법이 모든 행을 다 포섭한다[觀心一法總攝諸行]."고 하셨습니다. 마음을 관찰하여 마음을 바로 깨치면 전체 불교가 그 가운데 다 포함되어 있을 뿐만 아니라 모든 것이 완전히 성취된다는 것입니다. 그러면 구경각을 성취하면 어찌 되느냐?

한 번 뛰어넘어 여래지에 들어가서 자성을 깨치면 내심외경(內

心外境), 곧 안의 마음과 밖의 경계 전체가 원융무애하여 통연히 명백하다는 것입니다. 그것을 비유로 '맑은 유리병 속에 보배 달을 넣어 둔 것과 같다[如淨瑠璃含寶月]'는 것입니다. 맑은 유리병 속에 보배 달을 넣어 두면 그 속이 환한 동시에 그 빛이 밖으로 시방세계를 비추어 내외가 명백한 것을 말한 것입니다.

'맑은 유리병 속에 보배 달을 넣어 둔 것과 같다'는 말은 『능엄경(楞嚴經)』에 나오는 말씀입니다.

공부를 해 가는 중간의 해오(解悟)에서 하는 말이 아니라 구경각을 성취하여 삼현(三賢)·십지(十地)와 등각(等覺)을 넘어서서 구경의 묘각(妙覺)을 성취했을 때, 그때의 경계를 부처님이 이렇게 표현하여 말씀하신 것입니다. 즉 그것은 삼현·십지를 초월하고 보리(菩提)를 원만히 성취하여 무소득(無所得)의 경계를 체달하는 것을 말하니, 진여를 바로 깨쳐서 진여의 광명이 내외에 통철하고 무장무애하여 시방세계에 두루 비치는 것을 말합니다.

이것은 어떤 경계에서 성취되느냐?

제8아뢰야 무기무심(無記無心)인 가무심(假無心)에서 벗어나 진여의 대무심지가 현발한 데서 성취되는 것이니 크게 죽어서 다시 살아나는[大死却活] 경계인 것입니다. 진여의 대무심지에 이르면 일체 번뇌망상이 완전히 다 끊어져 제8아뢰야 근본무명이 뿌리째 뽑힌 것입니다. 그러면 거기에서 진여의 보배 달이 떠올라 시방세계를 비추고도 남는다는 것입니다. 이것은 실제의 경계이므로 말로만 보배 달을 운위해서는 안 되는 것이고 몸소 체험해야 합니다. 그 경계에 있어서는 오매일여가 문제되는 것이 아니라 밥 먹을 때나 일할 때나 자나깨나 말하거나 앉거나 움직이거나 고요하거나 어느 때든지 그 경계는 꼭 같습니다.

그러므로 누구든지 공부를 하다가 조금 되는 것 같더라도 거기에 조금의 간단(間斷)이라도 있다면 그것은 공부가 아닌 줄 알아야 합니다. 우리가 공부해서 간단없음을 성취하여 객진번뇌(客塵煩惱)가 다 떨어진 구경에서 진여 보배 달이 떠오르면 억천만겁이 지나도 예가 아니어서[歷千劫而不古] 조금도 변동이 없습니다. 이처럼 선종에서 깨쳤다고 하는 것은 구경각을 성취한 것으로써, '깨끗한 유리병 속에 보배 달을 담은 것과 같은 것'을 돈오(頓悟)라 하였지 그 중간의 해오(解悟)를 돈오라 하지 않았습니다.

52. 이미 이 여의주를 알았으니
나와 남을 이롭게 하여 다함이 없도다.

既能解此如意珠하니　　自利利他終不竭이로다
기 능 해 차 여 의 주　　자 리 이 타 종 불 갈

'한 번 뛰어넘어 여래지에 들어가서 마치 맑은 유리병 속에 보배 달을 담은 것' 같은 그러한 대진여광명을 우리가 완전히 체득하여 증하고 나면 이 여의주를 항상 옳게 수용하여 쓰게 됩니다. 그렇게 되면 자기를 위해서도 한없는 힘을 발휘하여 무한한 능력이 있을 뿐만 아니라 일체 중생을 위해서도 미래겁이 다하도록 한없는 대자대비를 베풀면서 산다는 것입니다.

누구든지 구경각을 완전히 성취하면 여의주를 완전히 얻은 것이어서 진여본성을 바로 깨친 것이며, 진여본성을 바로 깨쳤다면 영원토록 이것을 나와 남을 위해서 활용할 수 있습니다.

53. 강엔 달 비치고 소나무엔 바람 부니
    긴긴 밤 맑은 하늘 무슨 하릴 있을 건가.

江月照松風吹하니　永夜清霄何所爲아
강 월 조 송 풍 취　　영 야 청 소 하 소 위

모든 것을 완전히 끊고 해탈하여 한가한 도인이 되고 보니 강물 위에 달 비치고 솔밭에 바람 부는 경계더라는 것입니다. 그 경계에 있어서는 긴긴 밤 하늘은 맑은데, 아무런 하릴없어 자유롭고 영원토록 걸림 없다는 말입니다.

'강 위에 달 비치고 솔바람 분다'는 것은 실제 자성을 깨침에 있어서 자성의 체(體)와 용(用)을 분명히 표현한 것입니다.

54. 불성계의 구슬은 마음의 인(印)이요
    안개·이슬·구름·노을은 몸 위의 옷이로다.

佛性戒珠는 心地印이요　霧露雲霞는 體上衣로다
불 성 계 주　　심 지 인　　무 로 운 하　　체 상 의

확철히 깨쳐 마니주를 얻으면 불성계의 구슬은 마음 땅의 도장[印]이라는 것입니다.

어떤 사람들은 '마음의 도장이란 우리의 근본자성을 말함이고, 안개·이슬·구름·노을은 생멸하는 것이므로 몸에 걸친 옷처럼 중생의 망정을 말한 것이 아니냐'고 흔히 해석하는데, 그렇게 해석하게 되면 여의주를 모르는 사람입니다. 안으로는 마음 땅이 개척되어 불성계의 구슬이 둥글고 밝은 동시에, 밖으로는 안개·이슬·구름·노을이 몸 위에 걸친 옷으로써 모두가 진여대용이라는 말입니다.

안개·이슬·구름·노을도 진여대용이고, 꽃은 붉고 버들이 푸르름도 진여대용이며, 산은 높고 물이 깊은 것도 진여대용입니다. '불성계의 구슬'은 안으로 자성을 표현하여 하는 말이고, '안개·이슬·구름·노을이 몸 위에 걸친 옷이라' 하는 것은 밖으로 일체가 진여의 발현 아닌 것이 하나도 없습니다.

불성계의 구슬이란 내 마음 자리를 확철히 깨친 데서 한 말로서, 마니주 광명이 시방세계를 비추어 진진찰찰(塵塵刹刹)이 진여광명 아님이 하나도 없는데 안개·이슬·구름·노을인들 어찌 빼놓을 수 있겠느냐 하는 뜻입니다. 그래서 진진찰찰 전체가 다 진여대용임을 표현함에 있어서 이것들을 예로 들어 말한 것입니다.

그러므로 마음 땅의 도장[心地印]은 자성을 말함이고 안개·이슬·구름·노을은 생멸하는 것이므로 망상이라고 해석하면, 여의주도 영가스님의 뜻도 모르는 사람이니 여기에 특히 주의해 살펴보아야 합니다.

55. 용을 항복받은 발우와 범 싸움 말린 석장이여
양쪽 쇠고리는 역력히 울리는도다.

降龍鉢解虎錫이여　　兩鈷金環鳴歷歷이로다
항 룡 발 해 호 석　　　양 고 금 환 명 역 력

'용을 항복받은 발우'라는 말은 출처가 있습니다. 부처님께서 삼가섭(三迦葉)을 제도하셨다는 『본행경(本行經)』의 이야기와 육조스님의 일화입니다.

육조스님이 보림사(寶林寺)에 계실 때 절 앞뜰에 큰 용소(龍沼)

가 있어서 거기에 독룡이 살면서 수풀을 휘젓고 사람에게 나투는 것을 보시고 육조스님께서 꾸짖어 말씀하시기를,

"네가 다만 큰 몸은 나툴 줄은 알되 작은 몸은 나투지 못하는 구나. 신룡(神龍)이라면 마땅히 클 수도 있고 작을 수도 있어야 할 것이다."

라고 하시니 이에 그 큰 독룡이 홀연히 없어지더니 작은 몸을 나투어 물 위에 다시 떠올랐습니다. 그때 육조스님께서 발우를 내밀면서

"노승의 발우 속으로 들어와 보아라."

고 하시니 그 독룡이 헤엄쳐서 다가오므로 육조스님께서 그 작아진 독룡을 발우에 담아 법당으로 가셔서 상당(上堂)하여 설법하시니, 그 용이 드디어 몸을 벗어 화거(化去)하여 제도를 받았다고 합니다. 그것을 예를 들어 '용을 항복받은 발우'라 하는 것입니다.

'싸움하는 범을 말린 석장'이란 것도 일화가 있습니다.

승조(僧稠)라는 스님이 산길을 가다 보니 범 두 마리가 길가에서 서로 싸우고 있으므로 두 범이 상할 것을 염려하여 육환장으로 두 범 사이를 떼어놓으면서,

"싸울 일 뭐 있나, 서로 잘 지내거라."

하면서 육환장으로 범 대가리를 몇 번 툭툭 건드리니 서로 헤어져 가더라는 얘깁니다.

이런 이야기를 들으면 호랑이 담배 피울 때 하는 말이라고 웃을는지 모르겠지만 실제로 이런 일이 많이 있습니다. 요즈음 심리학적으로 볼 때도 인간이 짐승을 지배할 수 있다는 것이 증명되어 있습니다. 그런 만큼 호랑이 싸움을 말려 그치게 했다는 것도 빈

말이 아닙니다.

석장(錫杖)이란 육환장(六環杖)을 말합니다.

육환장 머리에 두 개의 걸이가 붙어 있고 또 한쪽 걸이마다, 세 개씩 조그만 고리가 달려 있습니다. 그러니 육환장은 양 걸이마다 세 개씩 모두 여섯 개의 고리가 달려 있는 나무 지팡이입니다.

그런데 그 육환장이 무엇을 표현하느냐 하면, 양 걸이는 진속이제(眞俗二諦)를 표현한 것이고, 여섯 개의 고리란 육바라밀을 표현한 것입니다. 그리고 중심의 나무 지팡이는 중도를 표현한 것입니다. 그러므로 육환장은 그저 나무 지팡이가 아니라 중도 위에 서 있는, 이제(二諦)가 원융하고 육도가 원만구족한 불교 진리 전체를 표현하고 있는 것입니다.

예전 스님들은 이 육환장을 지팡이로만 생각하는 것이 아니라 불법 진리 전체를 표현하는 것으로 생각하여 육환장을 짚고 다니면서 불법을 항상 실천하였습니다. 그래서 부처님 당시부터 스님들이 이 육환장을 짚고 다녔습니다. 육환장을 짚고 다닌다는 것은 중도에 의지해서 중도를 정등각한다는 것이고 진속이제와 육도를 원만히 성취한 사람이라는 뜻입니다. 그리고 또 그것을 성취하지 못한 사람은 성취되도록 닦아 간다는 것입니다. 그래서 육환장을 육환장이라 부르지 않고 '중도장(中道杖)'이라 부르기도 합니다.

56. 이는 모양을 내려 허사로 지님이 아니요
    부처님 보배 지팡이를 몸소 본받음이로다.

不是標形虛事持요　如來寶杖을 親蹤跡이로다
불 시 표 형 허 사 지　　여 래 보 장　　친 종 적

　육환장을 짚고 다니는 것은 모양을 내기 위해서 공연히 쓸데없이 짚고 다니는 것이 아니라 여래의 보배 석장을 몸소 본받기 위함이라는 말입니다.

　여래의 보배 석장이란 중도를 말한 것이니 그 뜻이 나무 지팡이에 있는 것이 아닙니다. 나무 지팡이에 있다면 지팡이는 아무데나 있는 것이니 별 의미가 없습니다. 그러므로 출가사문(出家沙門)이 되면 반드시 육환장을 짚도록 되어 있는 것은 언제든지 중도를 바로 깨쳐서 중도를 바로 행하라는 뜻입니다. 누구든지 육환장을 짚은 동시에 중도를 깨쳐 행하는 그 사람이 여래의 보배 석장을 본받은 사람이고, 중도를 깨치지 못하고 중도를 모르는 사람은 껍데기는 육환장을 짚고 다니지만 실제는 육환장을 버리고 다니는 사람입니다. 중도란 자성이니 자성을 깨치기 전에는 여래의 보배 석장을 본받는 사람이 되지 못하니, 어서 중도를 깨쳐 안팎으로 중도를 구비하여 육환장을 항상 짚고 다녀야 하겠습니다.

57. 참됨도 구하지 않고 망령됨도 끊지 않나니
    두 법이 공하여 모양 없음을 분명히 알았도다.

不求眞不斷妄하니　了知二法이 空無相이로다
불 구 진 부 단 망　　요 지 이 법　　공 무 상

앞에서 중도를 정등각한 사람만이 여래의 보배 석장을 짚고 다니는 사람이고 여래의 길을 따르는 사람이며 여래의 길을 같이 가는 사람이라고 했습니다.

그 내용이 어찌 되어서 그러냐 하면, 참됨도 구하지 않고 망도 끊지 않아서 참됨도 버리고 망도 다 버린다는 것입니다. 그것은 참됨과 망이 다 공하여 모양이 없음을 밝게 알기 때문입니다. 참됨이니 망이니 하는 것은 중생의 변견 망정에서 하는 소리일 뿐이고, 참됨도 설 수 없고 망이 본래 공해서 참됨과 망이 다 거짓말이고 변견이며, 양변을 완전히 여의면 그것이 중도 아니냐 하는 말입니다.

우리가 언제든지 중도장, 육환장을 짚고 다녀야 하는데 중도장의 내용은 참됨과 망을 떠난 쌍차이면서 쌍조한 차조동시(遮照同時)인 것을 확철히 깨친 사람만이 중도장을 바로 짚고 다니는 사람이며 양변을 여읜 중도를 정등각한 사람입니다.

58. 모양도 없고 공도 없고 공 아님도 없음이여
  이것이 곧 여래의 진실한 모습이로다.

無相無空無不空이여   即是如來眞實相이로다
무 상 무 공 무 불 공   즉 시 여 래 진 실 상

'모양도 없고 공도 없고 공 아님도 없다'는 것은 전체를 다 막는 것이니 청룡도로 전체를 다 끊어버리는 말입니다.

그러나 일체가 다 끊어진 곳에서 일체가 다시 살아나는 것이고 항사묘용이 나는 것이니, 이것이 여래의 진실상이며 중도의 보배

석장이라는 것입니다.

59. 마음의 거울 밝아서 비침이 걸림 없으니
     확연히 비치어 항사세계에 두루 사무치도다.

    心鏡明鑑無碍하야   廓然瑩徹周沙界로다
    심 경 명 감 무 애   확 연 영 철 주 사 계

  마음 거울이 환히 밝아 그 비치는 것이 걸림 없이 자재하여 그
광명은 삼천대천세계를 비추고 또 비춘다는 것입니다.
  모양도 없고 공(空)도 없고 공(空) 아님도 없는 여래의 진실한
모습을 확철히 깨치면 전체가 다 끊어져서, 거기서 참으로 항사묘
용인 진여대용의 광명이 현출하여 시방세계를 비춰 두루하고도
남는다는 것입니다.

60. 만상삼라의 그림자 그 가운데 나타나고
     한 덩이 뚜렷이 밝음은 안과 밖이 아니로다.

    萬象森羅影現中이요   一顆圓明非內外로다
    만 상 삼 라 영 현 중   일 과 원 명 비 내 외

  '모양도 없고 공도 없고 공 아님도 없는 진여 실상(實相)'을 안다
면 그 광명이 시방세계를 비추는 동시에, 시방세계의 진진찰찰이
그 광명 아님이 하나도 없다는 말입니다. 삼라만상 전체가 다 중
도실상·진여대용·진여광명 가운데 건립되어 있는 것이지 진여광
명을 내놓고는 삼라만상이 따로 없습니다. 따라서 만상삼라가 진

여대용 가운데 있는 것이며, 그 밖에서는 찾아볼 수 없다는 것입니다. 그것이 일진법계(一眞法界)요 무진법계(無盡法界)며 무진연기(無盡緣起)입니다.

삼라만상이라 하니 조각조각 나 있어 통일성이 없는 것인가 하면 그렇지는 않습니다. 예를 들어, 한 덩이 구슬이 빛을 내는 것과 같아서 아주 밝고 둥글어 안과 밖이 없으니, 안과 밖이 끊어진 그곳에서는 유한이다 무한이다 할 것이 없습니다. 진진찰찰이 진여대용이 아님이 없고 삼라만상 전체가 진여대용이어서 진진찰찰이 각각 차별이 있는 가운데, 전체가 그대로 진여광명 아닌 것이 하나도 없다는 것입니다. 금덩어리로 여러 가지 모양의 물건을 만들면 모양은 달라도 모두가 다 진금 아닌 것이 하나도 없는 것과 마찬가지입니다.

하늘과 땅에 천만상지만상(天萬象地萬象)으로 벌어져 있는 모든 것을 아무리 둘러보아도 진여광명밖에는 따로 없습니다. 여기서는 중생을 보려야 볼 수 없고 부처를 보려야 볼 수 없어서 모두 다 진여대용입니다. 이것을 바로 깨쳐야만 불교를 바로 아는 사람이고 실제로 스님 될 자격이 있는 것이지, 그렇지 않으면 여래의 보배 석장을 한번도 잡아 보지 못한 것이 되고 억천만겁을 살아도 육환장을 헛 짚고 산 것입니다.

61. 활달히 공하다고 인과를 없다 하면
     아득하고 끝없이 앙화를 부르리로다.

     豁達空撥因果하야   茫茫蕩蕩招殃禍로다
     활 달 공 발 인 과   망 망 탕 탕 초 앙 화

앞에서는 '모양도 없고 공도 없고 공 아님도 없다'고 쌍차(雙遮)를 말하여 청룡도로 싹둑 끊듯이 모든 것을 부정하는 것을 말했는데, 그렇게 되면 흔히 공변(空邊)에 떨어져서 인과를 다 버리는 것이 됩니다.

예전에 그런 일이 많습니다.

공부를 하다가 일체가 다 공함을 알게 되면 선과 악이 다 공하여서 선이 곧 악이고 악이 곧 선이 됩니다. 그런 경계에 떨어지면 흔히 사람을 죽이든, 소를 잡아먹든 무슨 상관이 있느냐, 일체가 다 공한데 무슨 인과가 있겠느냐 하게 됩니다. 그러나 그리 되면 한없는 지옥의 과보를 받게 된다는 것입니다. 사람에 그림자 따르듯이 선인(善因)에 선과(善果)로 인과는 역연한 것이어서, 무생(無生)을 철증(徹證)하기 이전에는 지은 업을 스스로도 어쩌지 못하는 것임을 알아야 합니다.

62. 있음을 버리고 공에 집착하면 병이기는 같으니
    물을 피하다가 도리어 불에 뛰어드는 것과 같도다.

棄有著空病亦然이니　還如避溺而投火로다
기 유 착 공 병 역 연　　환 여 피 익 이 투 화

있다[有]는 견해를 버리라고 하면 공(空)에 집착하는 수가 많이 있는데 그러면 미래겁이 다하도록 앙화를 받게 된다고 많이 말했습니다. 그것은 있음을 버리고 공에 집착하면 그 병은 있음에 집착하는 병과 똑같아서 물에 빠지지 않으려고 피하다가 도리어 불에 타 죽는 것과 마찬가지라는 말입니다. 물이란 있음[有]에 비유한 것이고 불이란 공(空)에 비유한 것입니다. 공(空)도 병이고 있음[有]도 병이므로 공과 있음을 한꺼번에 버려야만 참다운 해탈의 길을 걸을 수 있는 것입니다. 공(空)을 버리고 있음[有]을 집착하거나 있음[有]을 버리고 공(空)에 집착하거나 하면 병은 같다는 말입니다. 영원한 생사윤회의 길은 마찬가지로써 해탈의 길을 성취하지 못하게 되는 것이니, 우리가 자성을 바로 깨쳐서 불법을 성취하려면 공(空)과 있음[有]을 다 버리라는 것입니다. 있음[有]과 공(空)을 완전히 버리기 전에는 중도와 실상을 모르는 것이고 공부를 성취하지 못하는 것이 되어 생사윤회의 쳇바퀴를 벗어나지 못하게 됩니다.

63. 망심을 버리고 진리를 취함이여
취사하는 마음이 교묘한 거짓을 이루도다.

捨妄心取眞理여   取捨之心成巧僞로다
사 망 심 취 진 리   취 사 지 심 성 교 위

있음[有]을 버리고 공(空)을 취하려는 사람과 마찬가지로 망상을 버리고 진리를 취하려고 한다면 이것도 양변입니다. 우리가 실제로 공부를 성취하고 중도를 바로 알려면 버리고 취하는 취사심을 다 버려야 합니다. 그러므로 망상을 버리고 진리를 취하려는 것도 병이고 진리를 버리고 망상을 취하는 것도 모두가 다 병이므로 진리와 망상을 한꺼번에 다 버려야만 중도실상을 우리가 알 수 있는 것이지, 진리와 망상 어느 것에든지 집착한다면 전부가 다 병이므로 중도실상은 영원토록 모르는 것입니다. 양변을 버려서 쌍차

(雙遮)가 되면 쌍조(雙照)가 안 되려야 안 될 수 없습니다.

　그런데 취하고 버리는 마음이 교묘한 거짓을 이루면 영원토록 중도를 모르게 되니 자성을 깨치지 못하고 불법을 성취하지 못하게 되는 것입니다.

64.　배우는 사람이 잘 알지 못하고 수행하나니
　　　참으로 도적을 아들로 삼는 짓이로다.

學人이 不了用修行하니　眞成認賊將爲子로다
학 인　　불 료 용 수 행　　진 성 인 적 장 위 자

　'배우는 사람이 잘 모르고 수행한다'는 것은 망상을 버리고 진리를 취하려는 것과 같이 공부를 한다는 것인데, 그것은 참된 중도정견이 아니고 바른 길이 아니므로 그렇게 공부하면 어떻게 되느냐? 도적놈을 인정하여 자기 자식으로 삼는 것과 같다는 것입니다. 진리를 버리고 망상을 취하려 하든지 망(妄)을 버리고 진리를 취하려 하든지 간에 양변에 집착하기만 하면 변견이 되어서 불법과는 정반대가 된다는 것입니다. 우리가 실제로 중도를 정등각해서 바른 길로 가려면 진(眞)·망(妄)의 양변을 다 버리고 중도를 정등각해야만 합니다.

　그렇다면 진리를 버리고 망을 취하거나 망을 버리고 진리를 취한다고 하는 그 취사심은 왜 생기는 것인가?

65. 법의 재물을 덜고 공덕을 없앰은
심·의·식으로 말미암지 않음이 없음이라

損法財滅功德은　莫不由斯心意識이라
손 법 재 멸 공 덕　　막 불 유 사 심 의 식

'법의 재물을 손해내고 공덕을 없애는 병은 심·의·식에 있다'는 말입니다. 심(心)은 제8아뢰야식, 의(意)는 제7말라식, 식(識)은 제6의식을 말하는 것으로써 통팔식(通八識) 전체를 말하는 것이 됩니다. 우리가 공부를 하여 법의 재물을 성취하고 공덕을 완성시키려면 근본을 뽑아야지 이것이 조금이라도 붙어 있으면 절대로 공부를 성취하지 못합니다. 그러므로 선종에 있어서 공부라는 것이 심리학적으로 볼 때도 분별의식인 제6의식은 말할 것도 없고 그 중간의 식인 제7말라식과 제8아뢰야식의 무기무심까지도 버려야 한다는 것입니다. 다시 말하면 '무심이 도라고 말하지 말라. 무심도 오히려 한 두터운 관문이 격해 있다'는 말과 같습니다. 그러니 망상을 버리는 것은 말할 것도 없고 무기무심은 제8아뢰야식까지 완전히 버려야만 공덕을 성취하는 것이고 자성을 바로 깨친 것이며, 중도를 성취한 것입니다.

자성을 깨치지 못하는 근본 원인은 심·의·식의 구름이 진여본성을 덮어서 보지 못하게 하는 것이므로, 이 심·의·식의 구름부터 걷어야지 그렇지 않고는 영원히 자성을 보지 못하는 것입니다.

66. 그러므로 선문에선 마음을 물리치고
남이 없는 지견의 힘에 단박에 들어가도다.

是以로 **禪門**엔 **了却心**하고 **頓入無生知見力**이로다
시 이 선 문 료 각 심 돈 입 무 생 지 견 력

마음[心]이란 제8아뢰야를 말한 것인데 제8아뢰야 근본무명을
완전히 끊으면 제7말라식과 제6의식은 자연히 끊어지는 것이므
로, 마치 나무뿌리를 뽑으면 가지나 잎은 저절로 말라죽는 것과
같습니다.

그러므로 선종에 있어서는 근본무명인 제8아뢰야인 심(心) 이것
을 근본적으로 뿌리뽑아야지 그것을 뿌리뽑기 전에는 공부라 할
수 없습니다. 그러므로 선종에서 깨쳤다고 하는 것은 근원적으로
제8아뢰야식을 멸각하여 뿌리를 뽑는 것이니 제8아뢰야식을 뿌
리뽑기 전에는 절대로 깨친 것이라 할 수 없습니다.

제8아뢰야식의 근본무명을 끊으면 '남이 없는 지견의 힘'에 들
어가지 않으려야 않을 수 없는 것이니, 이것이 돈오(頓悟)이며 증오
(證悟)인 것입니다. 이와 같이 선종에서 주장하는 '남이 없는 지견'
이 '제8아뢰야 무기식을 다 부수고 미세망상까지도 뿌리를 뽑아
버린 것'이므로 아직 분별심·생멸심이 그대로 남아 있는 것을 깨
친 것[悟]이라고 한다면 이것은 선이라 할 수 없는 것입니다.

분별심은 말할 것도 없고 무분별심인 제8아뢰야 무기무심까지
도 뿌리째 뽑으면 '남이 없는 것[無生]'이 되지 않으려야 않을 수
없습니다. 이것이 즉 '한 번 뛰어넘어 여래지에 들어가는 것'이며,
'마치 맑은 유리병 속에 보배 달을 담은 것과 같은 것'이며, 중도실
상이며, 견성이며, 구경각입니다. 바로 이것을 부처님과 부처님, 조

사와 조사가 전한 것이지 다른 것을 전한 것이 아닙니다.

67. 대장부가 지혜의 칼을 잡으니
반야의 칼날이요 금강의 불꽃이로다.

大丈夫秉慧劍하니　般若鋒兮金剛燄이로다
대 장 부 병 혜 검　　　반 야 봉 혜 금 강 염

대장부가 제8아뢰야 근본무명을 완전히 타파하고 진여의 무생
법인(無生法忍)을 증득하면 그때가 바로 출격대장부(出格大丈夫)·
조어장부(調御丈夫)·천인사(天人師)입니다.

우리가 출격대장부가 되어서 일체종지(一切種智)를 성취하면 그
때는 대지혜의 검을 손에 잡게 된 때라는 것입니다. 즉 구경각을
성취해서 무생법인을 증한 이것이 출격대장부요, 일체종지를 성취
하여 지혜의 검을 들었다는 것입니다.

반야의 칼날이란 칼날같이 서슬이 시퍼렇게 무섭고, 금강의 불
꽃이란 불꽃처럼 맹렬하다는 것입니다. 거기서는 삼세의 모든 부
처님과 역대의 조사가 어리댈 수가 없습니다. 자성을 완전히 깨쳐
서 무생법인을 증득하면 그 반야의 칼날이란 부처를 만나면 부처
를 죽이고 조사를 만나면 조사를 죽이며, 부처를 만나면 부처를
살리고 조사를 만나면 조사를 살리는 대자유로운 능력이 있는 것
입니다. 또한 금강의 불꽃이란 부수려야 부술 수 없어서 부처도
손댈 수 없고 조사도 손댈 수 없으며, 그런 동시에 시방세계를 다
태우는 맹렬한 불꽃보다 더 무서워서 부처와 조사도 거기에 어리
댈 수가 없는 것이니 자칫 잘못하다간 부처와 조사가 상신실명(喪

身失命)하는 곳입니다. 그러한 반야의 칼날과 금강의 불꽃을 성취하는 것은 남이 없는 지견의 힘에 단박에 들어감으로써 이루어지는 것입니다.

68. 외도의 마음만 꺾을 뿐 아니요
    일찍이 천마의 간담을 떨어뜨렸도다.

    非但能摧外道心이요   早曾落却天魔膽이로다
    비 단 능 최 외 도 심   조 증 락 각 천 마 담

반야의 칼날과 금강의 불꽃이 외도의 마음만 부수는 것이 아니요 일찍이 천상의 마구니를 낙담시켰다는 것입니다. 또 외도와 천상의 마구니만 해당되는 것이 아니라 부처님과 조사도 여기서는 설 수 없음을 분명히 알아야 합니다.

69. 법의 우레 진동하고 법고를 두드림이여
    자비의 구름을 펴고 감로수를 뿌리는도다.

    震法雷擊法鼓여   布慈雲兮灑甘露로다
    진 법 뢰 격 법 고   포 자 운 혜 쇄 감 로

'법의 우레가 진동한다' 함은 하늘을 울리고 천지를 진동하는 사자후가 삼천대천세계를 뒤흔들고도 남는다는 것이며, '법의 북을 두드린다'는 것은 시방세계에 그 북소리가 울려 퍼진다는 것입니다. '법의 북'이란 보통의 북이 아니라 '도독고(塗毒鼓)'라 하여 북에다 독을 잔뜩 발라서 누구든지 그 소리를 들으면 죽지 않는 중

생이 없다는 것입니다. 중생이 다 죽는다는 것은 중생의 근본무명이 다 끊어져서 모두가 부처가 된다는 말입니다. 곧 죽는다고 하는 것은 아주 숨이 끊어져서 죽는 것이 아니고 중생의 무명이 죽으면 부처가 된다는 뜻입니다.

법의 우레가 진동하고 법의 북이 울리면 일체 중생이 다 죽으니 그때 모두가 부처가 되어 근본무명이 끊어지며, 대자대비의 구름이 시방세계를 덮고 감로수가 시방세계에 뿌려져서 일체 중생이 해탈케 된다는 것입니다.

70. 용상이 차고 밟음에 윤택함이 그지없으니
    삼승과 오성이 모두 깨치는도다.

龍象이 蹴踏潤無邊하니   三乘五性이 皆惺悟로다
용 상   축 답 윤 무 변   삼 승 오 성   개 성 오

용과 코끼리는 짐승 중에서는 가장 수승한 것인데 중생 가운데 삼현(三賢)·십성(十聖) 등의 훌륭한 이를 비유해서 말한 것입니다. 용과 코끼리가 감로수를 마시고 도독고의 소리를 들어 중생의 무명이 다 끊어져서 도를 이루고 열반의 길을 걷게 되었다는 말입니다. '용과 코끼리가 서로 차고 밟는다'는 것은 싸움을 한다는 것이 아니라 서로 붐빈다는 뜻으로 서로서로 발길을 부비고 내왕하여 활동한다는 것입니다. '윤택하기 그지없다'는 것은 그 활동이 자유 자재함을 말합니다.

'삼승과 오성이 다 깨쳤다'는 것은 일체 중생이 성불하지 않은 사람이 하나도 없다는 것입니다. 불교를 믿는 사람이든 아니든 간

에 모두가 다 포함됩니다.

삼승(三乘)은 성문승(聲聞乘)·연각승(緣覺乘)·보살승(菩薩乘)을 말합니다. 오성(五性)이란『원각경(圓覺經)』에서는 첫째 범부성(凡夫性)으로 한 털끝만큼도 미혹을 끊지 못한 사람을 말하며, 둘째 이승성(二乘性)으로 성문·연각의 이승을 말하며, 셋째 보살성(菩薩性)으로 육도만행을 닦아서 성불한다는 사람을 말하며, 넷째 부정성(不定性)으로 범부라 할 수도 없고 이승이라 할 수도 없고 보살이라 할 수도 없는 사람을 말하며, 다섯째 외도성(外道性)으로 외도의 삿된 말을 믿고 아직 불교의 바른 도를 알지 못하는 사람을 말합니다.『원각』에서는 이 오성(五性)의 사람들이 어쨌든 모두 성불한다고 하고 있습니다.

영가스님 말씀은 결국 외도든 부정이든 마구니든 할 것 없이 북소리를 한 번이라도 듣고 감로수를 한 방울이라도 마시면 전체가 다 깨쳐서 성도(成道)를 한다는 말입니다. 곧 이 반야의 힘이 광대무변하다는 것을 이렇게 표현한 것입니다.

71. 설산의 비니초는 다시 잡됨이 없어
   순수한 제호를 내니 나 항상 받는도다.

雪山肥膩更無雜이라　純出醍醐我常納이로다
설 산 비 니 갱 무 잡　　　순 출 제 호 아 상 납

비니란 히말라야산에서 나는 풀 이름인데 천상천하에 그렇게 곱고 부드럽고 맛이 있는 풀이 없다고 합니다. 백우(白牛)가 있어 이 비니초만 먹고 산다는데 백우는 우리의 자성을, 비니초란 진여대용을 비유한 것입니다.

설산의 비니초가 있는 곳에는 다른 풀이 하나도 없듯이 진여대용 가운데는 객진번뇌·번뇌망상이 하나도 없다는 말입니다. 보통 사람이 볼 때는 잡초와 가시덤불만이 가득한데 어째서 비니초만 예로 들어서 말하느냐 하고 의심할 수도 있겠지만, 눈감은 사람은 언제든지 캄캄하고 암흑뿐이라도 눈뜬 사람이 볼 때는 모두가 밝고 밝은 광명뿐이기 때문입니다. 눈감은 사람이 '어둡다' 한다고 어두운 것이 있느냐 하면 어두운 것은 없으며, 어둡다고 하는 그 사람도 광명 속에 살면서 보지 못하기 때문에 '어둡다 어둡다' 하는 것입니다. 그와 마찬가지로 시방세계를 돌아봐도 비니초를 내놓고는 다른 풀이 없듯이 중생이 모두 진여의 대광명 속에서 살며 활동하고 있다는 것입니다.

제호(醍醐)란 지금의 치즈 같은 것인데 비니초만 먹고 사는 흰소의 젖을 짜서 최고로 맛좋은 치즈로 만든 것을 제호상미(醍醐上味)라 합니다. 이것도 진여자성을 비유한 것으로 백우가 비니초를 먹고 내놓는 것을 제호상미라고 하니 모든 것이 진여뿐이고 진여자성을 제하고는 다른 것은 없다는 것입니다. 시방세계를 둘러봐도 진여광명과 진여대용뿐인데 그것을 이름하여 비니초 또는 제호상미라 한다는 것입니다. 그것이 곧 무상정각을 이룬 최상의 풀이요 최상의 불사약인 것입니다.

그러면 비니초를 먹고 사는 백우가 내놓는 제호상미를 먹고 사는 사람, 이런 사람은 어찌 되느냐?

72. 한 성품이 뚜렷하게 모든 성품에 통하고
     한 법이 두루하여 모든 법을 포함하나니

     一性이 圓通一切性하고   一法이 偏含一切法하니
     일 성   원 통 일 체 성   일 법   변 함 일 체 법

『화엄경(華嚴經)』에도 이러한 구절이 있습니다만, 영가스님이 자신의 깨친 경계에서 보니 누구든지 자성을 완전히 깨치면 이처럼 융통자재하지 않을 수 없음을 말하고 있습니다.

73. 한 달이 모든 물에 두루 나타나고
     모든 물의 달을 한 달이 포섭하도다.

     一月이 普現一切水라   一切水月을 一月攝이로다
     일 월   보 현 일 체 수   일 체 수 월   일 월 섭

하늘에 있는 달은 하나뿐인데 이것이 천강만수(千江萬水)에 비추어서 달이 천 개 만 개가 되고, 그 천강만수에 있는 달은 모두 하늘에 있는 달 하나가 거두어 잡는다는 것입니다.

　이것은 『화엄경』에서 말하는 주변함용관(周偏含容觀)과 같습니다. 주변(周偏)이란 전체를 비추는 것을 말하며 함용(含容)이란 사사무애(事事無碍)하여 참으로 원융자재한 것을 말하니 이것을 부사의해탈경계(不思議解脫境界)라 합니다.

　누구든지 자성의 마니주를 확실히 알아서 중도를 성취하면 원융자재한 부사의해탈경계에 들어가지 않을 수 없는 것이니, 모든 부처님과 조사가 이 부사의해탈경계인 중도정각을 성취한 것입니다.

74. 모든 부처님의 법신이 나의 성품에 들어오고
    나의 성품이 다시 함께 여래와 합치하도다.

諸佛法身이 入我性하고   我性이 還共如來合이라
제 불 법 신   입 아 성   아 성   환 공 여 래 합

모든 부처님의 법신이 내 자성 가운데로 들어온다 하니 들어오고 나가는 것이 있는 것으로 안다면 큰 잘못입니다. 말로 표현하자니 이렇게 말하는 것인데 내 자성 이대로가 모든 부처님의 법신이고, 모든 부처님의 법신 이대로가 내 자성이라는 말입니다. 자성이 즉 법신이고, 법신이 즉 자성이라는 것입니다.

'내 자성이 여래와 합해 있다'는 것은 서로서로 둘이 아니라 부처가 곧 중생이고 중생이 곧 부처로서, 부처 내놓고 중생이 따로 없고 중생 내놓고 부처가 따로 없습니다. 천상에 있는 달 내놓고 물에 비친 달이 따로 없고 물에 비친 달 내놓고 천상에 있는 달이 따로 없듯이, 중생이 곧 부처고 부처가 곧 중생이며, 법성(法性)이 즉 아성(我性)이고 아성(我性)이 즉 법성(法性)이라 서로서로 원융자재해서 부사의해탈경계를 이루지 않으려야 않을 수 없다는 것입니다.

75. 한 지위에 모든 지위 구족하니
    색도 아니요 마음도 아니요 행업도 아니로다.

一地에 具足一切地하니   非色非心非行業이로다
일 지   구 족 일 체 지   비 색 비 심 비 행 업

'하나가 곧 일체'라는 말을 한 번 더 강조하는 것입니다. '한 지

위에 모든 지위가 구족한다' 하니 어떤 모양이 있느냐 하면, 그런 것은 아닙니다.

모양도 아니고 마음도 아니고 행업도 아니며, 부처도 아니고 중생도 아니어서 일체 명상이 다 떨어졌다는 것입니다.

그러면 명상이 다 떨어지면 그것뿐이냐?

76. 손가락 퉁기는 사이에 팔만법문 원만히 이루고 찰나에 삼아승지겁을 없애도다.

彈指圓成八萬門하고   刹那에 滅却三祇劫이로다
탄 지 원 성 팔 만 문   찰 나   멸 각 삼 지 겁

'손가락을 퉁긴다'는 것은 한가로운 모습으로 짧은 시간과 힘들이지 않는다는 것을 말합니다.

'색도 아니요 마음도 아니요 행업도 아니다' 함은 쌍차(雙遮)한 데서 말한 것이고, 여기서는 전부를 긍정한 쌍조(雙照)로써 대광명의 세계를 말한 것입니다.

팔만사천법문이 여기에 원만구족하여 색도 있고 마음도 있고 중생도 있고 부처도 있고 천당도 있고 지옥도 있어서, 산은 산 물은 물 그대로 완연하게 현전합니다. 현전하다고 하여 어떤 장애가 있는 것이 아니고 무장애부사의법계(無障碍不思議法界) 속에 있게 되는 것입니다.

그렇게 되면 눈 깜짝할 사이에 삼아승지겁이 없어져서 시간과 공간이 존재할 수 없습니다. 이렇게 시간과 공간이 존재하지 않고 대대(待對)가 끊어져서 결국은 절대(絶對)라는 이름도 용납되지 않

습니다. 그러나 말로 하자니 어쩔 수 없어서 이것을 부사의해탈경
계라고 하는 것입니다.

77. 일체의 수구와 수구 아님이여
    나의 신령한 깨침과 무슨 상관있을 건가.
    一切數句非數句여   與吾靈覺何交涉가
    일 체 수 구 비 수 구   여 오 영 각 하 교 섭

'수구비수구(數句非數句)'는 『능가경』에 나오는 말로써 여러 가
지 불교의 법수(法數)를 많이 설명하고 있습니다. '수구비수구'란
차별 법상(法相)을 나열한 것으로 그것은 중생을 위해서 부처님이
방편으로 이런 말씀 저런 말씀을 하신 것이지 실지 자성을 깨친
분상에는 아무 관계가 없다는 말입니다.

'수구비수구'만 관계없는 것이 아니고 우리가 자성을 깨쳐 놓고
보면 부처님이 설하시고 조사스님이 설하신 팔만대장경과 1,700
공안이 여기 와서는 모두 빙소와해(氷銷瓦解)로 소용이 없습니다.
그뿐만 아니라 부처와 조사도 여기 와서는 아무 교섭할 바가 없습
니다.

우리가 활구(活句) 곧 산 법문을 바로 깨치고 보면 팔만대장경
과 부처와 조사도 관계없고 공안도 관계없는 대열반의 활로를 통
하게 됩니다. 팔만대장경도 종기나 부스럼의 고름을 닦아낸 종이
라고 하지 않을 수 없다는 뜻입니다.

그러면 자성을 깨친 모습은 어떤 것인가?

78. 훼방도 할 수 없고 칭찬도 할 수 없음이여
본체는 허공과 같아서 한계가 없도다.

不可毀不可讚이여　　體若虛空勿涯岸이로다
불 가 훼 불 가 찬　　　체 약 허 공 물 애 안

깨달음의 세계는 부처와 조사도 아무 상관이 없는 것이니 오직 증득해야만 알지 증득하지 않고는 모르는 것이며, 또한 물을 먹어 봐야만 물의 덥고 차가운 것을 알 수 있듯이 깨치지 못한 사람은 깨친 소식을 영원히 모릅니다.

그러면 이것을 칭찬해야 되느냐, 욕을 해야 되느냐 하는 것입니다. 그러나 깨달음의 세계는 비방하여 반대할 수도 없고 칭찬할 수도 없습니다. 왜냐하면 무슨 명상(名相)이 있어야만 욕을 하거나 칭찬할 수 있는 것인데, 일체 명상이 다 떨어졌는데 어찌 거기 가서 칭찬할 수 있으며 욕을 할 수 있느냐는 말입니다.

그래서 삼세의 부처님들이 일시에 출현해서 미래겁이 다하도록 찬탄한다 해도 이것을 털끝만큼도 찬탄할 수 없고 시방세계 전체가 마구니 입이 되어 미래겁이 다하도록 욕을 한다 해도 털끝만큼도 건드릴 수 없다는 것입니다.

그런데 이렇게 모든 명상이 다 떨어진 곳이 과연 어떤 것이냐 하면, '본체가 허공과 같아서 한계가 없다'는 것입니다. 자성은 마치 허공이라 어떤 명상도 없어서 무엇을 붙잡을 수도 없고, 보고 욕을 할 수도, 칭찬을 할 수도 없다는 것과 같다는 것입니다. 즉 허공이란 누구든지 어찌할 수 없는 것이고, 가와 끝이 없어서 무한하다고 하나 무한하다는 그런 명상조차도 붙을 수 없다는 것입니다.

우리가 자성을 바로 깨치면 이것을 소개하여 칭찬하려고 해도 칭찬할 수 없고 마구니가 아무리 이것을 욕하려고 해도 욕할 수 없으니, 그것은 실제로 허공과 같이 명상이 다 떨어지고 시간과 공간이 끊어져 한계가 없기 때문입니다. 그것을 억지로 진(眞)이라 하기도 하고 자성(自性)이라 하기도 하며 불성(佛性)이라 하기도 하고 부처[佛]라 하기도 하지만, 실제로는 여기에 하나도 해당이 되지 않는 말들입니다.

79. 당처를 떠나지 않고 항상 담연하니
찾은즉 그대를 아나 볼 수는 없도다.

不離當處常湛然하니　　覓則知君不可見이로다
불 리 당 처 상 담 연　　　　　멱 즉 지 군 불 가 견

우리가 일상 행(行)·주(住)·좌(坐)·와(臥)에서 이 물건을 떠나려야 떠날 수 없고 언제든지 이 가운데서 살고 있으면서도, 진리의 광명은 우리가 그것을 보지 못할 뿐이지 항상 그 광명 가운데서 살아가고 있습니다. 그래서 '당처를 떠나지 않고 항상 담연하다'는 것입니다. 담연(湛然)이란 청정하여 때가 없는 것을 말합니다. 진여자성이란 것을 일체 중생인 유정(有情)·무정(無情)이 다 가지고 있으며, 그것은 항상 청정하여 때가 없습니다.

'찾은즉 그대를 아나 볼 수는 없다' 함은, 찾으면 분명히 알지만 볼 수는 없다는 말입니다. 배고프면 밥 달라 하고 추우면 옷 달라고 하니 분명히 알지만, 그 자체를 찾아보려고 하면 미래겁이 다 하도록 찾아도 찾을 수 없다는 말입니다.

'찾은즉 그대를 안다'는 것은 쌍조(雙照)를 말한 것으로 진여대용이 그대로 있으니 분명히 알 수 있지만, 그 자체가 쌍차(雙遮)가 되어서 일체 명상이 다 끊어졌기 때문에 보려야 볼 수 없고 찾으려야 찾을 수 없다는 것입니다. 그렇기 때문에 조이차(照而遮)하고 차이조(遮而照)하여 차조동시(遮照同時)가 됩니다.

어떤 사람은 이 구절을 '모든 것이 다 청정무구(清淨無垢)하여 일체 명상이 다 떨어졌기 때문에 그걸 찾아보려고 해도 찾아볼 수 없다'고 해석하려고 하는데, 그렇게 되면 명상이 끊어진 것만 가지고 주장하게 되는 것으로써 쌍차쌍조(雙遮雙照)한 중도정견은 아닙니다.

혜가스님의 "밝고 밝게 항상 아나 말로써 미칠 수 없다[了了常知나 言之不可及]."는 말씀과 같으니 거기에서 혜가스님은 달마스님에게 인가를 받았던 것입니다.

'밝고 밝게 항상 안다'는 것은 곧 '찾은즉 그대를 안다'는 것과 같은 뜻입니다. 그렇지만 '말로써 미칠 수 없다'는 것은 모든 명상이 다 끊어져서 말하려야 말할 수 없고 보려야 볼 수 없으며 들으려야 들을 수 없다는 말입니다. 이렇게 해석해야 쌍차쌍조한 차조동시(遮照同時)가 되어 전체가 다 드러나서 중도정견이 되지만, 그렇지 않고 '찾으려고 해도 볼 수 없다'고 하면 이것은 바른 해석이 아니라 변견적인 해석이 되고 만다는 것을 알아야 합니다.

80.　가질 수도 없고 버릴 수도 없나니
　　얻을 수 없는 가운데 이렇게 얻을 뿐이로다.

　取不得捨不得하니　不可得中에　只麼得이로다
　　취 부 득 사 부 득　　　불 가 득 중　　지 마 득

　모든 명상이 다 떨어진 진여자성에서는 한 명상도 찾아볼 수
없으므로 취하려야 취할 수 없고 버리려야 버릴 수 없다는 것입
니다. 명상이 떨어졌다는 것뿐만 아니라 삼라만상 전체가 허공 속
에 건립되어 있지만, 허공은 잡으려야 잡을 수 없고 버리려야 버릴
수 없는 것과 마찬가지입니다. 결국 이 뜻은 모든 명상이 본래 공
한 것을 나타낸 것이니, 앞 구절의 '당처를 여의지 않고 항상 담연
하다'는 것과 같은 말입니다. 그러나 어떻게 할 수 없는 거기에서
그치고 만다면 일종의 단견에 떨어지게 되므로 중도정견이 아닙니
다.

　그러면 어떻게 해야 중도정견이 되느냐?

　'어떻게 할 수 없는 가운데 이렇게 할 수 있다'는 것이니 '찾은
즉 그대를 아나 볼 수는 없다'는 말과 같습니다. 찾아보면 분명하
게 역력히 항상 알 수 있지만 모든 명상이 다 떨어져서 생각하려
야 생각할 수 없고 말로 표현하려야 표현할 수 없다는 말입니다.

　그렇게 되어야만 불교의 근본인 중도정견이 확립되는 것이지 만
약 '취하려야 취할 수 없고 버리려야 버릴 수 없다'는 여기에만 치
우쳐 해석하게 되면 실제로 정견이 아니고 변견이 되고 맙니다. 그
래서 취하려야 취할 수 없고 버리려야 버릴 수 없어서 어떻게 할
수 없는 가운데, 분명히 이렇게 할 수 있다고 해야만 위 구절의 바
른 해석입니다.

81. 말 없을 때 말하고 말할 때 말 없음이여
     크게 베푸는 문을 여니 옹색함이 없도다.

黙時說說時黙이여   大施門開無壅塞이로다
묵 시 설 설 시 묵   대 시 문 개 무 옹 색

'취하려야 취할 수 없고 버리려야 버릴 수 없어서 어떻게 할 수 없는 가운데서 이렇게 한다'는 것은 어떻게 된 것이냐?

설(說)과 묵(黙), 묵이란 아무 말 않고 가만히 있을 때로서 아주 적적(寂寂)한 것을 말하며, 설이란 이야기할 때로써 아주 시끄러운 것을 말합니다. 또 묵이란 차(遮)를 말하고 설이란 조(照)를 말합니다. 거기에서는 이렇게도 할 수 없고 저렇게도 할 수 없는 가운데 이렇게도 할 수 있고 저렇게도 할 수 있다는 말입니다. 그것이 '묵묵할 때 말하고 말할 때 묵묵하다'는 것으로써, 묵이 곧 설이고 설이 곧 묵이라는 것입니다. 이것은 분명히 쌍조(雙照)를 말합니다. 쌍차(雙遮)하여 '어떻게 할 수 없는 가운데 이렇게 한다'는 것이 될 것 같으면 설과 묵이 원융하여 무애자재하다는 것입니다. 그래서 말할 때가 가만히 있을 때이고 가만히 있을 때가 말할 때라는 것입니다. 이것은 무엇을 말하느냐 하면 적적한 가운데 광명이 있고 광명이 있는 가운데 적적함이 있어서 말과 묵이 완전히 통하는 것입니다. 그리하여 죽음 가운데 삶이 있고 삶 가운데 죽음이 있는 것과 같이, 움직임 가운데 머묾이 있고 머무는 가운데 움직임이 있어서 움직임이 머묾이고 머묾이 움직임이며, 진(眞)이 곧 가(假)요 가(假)가 곧 진(眞)입니다. 이와 같이 모든 양변이 원융무애하고 융통자재한 것을 표현하여 '묵묵할 때 말하고 말할 때 묵묵하다'고 한 것이니, 이것은 전체에 다 통하는 것입니다.

'크게 베푸는 문을 열어 옹색함이 없다'는 것은 일체가 서로 다 원융하게 통해서 무애자재하고 조금도 거리낌이 없이 자재하다는 말입니다.

여기 와서는 묵과 설이 통하는 동시에 선과 악이 통하고 마구니와 부처가 통합니다. 생멸이 완전히 끊어진 부사의해탈경계에서 진여대용이 현전한 것을 보게 되면 모든 것이 융통자재하지 않을 수 없습니다. 그렇게 되면 이것이 곧 사사무애(事事無碍)이며 이사무애(理事無碍)입니다.

'찾은즉 그대를 아나 볼 수는 없다'고 한 이 자체를 분명히 알면 모든 것이 융통자재해서 하나도 거리낌이 없다는 것입니다.

그러면 무애자재하여 쌍차쌍조한 이것을 무엇이라 해야 되겠느냐?

82. 누가 나에게 무슨 종취를 아느냐고 물으면
    마하반야의 힘이라고 대답해 주어라.

有人이 問我解何宗커든   報道摩訶般若力하라
유인   문아해하종   보도마하반야력

어떤 사람이 나에게 어떤 종취를 아느냐고 묻는다면 마하반야의 힘을 바로 아는 사람이라고 대답해 주라는 것입니다. 마하반야는 대지혜이니 대지혜는 일체종지(一切種智)를 말합니다. 일체종지는 구경각을 성취함을 말하며 반야(般若)란 중도를 말한 것입니다.

우리가 구경법을 성취해서 일체에 조금도 걸림이 없고 구애됨이 없는 자재를 얻는 것은 곧 마하반야의 힘입니다.

83. 혹은 옳고 혹은 그릇됨을 사람이 알지 못하고
    역행·순행은 하늘도 헤아리지 못하도다.

或是或非人不識이요   逆行順行天莫測이로다
혹 시 혹 비 인 불 식   역 행 순 행 천 막 측

'혹은 옳기도 하고 혹은 그르기도 함을 사람이 알 수 없다'는
말입니다. 왜냐하면 아상(我相)도 인상(人相)도 다 떨어졌기 때문
이니, '혹은 옳고 혹은 그르다'고 하여 무슨 옳고 그름[是非]을 말
하는 줄 알아서는 큰 오해입니다. 여기서는 옳음과 그름이 끊어져
쌍차한 곳에서 참으로 쌍조가 되어 옳음과 그름이 무애자재하다
는 말입니다. 옳다 해도 좋고 그르다 해도 좋고, 옳음이 곧 그름이
요 그름이 곧 옳음으로써 무애자재하다는 것입니다. 분명히 알 수
없는 가운데 혹은 옳기도 하고 혹은 그르기도 하다는 것입니다.
  '혹은 옳고 혹은 그르다'라는 것은 쌍조를 먼저 말해 놓고 '사람
이 알지 못한다' 함은 쌍차를 말한 것으로써 조이차(照而遮)하여
원융무애함을 표현한 것입니다.
  역(逆)과 순(順)이란 정반대인데 '역행을 하든지 순행을 하든지
하늘도 모른다' 하는 것은 부처도 모르고 조사도 모르는 것인데
하늘인들 알 수 있으며 사람인들 알 수 있느냐는 말입니다.
  역행을 하든지 순행을 하든지 혹은 옳다든지 그르다든지 간에
이것은 단순히 옳음과 그름, 역과 순을 말하는 것이 아니라 양변
을 완전히 여읜 중도정견으로 쌍조한 데서 하는 말입니다.
  여기서는 마구니와 부처까지도 떨어져서 인간도 알 수 없고 하
늘도 알 수 없어서 누가 안다고 하면 거짓말입니다.
  일체 알 수 없고 어떻게 할 수 없는 가운데서 역행도 할 수 있

고 순행도 할 수 있으며 옳음도 할 수 있고 그름도 할 수 있어서
내 마음대로 자유자재하게 영원토록 부사의해탈경계에서 열반로
를 걷게 되는 것입니다.

그러면 무애자재하고 호호탕탕한 대해탈경계는 어떻게 해서 얻
었느냐?

84. 나는 일찍이 많은 겁 지나며 수행하였으니
부질없이 서로 속여 미혹케 함이 아니로다.

吾早曾經多劫修라   不是等閑相誑惑이로다
오 조 증 경 다 겁 수   불 시 등 한 상 광 혹

저 과거 진묵겁전(塵墨劫前)이라 해도 과언이 아닐 만큼 많은 세
월 동안 정법을 믿고 무한한 노력을 해서 이 법을 성취한 것이니,
아무 노력 없이 아이들 장난하듯 얻은 것이 아니고 말할 수 없는
노력을 했더라는 것입니다.

'예사롭게 서로 속여 미혹케 함이 아니다' 함은 이러한 부사의
해탈경계를 일시적으로 얻은 것이 아니고 말할 수 없는 세월 동안
무한한 노력을 기울여서 성취한 것이지 쉽게 얻은 것은 아니라는
말입니다.

그러면 '한 번 뛰어넘어 여래지에 들어간다'는 말과는 반대가
된다고 생각할는지 모르겠으나, 저 과거를 통해 보아서는 그 사람
이 무한한 노력을 한 것이지 금생에 조금 노력해서 된 것은 아닙
니다. 과거 동안 무한한 노력을 하여 모든 인연이 성숙되고 어떤
기연(機緣)이 있어서 확철히 깨치게 되는 것이지 아무런 노력 없이

쉽게 그냥 얻어지는 것이 아닙니다. 그러므로 무상대도를 깨치기 위해서는 무한한 노력이 필요하다는 것을 말하기 위해서 이렇게 표현한 것입니다.

85. 법의 깃발을 세우고 종지를 일으킴이여
밝고 밝은 부처님 법 조계에서 이었도다.

建法幢立宗旨여　　明明佛勅曹溪是로다
건 법 당 입 종 지　　명 명 불 칙 조 계 시

'법의 깃발을 세우고 종지를 세운다' 함은 무애자재한 대해탈경계를 나 혼자만이 수용하고 여기서 머물고 말 것이 아니라는 것입니다. 이 묘한 법을 깨쳐서 내가 완전히 수용할 것 같으면 일체 중생에게 보시를 해야 하고 공양시켜야 한다는 것입니다. 일체 중생을 해탈의 길로 이끌어 자성을 깨치게 해야 되는 것이지 자기 혼자만 해탈의 길로 나가면 이것은 불법이 아니고 외도법입니다. 그래서 이 법을 펴기 위해서 법의 깃발을 세우고 종지를 세워서 일체 중생에게 미래겁이 다하도록 불법을 소개해야 된다는 것입니다.

그러면 부처님께서 누구에게 당신의 법을 부촉하셨느냐 하면 조계산의 육조 혜능대사에게 이 정법을 전하게 해서 일체 중생들이 이 정법을 배우도록 유촉하셨다는 것입니다.

육조대사가 그냥 난데없이 평지돌출한 것이 아니라 부처님께서 부촉한 법을 이은 사람이라는 것을 내세우기 위해서 영가스님이 강력히 주장하는 것입니다.

86. 첫 번째로 가섭이 맨 먼저 등불을 전하니
   이십팔대는 서천의 기록이로다.

第一迦葉이 首傳燈하니　二十八代는 西天記로다
제 일 가 섭　　 수 전 등　　이 십 팔 대　　서 천 기

첫째로 가섭존자가 부처님의 등불을 전하였다는 것입니다. 이 등불이란 밤길 갈 때 밝히는 불이 아니라 '마음의 등불'입니다. 보통 중생이란 번뇌망상에 덮여서 마음 등불의 빛이 밖으로 나갈 수 없으므로 캄캄하여 자기 눈으로도 자기 자신을 보지 못합니다. 그래서 일체 번뇌망상을 다 없애고 제8아뢰야 근본무명까지 뿌리뽑으면 자성의 등불이 켜져서 자성의 광명이 나타나는 것입니다. 마음의 등불을 밝히는 이것이 실제로 '마음으로써 마음을 전하는 것[以心傳心]'이며 '부처님 마음을 깨치는 종[悟佛心宗]'이라고 말합니다.

그러면 이 마음의 등불을 부처님으로부터 누가 제일 먼저 받았느냐 하면, 가섭존자가 부처님 근본법을 바로 깨쳐서 마음의 등불을 전해 받았고, 그 이후로 서천(西天), 인도에서 이십팔대를 이어 전해 내려왔다는 것입니다. 이것을 전등(傳燈), 등불을 전했다고 하고 그 전한 기록을 『전등록(傳燈錄)』이라 합니다.

87. 법이 동쪽으로 흘러 이 땅에 들어와서는
   보리달마가 첫 조사 되었도다.

法東流入此土하여는　菩提達磨爲初祖로다
법 동 류 입 차 토　　　보 리 달 마 위 초 조

인도에서는 가섭존자가 처음 법을 받아 이십팔대를 내려왔는데 중국에 와서는 보리달마가 처음으로 이 법을 전했다는 말입니다. 보리달마가 자기의 인연이 중국에 있음을 알게 되고 스승인 반야다라(般若多羅) 존자도 동토에 가서 대법을 전하라는 수기를 주었습니다. 그렇게 해서 달마스님이 처음으로 중국에 와서 선(禪)의 정법을 전한 첫 조사가 되었습니다.

88. 육대로 옷 전한 일 천하에 소문났고
뒷사람이 도 얻음을 어찌 다 헤아리랴.

六代傳衣는 天下聞이라   後人得道何窮數아
육 대 전 의   천 하 문   후 인 득 도 하 궁 수

'육대 동안 옷을 전했다'고 하는 것은 달마스님이 인도에서 갖고 온 가사를 말하는데, 그 동안에는 세상 사람들이 '마음으로써 마음을 전한 것'만으로는 믿지 않기 때문에 부처님이 가섭에게 전하여 이십팔대로 전해 내려온 법의 표시인 가사(袈裟)를 중국에 와서 육대 동안 전한 것을 천하가 다 안다는 것입니다.

육조스님 이후로는 모든 믿음이 다 갖추어진 만큼 옷을 전할 필요가 없어졌으므로 그 뒤부터는 가사를 전하지 않았습니다. 그러면 그 옷을 전해 받지 못한 뒷사람들은 도를 얻지 못한 사람들이냐 하면 그렇지는 않습니다. 육조스님께서 이제 선(禪)에 대한 믿음이 천하에 바로 섰기 때문에 옷을 전할 필요가 없다고 판단하여 옷을 전하지 않은 것이지, 도를 바로 깨친 사람이 없기 때문에 옷을 전하지 않은 것은 아닙니다. 흔히 잘 모르는 사람들은,

"육조대사가 옷을 전하지 않은 것은 옷을 전할 만한 사람이 없어서 전하지 않았다."고 크게 오해하는 사람들이 많이 있습니다. 그렇게 오해하는 사람들은 육조대사 이후로 무애자재한 대도를 성취한 대조사들이 많다는 것을 잘 모르고 하는 말입니다. 그러므로 영가스님이 "뒷사람들도 도를 얻은 사람이 한량없이 많다."는 것을 말씀하고 계십니다.

『전등록』에 드러난 사람들도 많지만 그뿐만 아니라 남들이 알지 못하는 숨은 도인들이 더 많다고도 볼 수 있습니다.『전등록』에 드러난 사람과 드러나지 않은 사람들을 다 친다면 한량이 없습니다.『전등록』등에 바로 깨치지 못한 사람들도 기록된 경우가 있는데 혹 편집한 사람들의 잘못일 수 있기 때문에 『전등록』등만 표준삼을 수는 없지만, 오가칠종(五家七宗)으로 내려오면서 육조대사와 다름없는 대조사들이 무한으로 많이 있습니다.

육조스님이 옷을 전하지 않았다고 해서 도를 깨친 사람이 없어서 전하지 않은 것이 아니라는 것을 당시 영가스님의 말씀에서도 우리가 분명히 알 수 있는 것입니다.

89. 참됨도 서지 못하고 망도 본래 공함이여
     있음과 없음을 다 버리니 공하지 않고 공하도다.

眞不立妄本空이여   有無俱遣不空空이라
진 불 립 망 본 공   유 무 구 견 불 공 공

진(眞)과 망(妄)은 상대법·변견이기 때문에 둘 다 버려야 합니다. 있음과 없음을 다 버려서 진(眞)도 서지 못하고 망(妄)도 본래

공해서 진(眞)과 망(妄)이 다 없어지니 공하지 않으면서 공하다는 말입니다.

참됨과 망이 다 서지 못하고, 있음과 없음을 다 버려서 공한 것뿐이라면 공하고 공한 것[空空]뿐으로써 공공적적(空空寂寂)한 것만이냐 하는 것입니다. 만약 공공적적한 여기에 머무르면 단공(斷空)에 떨어지고 맙니다. 그래서 '있음과 없음을 다 버리고 나니 공하지 않고 공하도다'라고 한 것이니, 이곳이 참으로 '크게 죽어서 다시 살아난 곳'입니다. '있음과 없음을 버린다'고 함은 쌍차를, '공하지 않고 공하도다'는 것은 쌍조를 표현한 것입니다.

그러면 어떻게 공하지 않고 공함이냐?

90. 이십공문에 원래 집착하지 않으니
   한 성품 여래의 본체와 저절로 같도다.

二十空門에 元不著하니   一性如來體自同이로다
이 십 공 문   원 불 착   일 성 여 래 체 자 동

이십공문에 참으로 집착하지 않으니 삼세의 모든 부처님과 역대의 조사들이 한 성품, 즉 자성(自性)을 깨쳐서 모두 성불하고 삼매를 수용한다는 것입니다. 자성 내놓고 여래가 따로 없고 중도가 따로 없으며 구경각이 따로 없습니다. 그래서 공(空)·여래(如來)·불(佛)·조사(祖師)·도(道)·열반(涅槃) 등의 수천 수만 가지 이름으로 어떠한 표현을 하든지 간에 그것은 '한 가지 성품'으로써 자성 하나로 모두가 일관되고 있어서 본체가 꼭 같다는 말입니다. 중생도 같고 외도도 같고 마구니도 같아서 '한 가지 성품'에는 조금도

차이가 없는데, 이것을 바로 알아 쓰느냐 못 쓰느냐 하는 것일 뿐, 근본 자성 자체에 있어서는 조금도 다름이 없습니다. 이것을 바로 개척해서 수용하는 사람은 부사의해탈경계에서 무애자재하게 놀 수 있지만 이것을 매(昧)해서 잘 활용하지 못하면 중생이며 외도이며 마구니인 것입니다.

91. 마음은 뿌리요 법은 티끌이니
둘은 거울 위의 흔적과 같음이라.

心是根法是塵이니　　兩種은 猶如鏡上痕이라
심 시 근 법 시 진　　　양 종　　유 여 경 상 흔

마음[心]과 법(法), 이것은 주관과 객관을 쉽게 표현해 말한 것입니다. 마음이니 법이니 주관이니 객관이니 하는 것은 모두가 변견이며 망(妄)이어서 중도가 아닙니다. 그러므로 양변을 버려야만 중도실상을 증득할 수 있는 것이며 자성을 바로 알 수 있습니다.

그런데 마음이라 하든 법이라 하든 이 두 가지는 모두 다 거울 위의 흔적과 같고 먼지와 마찬가지입니다. 우리의 진여자성 광명은 누구에게든 구족해 있어서 미래겁이 다하도록 무한한 대광명을 발하고 있지만, 우리가 이것을 보지 못하고 쓰지 못하는 이유는 두 가지, 즉 마음과 법, 선과 악, 있음과 없음, 중생과 부처 등 변견인 망념의 티끌에 광명이 가려져서 그렇다는 것입니다.

92. 흔적인 때 다하면 빛이 비로소 나타나고
     마음과 법 둘 다 없어지면 성품이 바로 참되도다.

痕垢盡除光始現이요 心法雙亡性即眞이로다
혼 구 진 제 광 시 현   심 법 쌍 망 성 즉 진

우리가 마음을 바로 깨쳐 참됨[眞]을 알려면 양변을 여의어야
하는데 이것이 '마음과 법 둘 다 없어진다'고 합니다.

'마음과 법 둘 다 없어진다[心法雙亡]'고 하든지 '사람과 법이 없
어진다[人法雙亡]'고 하든지 표현은 어떻게 해도 상관없으며, 이
'둘 다 없어진다'는 것은 쌍차를 말합니다. 쌍차가 되면 자성중도
(自性中道)를 확실히 알게 되는데 이것이 즉 참됨[眞]이라는 것입니
다. 그런데 우리가 양변을 여읜 중도를 모르는 것은 양변에 머물
러 있기 때문입니다. 양변에 머물러 있음이 거울에 낀 먼지나 흔
적과 같으니 거울에 있는 먼지와 때를 다 닦아내면 거울에 광명이
드러나지 않으려야 않을 수 없듯이 양변을 버리면 우리의 자성광
명이 빛나고 빛나는 것입니다. 그렇게 되면 자성을 필경 알 수 있
는 것이고 중도를 깨치지 않을 수 없으며, 쌍차가 된 곳에 쌍조가
되어 무애자재한 부사의해탈경계에 우리가 들어갈 수 있다는 것
입니다.

93. 말법을 슬퍼하고 시세를 미워하노니
     중생의 복 엷어 조복받기 어렵도다.

嗟末法惡時世하노니 衆生이 薄福難調制로다
차 말 법 오 시 세   중 생   박 복 난 조 제

'말법을 슬퍼하고 시세를 미워한다'고 하니 그러면 자성에도 말법이 있고 시세가 있느냐고 우리가 혹 반문할 수도 있습니다. 사실, 자성의 본체에 있어서는 말법도 없고 시세도 없어 언제든지 불생불멸(不生不滅)이며 부증불감(不增不減)인데 어디에 말법이 붙을 수 있고 시세가 붙을 수 있겠습니까? 그런데 어째서 '말법을 슬퍼하고 시세를 미워한다'고 하느냐 하면, 중생들이 정법을 믿지 않고 자꾸만 배반하여 무한한 고를 받게 되니 영가스님이 그 중생들을 경책하기 위한 방편 가설로 말씀하신 것이지 실설(實說)은 아닙니다. 그러므로 실제 자성은 언제든지 말법도 없고 시세도 없이 원융무애하고 원명자재해 있지만 중생들은 박복하여 이것을 잘 알지 못하고 자꾸 반대만 하면서 닦지 않는다는 것입니다.

94. 성인 가신 지 오래고 사견이 깊어짐이여
마구니는 강하고 법은 약하여 원해가 많도다.

去聖遠兮邪見深이여　　魔强法弱多怨害로다
거 성 원 혜 사 견 심　　　마 강 법 약 다 원 해

성인이 가신 지 오래고 삿된 견해가 깊어져서 마구니는 강하고 법은 약하여 원한과 해침이 많다는 것입니다. 이는 곧 정법을 믿지 않고 반대하는 말법시대의 풍조를 단적으로 말씀해 놓은 것입니다.

95. 여래의 돈교문 설함을 듣고는
부숴 없애지 못함을 한탄하는도다.

聞說如來頓敎門하고는　恨不滅除令瓦碎로다
문 설 여 래 돈 교 문　　　　한 불 멸 제 령 와 쇄

　"단도직입으로 한 찰나간에 확철대오하여 자성을 바로 깨친다
는 돈교문을 여래가 말씀하심을 듣고서 이를 긍정치 않고 비방하
는 사람들이 많다."고 한탄하시는 영가스님의 말씀입니다. 때는 고
금이 같습니다. 지금 여기에도 '돈교문이 있다' '한 번 뛰어넘어 여
래지에 들어간다'는 법문을 듣고는 "무슨 그따위 말을 하느냐."고
부정하는 사람들이 많이 있을 것입니다. 그런 사람은 불법의 진리
를 모르고서 그런 것이기 때문에 죄가 있는 것은 아닙니다.

　그렇지만 이런 사람들은 자기만 바른 길을 가지 못할 뿐만 아니
라 일체 중생이 바른 길로 가는 것을 방해하여 영원토록 중생에
게 마장(魔障)을 일으키게 하는 실례가 고금에 많이 있습니다. 그
래서 영가스님도 노파심절로써 정법을 비방하고 방해하는 사람이
많다는 것을 이렇게 표현한 것입니다.

　그러면 그렇게 정법을 방해하면 어찌 되느냐?

96. 지음은 마음에 있으나 재앙은 몸으로 받나니
모름지기 사람을 원망하고 허물치 말지어다.

作在心殃在身하니　不須怨訴更尤人이어다
작 재 심 앙 재 신　　　불 수 원 소 갱 우 인

짓기는 마음으로 지으나 나중에 과보를 받을 때의 고초는 몸이

받는 것이므로 누구를 원망하고 허물할 필요가 없다는 것이니, 왜
냐하면 스스로 짓고 스스로 받기[自作自受] 때문입니다.

이 무상대도인 정법을 반대하고 비방하게 되면 첫째는 자기가
이 대법을 성취하지 못하여 영원토록 중생으로 생사고를 벗어날
수 없고 해탈하지 못하며, 둘째는 일체 중생의 바른 길을 막아서
그들을 악도에 떨어지게 하여 해탈의 길을 영원히 막게 되어 그
죄는 말할 수가 없습니다. 그러므로 비록 마음으로 지었으나 그
과보는 몸으로 받게 되는 것이며, 자기가 짓고 자기가 받게 되느니
만큼 누구를 원망하거나 허물하지 말라는 말입니다.

97. 무간지옥의 업보를 부르지 않으려거든
여래의 바른 법륜을 비방치 말아라.

欲得不招無間業커든　莫謗如來正法輪하라
욕 득 불 초 무 간 업　　　막 방 여 래 정 법 륜

무간업(無間業)이란 무간지옥에 떨어져서 끊임없이 고통을 받는
죄의 업보를 말합니다. 무간지옥이라고 해서 죽어서 저 땅 밑에
들어가야 그 지옥에 가는 것이 아니라 우리가 자성을 바로 깨치
지 못하면 현재 서로 보고 앉고 서로 가고 오고 하는 이 자리 전
체가 부자유하며 모든 고(苦)가 연속되어 간단(間斷)이 없기 때문
에 그대로 무간지옥입니다.

이 모든 것이 대법을 믿지 않고 자성을 깨치지 못한 데서 이 무
간업이 생기고 무간고(無間苦)가 따르게 되는 것입니다. 그러면 이
무간업의 무한한 고를 벗어나려면 어떻게 해야 되겠느냐?

'여래의 정법을 비방하지 말라'는 것입니다.

부처님의 바른 법륜, 한 찰나에 성불한다는 이 대법을 비방하지 말고 이 법에 의지해서 공부하여 하루빨리 견성하라는 것입니다.

만약 그렇지 않고 이 법을 비방하고 욕하고 반대하게 되면 자기도 공부를 하지 못해서 망하고, 남도 바른 공부를 못하도록 방해를 해서 바른 길로 들어가지 못하게 하여 망하게 되니 모두가 무간지옥에 떨어져서 무한한 고를 받게 됩니다.

그러므로 우리가 대해탈경계에 들어가기 위해서는 무상대법을 바로 믿어서 이 길을 바로 닦아 들어가야 합니다. 그렇지 않고 이 법을 비방하고 반대를 해서 무한한 고초를 받게 되는 무간지옥에 떨어져서야 되겠습니까? 그런데 정법을 비방하는 못된 무리들이 어느 시대에나 없을 수 없으니 부처님 당시에도 조달(調達)이란 사람이 있어 불법을 방해하고 부처님을 해치는 나쁜 짓을 다하지 않았습니까? 부처님이 생존해 계시던 영산회상에서도 그러하였는데 후세에서야 말할 나위가 어디 있겠습니까? 그러나 그 조달이란 자를 아무리 '조달이, 조달이' 하여 아주 나쁜 놈 취급을 하고 있지만 그 조달이 바로 알았다면 그런 행동을 했을 리가 있겠습니까? 모든 중생들이 정법을 배반하고 장애를 부리고 하는 것은 몰라서 그런 것이므로 죄는 없습니다. 그러나 죄는 모르는 죄뿐이지만 거기 따라가는 업은 또한 분명해서 어쩔 수 없습니다.

누구든지 부처님의 무상정법을 만나거든, 사람 몸 얻기 어렵고 불법 만나기 어려운 줄 분명히 알아서 참으로 환희심을 내어 공부를 부지런히 하고 자성을 바로 깨쳐 일체 중생을 위해서 영원히 살아 보겠다는 확고한 각오를 가져야 합니다.

　이런 좋은 법문을 듣고 정법을 비방하는 사견(邪見)·악견(惡見)을 버리고 바로 믿어 자성을 깨쳐서 영원토록 중생을 위하여 진정한 불사(佛事)를 우리 다 함께 지어 봅시다.

98.　전단향나무 숲에는 잡나무가 없으니
　　　울창하고 깊숙하여 사자가 머무르는도다.

栴檀林無雜樹하니　欝密深沈師子住로다
전 단 림 무 잡 수　울 밀 심 침 사 자 주

　전단나무는 향나무 가운데서도 제일 좋은 향나무인데, 이 전단나무 숲 속에서는 잡나무가 살 수 없다는 것입니다. 전단나무 숲이란 앞에 나온 '설산의 비니초'와 같은 말입니다. 진여자성을 바로 깨쳐서 일체의 망(妄)과 잡(雜)이 다 떨어진 곳입니다. 잡됨[雜]이 다 떨어졌다는 것은 진(眞)과 망(妄)이 다 떨어졌다는 것이고, 진과 망이 다 떨어져야만 우리가 전단나무 숲에 들어갈 수 있지 진과 망이 조금이라도 붙어 있으면 양변에 머문 것이며, 양변에 조금이라도 머물면 전단나무 숲 속으로 들어가지 못합니다. 전단나무 숲이란 쌍차쌍조한 중도의 숲[中道林]이며 자성의 숲[自性林]입니다.

　그러므로 우리가 자성을 깨쳐 중도를 완전히 증득하면 참으로 울창하고 깊은 경계를 알게 되는데, 울창하다는 것은 일체 만법이 남김 없이 원만구족함을 말하며 깊고 깊다는 것은 제8아뢰야식까지 뿌리가 뽑아져야만 알 수 있는 것이지 그러기 전에는 중생으로는 도저히 모르는 경계를 말합니다. 오직 구경각을 성취해야만 알수 있느니만큼 이 전단림이란 그처럼 만법이 갖추어 있는 깊고 깊은 중도의 숲, 자성의 숲을 말합니다.

　그런데 이 전단림은 일체 만법이 원만구족하고 참으로 도리가 깊고 깊어서 중생이 구경각을 성취하기 전에는 잘 모르는 곳인데 거기에 사는 것은 사자라는 것입니다. 사자는 참으로 무상정각(無上正覺)을 이룬 천인사(天人師), 부처를 비유한 것입니다. 사자가 짐승 중에서 가장 으뜸 되는 짐승인 것처럼 인간 중에서는 깨친 사람, 성불한 사람이 제일 높은 사람이기 때문입니다.

99.　경계 고요하고 숲 한적하여 홀로 노니니
　　　길짐승과 나는 새가 모두 멀리 달아나도다.

境靜林閒獨自遊하니　走獸飛禽이 皆遠去로다
경 정 림 한 독 자 유　　주 수 비 금　　개 원 거

　우리가 자성을 바로 깨쳐서 대적멸·대적정 경계에 들어갈 것 같으면 '항상 홀로 다니고 항상 혼자 걸어가서' 천상천하에 비교하려야 비교할 수 없고 가장 높고 큰 것이기 때문에, 이것을 표현해서 '경계 고요하고 숲 한적하니 홀로 노닌다'고 한 것입니다.

　그런 대열반경계를 증득하면 사자가 어슬렁거리기만 하여도 짐승이나 새들이 다 달아나듯이, 저 원숭이 같은 망정, 저 새 같은 망정, 생멸하는 모든 망정이 다 떨어져서 멀리 가 버린다는 말입니다.

100. 사자 새끼를 사자 무리가 뒤따름이여
세 살에 곧 크게 소리치는도다.

師子兒衆隨後여 三歲에 即能大哮吼로다
사 자 아 중 수 후 　 삼 세 　 즉 능 대 효 후

　사자의 뒤는 사자만 따라다니고 다른 짐승은 절대로 못 따라다닙니다. 왜냐하면 다른 짐승은 겁이 나서 달아나기 때문입니다. 다른 짐승이란 망정·망상을 말한 것입니다. 자성을 확철히 깨치면 사자 무리들이 뒤를 따르는데 참으로 삼세의 모든 부처님과 역대의 조사들이 한 식구가 되어 같이 움직인다는 말입니다. '뒤를 따른다' 하니 무슨 졸개짓 함을 말하는 것이 아니라 함께 움직인다는 뜻임을 알아야 합니다. 바로 깨치면 작고 큰 것이 없다는 말입니다.
　세 살이란 어린아이란 말이니 꼭 백 살 천 살을 먹어야만 크게 소리 지르는 것이 아니라 진여본성을 바로 깨쳐서 성불하면 조그마한 어린아이 같지만 깨친 그대로 사자여서 크게 소리를 칠 것 같으면 천지가 무너지고 사해(四海)가 뒤집혀버린다는 것입니다. 그래서 부처도 달아나고 조사도 달아나고, 죽이고 살림을 마음대로 할 수 있는 대자재가 여기서 나오는 것입니다.

101. 여우가 법왕을 쫓으려 한다면
백 년 묵은 요괴가 헛되이 입만 엶이로다.

若是野干이 逐法王이면 百年妖怪虛開口로다
약 시 야 간 　 축 법 왕 　 　 백 년 요 괴 허 개 구

　법왕이란 사자를 말함이니 만약 여우란 놈이 법왕을 쫓으려고

한다면 이것은 말도 안 된다는 뜻입니다. 여우란 망정을 말함이고 법왕이란 진여자성을 말함인데 여우가 어찌 사자를 쫓을 수 있느냐는 것입니다.

우리가 자성을 바로 깨치면 일체의 진과 망이 끊어져서 끊어진 그것도 찾아볼 수 없는데 거기에 무슨 망정이 생길 수 있겠습니까? 만약 망정이 자성을 이겨낸다고 하면 이것은 헛된 거짓말이고 백 년 묵은 요괴가 아무리 입을 열어 지껄여 보아도 소용없다는 것입니다.

102. 원돈교는 인정이 없나니
의심 있어 결정치 못하거든 바로 다툴지어다.

圓頓敎勿人情이니　有疑不決直須爭이어다
원 돈 교 물 인 정　　　유 의 불 결 직 수 쟁

원(圓)이란 일체가 원만구족하다는 뜻으로 공간적인 것을, 돈(頓)이란 눈 깜짝할 사이를 말한 것으로 시간적인 것을 말하는 것입니다. 우리가 바른 길만 갈 것 같으면 일체가 원만구족한 무상대법인 구경각을 눈 깜짝할 사이에 성취하게 되는데 그것을 원돈교라고 합니다. 여기서 원돈교는 교가에서 말하는 원돈교가 아니고 '한 번 뛰어넘어 여래지에 들어간다[一超直入如來地]'는 선가의 원돈교를 말합니다. 그러한 원돈교에 있어서는 절대로 인정이 있을 수 없다는 것입니다.

'의심이 있어 결정치 못하거든 바로 다투어라' 하는 것은 원돈교의 무상정법을 믿지 않고 비방을 하거나 의심을 하는 사람이 있거든 그 사람을 위해서 법문을 하고 설득을 해서 정법을 바로 믿게 하라는 것입니다. '바로 다투라'고 한다고 하여 주먹다짐이나 하라는 말은 아닙니다. 중생의 업이 두터워서 정법을 만났다 하더라도 잘 이해하지 못하여 반대하고 비방하는 사람이 많으면, 그대로 두지 말고 싸움하듯이 달려들어 자꾸 법문을 하고 가르쳐서 그 사람을 회심케 하고 바른 길로 인도하여 구경각을 성취하도록 노력해야 한다는 말입니다.

103. 산승이 인아상을 드러냄이 아니요
수행타가 단·상의 구덩이에 떨어질까 염려함이로다.

不是山僧이 逞人我요   修行에 恐落斷常坑이로다
불 시 산 승   정 인 아   수 행   공 락 단 상 갱

산승이 인상과 아상으로 싸우라는 것도 아니며 때려 주면서 다투란 것이 아니라 그 사람을 자비로 이끌어 주라는 말입니다. 왜냐하면 수행할 때 자칫 잘못하여 단견(斷見)이 아니면 상견(常見), 상견이 아니면 단견의 깊은 구덩이에 떨어지는 것을 두려워하기 때문입니다.

설사 무상대법을 믿어서 공부를 하는 사람이라도 흔히 잘못해서 단견이나 상견에 떨어지는 예가 많이 있기 때문에, 혹 그런 변견에 걸린 사람을 보거든 어떻게 해서든지 그 병을 고쳐 줘야 한다는 것입니다. 주먹다짐이 아닌 법문을 잘해서 단견이나 상견에 떨어진 사람을 잘 이해시켜 그 병을 고쳐 줘야만 법을 바로 깨친 사람의 임무를 다한 것이지, 만약 상견이나 단견에 떨어진 사람을

보고서도 못 본 체하고 버려둔다면 참으로 공부한 사람이 아닐 뿐만 아니라 도(道)하고는 정반대되는 사람이고 우리 불교의 자비라는 것을 근본적으로 모르는 사람입니다.

그래서 어떤 생각으로 말미암아 정법을 잘 이해하지 못하여 비방하는 사람이든지, 정법을 이해해서 공부한다 해도 잘못해서 단견이나 상견에 떨어진 사람이든지, 혹 그런 사람을 보거든 대자비를 베풀어서 싸움을 해서라도 그 사람의 견해를 바로잡아 정법을 믿고 구경을 성취하도록 노력을 기울여야 합니다.

104. 그름과 그르지 않음과 옳음과 옳지 않음이여
털끝만큼 어긋나도 천리 길로 잃으리로다.

非不非是不是여　　差之毫釐失千里로다
비 불 비 시 불 시　　차 지 호 리 실 천 리

그르다든가 그르지 않다든가, 옳다든가 옳지 않다든가 하는 이것을 바로 알면 사실에 있어서 구경을 완전히 성취할 수 있는 것입니다. 구경을 성취하려면 그름과 그르지 않음과 옳음과 옳지 않음을 다 버려야 되는데, 그름과 그르지 않음, 옳음과 옳지 않음의 양변에 머물러 있으면 이것은 변견이지 중도는 아닙니다.

'털끝만큼만 어긋나도 천리 길로 잃어버린다' 하는 것은 한편으로는 누구든지 그름과 그르지 않음을 버려야 되고 옳음과 옳지 않음도 버려야 되는데, 여기에 조금이라도 집착을 하면 근본 대법과는 천리만리로 어긋난다고도 볼 수 있습니다. 또 한편으로는 그름과 그르지 않음과 옳음과 옳지 않음을 쌍차하면 쌍조가 되어 그름이 그르지 않음이요 옳음이 옳지 않음이 되어서, 그름과 그르지 않음과 옳음과 옳지 않음이 융통자재하게 된다고도 볼 수 있습니다. 거기에 다만 조금이라도 이해를 잘못하여 양변에 머물러 있는 것은 말할 것도 없고 양변을 여윈 데 머물러 있어도 안 된다는 것입니다. 쌍차해서 쌍조하고 쌍조해서 쌍차하여 차조동시(遮照同時)가 되어야만 '털끝만큼이라도 차이가 없는 것'이 됩니다. 그렇게 이해가 되어야만 비로소 우리가 정법을 바로 안다고 할 수 있지 그렇지 않으면 자꾸만 변견에 떨어져서 단견과 상견에 집착하게 되고 양변에 머물게 되는 것입니다.

'털끝만큼만 어긋나도 천리나 멀어져 버린다'는 이 말도 피상적인 뜻보다도 더 깊은 뜻이 거기에 있습니다. 이것만은 더 얘기하지 않고 덮어 두어야겠습니다. 법문한다면서 뜻을 너무 설파(說破)해서 큰 병입니다. 그런 줄만 알고 열심히 공부를 해서 그 뜻을 실제로 자신이 맛보아야 할 것입니다.

105. 옳은즉 용녀가 단박에 성불함이요
그른즉 선성이 산 채로 지옥에 떨어짐이로다.

是即龍女頓成佛이요　　非即善星이 生陷墜로다
시 즉 용 녀 돈 성 불　　비 즉 선 성　생 함 추

옳음이란 팔세 용녀가 정법을 바로 믿어 단박에 성불한 것을 말합니다. 이것은 『법화경(法華經)』「제바달다품(提婆達多品)」에 있는 말인데, 팔세의 용녀가 부처님 법문을 듣고 당장에 성불했습니다. 이 말은 무엇을 의미하느냐 하면, 축생이나 사람이나 남자나 여자나 할 것 없이 일체 중생이 불성을 지니고 있어서 누구든 성불할 수 있다는 말입니다.

용녀를 선택한 것은 용녀란 뱀이며 뱀 중에서도 암뱀이니 그 암뱀과 같은 미천한 축생도 성불한다는 것을 보이기 위한 것입니다. 한편으로 보면 부처님 말씀 가운데도 여자는, 첫째 범천왕(梵天王)이 되지 못하고, 둘째 제석(帝釋)이 되지 못하고, 셋째 마왕(魔王)이 되지 못하고, 넷째 전륜성왕(轉輪聖王)이 되지 못하고, 다섯째 부처가 되지 못하는 다섯 가지 장애가 있어서 성불하지 못한다고 하신 말씀이 있습니다. 이 말씀은 실제법의 바른 말씀이 아닌 방편가설입니다. 영가스님이 그것을 입증하기 위해서 『법화경』을 설하시는 회상(會上)에서 축생인 용녀, 곧 암뱀이 부처님 법문을 듣고 성불한 것을 예로 들어 말씀한 것입니다. 곧 용녀 성불의 이 예는 일체 중생은 누구든지 간에 짐승이든 사람이든 수컷이든 암컷이든 부처님 법을 바로 믿고 수행하면 눈 깜짝할 사이에 성불할 수 있다는 것을 입증한 말입니다.

그름이란 선성(善星)비구 같은 부처님 제자가 잘못된 길에 들어 산 채로 지옥에 떨어진 것을 말합니다. 즉 선성비구는 부처님께 시봉도 많이 하고 법문도 많이 듣고 해서 공부를 제법 많이 했지만 결국은 나쁜 친구를 만나 길을 잘못 걸어가서 부처님을 비방하고 해롭게 하여 부처님 교단에 많은 장애를 끼쳤습니다. 그리하여 부처님을 반대한 과보로 산 채로 지옥에 떨어지고 말았습니다.

『열반경』을 보면 선성비구를 부처님 아들이라고 했는데 역사적으로 보아서는 선성비구를 부처님 아들로 보기에는 곤란한 점들이 많이 있습니다. 그러나 부처님께서도 출가하시기 전에는 야수

다라 부인뿐 아니라 제이 부인 제삼 부인이 있었다고 하니 딴 아들이 없다고는 볼 수 없는데, 이 선성비구는 역사상으로 분명히 드러난 사람은 아닙니다. 그렇지만 다른 경을 보아도 부처님 아들이라 했으니 아주 무시할 수도 없습니다. 부처님 아들이든 아니든 간에 부처님 당시에 선성이라는 비구가 있어서 처음에는 부처님 말씀을 잘 듣고 공부를 많이 했는데도 길을 잘못 들어 부처님을 반대한 그 과보로 산 채로 지옥에 떨어졌다는 것입니다. 선성을 부처님 아들로 본다면 정법을 반대하면 부처님 아들이라 하여도 산 채로 지옥에 떨어지는 것이고 정법을 바로 믿으면 암뱀도 성불할 수 있다는 것입니다.

우리가 성불하느냐 또는 지옥으로 떨어지느냐 하는 것은 법을 바로 믿느냐 믿지 않느냐 하는 그 믿음에 있다는 것을 영가스님이 강력히 표현한 것이라고 볼 수 있습니다.

그러나 이것은 피상적인 해석이고 여기에는 설파할 수 없는 더 깊은 뜻이 있으니 그런 줄만 알고 이 다음으로 미루어 두겠습니다.

106. 나는 어려서부터 학문을 쌓아서
일찍 주소를 더듬고 경론을 살폈도다.

吾早年來積學問하야   亦曾討疏尋經論이로다
오 조 년 래 적 학 문   역 증 토 소 심 경 론

영가스님이 자기의 쓸데없는 일한 것을 말씀하신 것이니, 내가 어릴 때부터 학문을 쌓아서 공부를 많이 했다는 뜻입니다. 영가스님 같은 이는 나면서부터 총명이 뛰어나서 스승 없이 스스로 알

앗다고 할 정도였습니다. 삼승십이분교(三乘十二分敎)뿐 아니라 제자백가(諸子百家)까지 보지 않은 것이 없고 통달하지 않은 것이 없을 만큼 박학다식한 분이었다고 합니다. 또한 경론과 주소(註疏)를 연구해서 잘 알았다는 말입니다.

107. 이름과 모양 분별함을 쉴 줄 모르고
　　　바닷속 모래를 헤아리듯 헛되이 스스로 피곤하였도다.

　　分別名相을 不知休하고　入海算沙徒自困이로다
　　분 별 명 상　　부 지 휴　　입 해 산 사 도 자 곤

　이름과 모양을 분별한들 무슨 소용 있으며 밥 이야기를 천날 만날 한들 배가 부르겠느냐는 것입니다. 그와 마찬가지로 '바닷속에서 모래를 헤아리니 헛되이 스스로만 피곤하다'는 것입니다. 육조스님에게 가서 자성을 확철히 깨쳐서 '한 번 뛰어넘어 여래지에 들어가는 바른 길'을 알고 나서 천하의 대도인이 되었지만, 그전에는 자기도 학문승이 되어서 쓸데없이 이 책 보고 저 책 보고 했던 것을 돌이켜 보니 그것은 바다에 들어가서 모래알을 헤아리는 것처럼 공연히 헛일만 했더라는 지난날의 감회를 말한 것입니다.

108. 문득 여래의 호된 꾸지람을 들었으니
　　　남의 보배 세어서 무슨 이익 있을 건가.

　　却被如來苦呵責하니　數他珍寶有何益고
　　각 피 여 래 고 가 책　　수 타 진 보 유 하 익

문자에 끄달려서는 안 된다고 경에서 항상 말씀하셨으니 이름과 모양에 집착하게 되면 부처님께서 고구정녕으로 꾸지람을 하신다는 말입니다.

이것은 은행에 취직해서 남의 돈을 세는 것과 같아서 하루 몇억 원을 헤아린들 나에게 무슨 이익이 있겠느냐는 것입니다. 참으로 부처님 법을 다 외우고 전부 다 배웠다고 할지라도 나한테는 아무 소용이 없는 것이고, 오직 소용이 있는 것은 자성을 바로 깨쳐야 한다는 것입니다. 문자에만 집착해서는 미래겁이 다하도록 저 바닷속에 들어가 모래알 수효를 헤아리는 것과 같아서 아무 이익이 없을 뿐만 아니라 자기만 피로할 뿐이라는 것입니다.

109. 예전엔 비칠거리며 헛된 수행하였음을 깨달으니
여러 해를 잘못 풍진객 노릇하였도다.

從來로 蹭蹬覺虛行하니　　多年을 枉作風塵客이로다
종　래　　충 등 각 허 행　　　다 년　　왕 작 풍 진 객

충등(蹭蹬)이란 걸음을 옳게 걷지 못하고 어린아이 걸음걸이 배우듯이 이리 넘어지고 저리 넘어지고 하는 것을 말하며, '각허행(覺虛行)'이란 쓸데없는 헛일만 했음을 이제야 알았다는 말입니다.

이것은 무엇을 의미하느냐 하면, 불법이란 자성을 깨쳐야지 자성을 깨치지 않고 공연히 언어문자에만 집착하여 경이나 보고 논소나 더듬고 해서는 '바다에 들어가 모래알 수를 헤아릴 뿐'이어서 불법과는 배치되고 마는 것이고, 결국은 헛일이며 아무 소용이 없다는 말입니다.

그렇게 하여 '많은 세월 동안 그릇되이 풍진객 노릇만 하였다'는 것입니다. 내 마음을 닦아 자성을 깨쳐야 될 것인데 공연히 말을 찾고 글귀를 따라다니면서 쓸데없이 문자에만 집착하여 자성을 깨치지 못하였으니 헛일만 많이 했다는 것입니다.

서산스님 같은 이도 "차라리 일생 동안 바보처럼 지낼지언정 문자승(文字僧)은 되지 않겠다."고 했습니다. 우리는 누구든지 불교의 근본에 입각해서 자성을 깨치는 공부를 해야 한다는 것이니, 문자는 다만 자성을 깨치는 방향을 제시해 줄 뿐이니 거기에 집착해서는 안 됩니다.

근본을 버리고 지말을 따라가듯이 자성 깨치는 공부는 버리고 문자만 따라가면 불법을 배반하는 사람이고 헛일만 하는 사람이니, 문자에 집착하지 말고 자성을 꼭 깨쳐서 불도를 성취해야 할 것입니다.

110. 성품에 삿됨을 심고 알음알이 그릇됨이여
   여래의 원돈제를 통달치 못함이로다.

種性邪錯知解여　不達如來圓頓制로다
종 성 사 착 지 해　　부 달 여 래 원 돈 제

성품[性]이라 하면 정(正)과 사(邪)가 없지만 언어문자에 집착하는 것을 '성품에 삿됨을 심는다'고 하는 것입니다.

우리가 나아가야 할 근본은 양변을 여읜 중도를 정등각해서 진여자성을 바로 깨치는 것이지, 언어문자를 따라가든지 알음알이에 머물든지 하면 영원히 잘못되어서 여래의 원돈의 제도에는 도

달하지 못하고 불법을 성취하지 못합니다.

'성품에 삿됨을 심고 알음알이 그릇됨'이라고 함은 자성을 깨치는 공부 이외에는 모두 삿되고 그릇된 것이라는 말입니다. '자기 마음이 곧 부처'임을 알아서 마음을 깨쳐 자성을 밝히는 이것만이 바른 믿음이고 그 이외에는 모든 것이 다 삿된 믿음이라는 것입니다.

111. 이승은 정진하나 도의 마음이 없고
외도는 총명해도 지혜가 없도다.

二乘은 精進勿道心이요   外道는 聰明無智慧로다
이 승   정 진 물 도 심   외 도   총 명 무 지 혜

성문(聲聞)·연각(緣覺) 같은 이승이 아무리 정진하여도 도심이 없다는 것은, 이승은 정진하다가 멸진정(滅盡定)을 얻어서 제8아뢰야 무기식에 들어가면 그것이 구경이고 열반인 줄 알아서 더 나아가지 못하고 마는 것을 말합니다.

'이승이 도심이 없다'는 것은 다른 뜻이 아니라 제8아뢰야 무기무심인 멸진정의 침공체적(沈空滯寂)한 병이 커서 구경을 모르는 것을 말합니다.

'도심'이란 구경진여(究竟眞如)를, 진여본성을 깨친 것을 말한 것이지 침공체적한 중간의 멸진정을 말한 것이 아닙니다. 설사 제8 아뢰야 무기무심에 들어갔다 하여도 그것은 망(妄)이지 진(眞)이 아니며 도가 아닙니다. 이승의 근본 병이 아뢰야를 집착하여 침공체적한 데서 빠져 나오지 못한 것이기 때문에 실제로 도는 증득하

지 못한 것입니다.

이승의 보통 중생보다는 나아서 분단생사(分段生死)는 벗어나 변역생사(變易生死) 속에 있기는 하지만 실제 구경적인 자성은 깨치지 못했기 때문에 도는 모르는 사람이라는 것입니다.

도란 구경각을 성취해서 근본무명을 완전히 끊고 진여자성을 밝혀야만 참다운 도이지 그렇지 않고는 실제의 도가 아닙니다. 그러면 대승보살은 어떠한가. 십지보살도 자성을 깨치지 못했기 때문에 도심(道心)이 없는 것은 꼭 같습니다.

'외도는 총명하나 지혜가 없다'고 함은 이승은 그래도 불법을 믿어서 중간에 침공체적한 병이라도 있지만 외도는 그런 것도 모르고 총명한 분별심이 근본이 되어 있기 때문에 지혜가 없다는 것입니다. 지혜는 정지(正智)라야 하는데 보통 보면 총명이 과인한 사람은 굉장한 지혜가 있는 것 같아도 삿된 지혜이기 때문에 중도의 정견이 될 수 없습니다. 변견을 집착하여 중도를 모르면 전체가 삿된 지혜가 될 뿐이고 중도의 바른 지혜가 아닙니다. 여기서 '지혜가 없다'는 것은 중도를 바로 깨친 정지(正智)·정견(正見)이 없다는 말입니다.

그러므로 이승은 침공체적하여 중도를 성취하지 못했고 외도는 아무리 총명하여도 전체가 다 변견에 집착하여 중도를 모르기 때문에 도심(道心)이 없고 지혜가 없다고 하는 것입니다.

112. 우치하고도 겁이 많으니
빈주먹 손가락 위에 실다운 견해를 내는도다.

亦愚癡亦小騃하니　空拳指上에　生實解로다
역 우 치 역 소 해　　공 권 지 상　　생 실 해

　구경이 아닌 무기무심에서 침공체적하는 이승, 중도를 알지 못하는 총명한 외도, 이름과 모양에 집착하는 문자승 할 것 없이 대도를 바로 알면 그런 병에 걸릴 수 없는데, 우치하고 좀스러워서 그런 병에 걸렸다는 것입니다. 우치하고 좀스럽다는 것은 무명을 말합니다.

　'빈주먹 손가락 위에 실다운 견해를 낸다'는 것은 빈주먹 속에는 아무것도 없으므로 아무것도 없는 가운데 실제로 무엇이 있는 것처럼 집착한다는 것입니다. 빈주먹이란 외도의 총명한 것이든 이승의 침공체적한 것이든 문자에 집착하는 것이든 간에 전체를 지적해서 비유한 말입니다. 곧 아무것도 없는 이 빈주먹을 참 공부로 알고 도인 줄로 알아서 실다운 견해를 내니 참으로 착각하고 있다는 말입니다. 그래서 누구라도 이 무상대도를 성취하려면 문자도 버려야 되고 공도 버려야 되고 있음도 버려야 되고 총명도 버려야 되는 것입니다. 다만 조금이라도 집착하게 되면 결국 빈주먹 속에 아무것도 없는 것을 무엇이 있는 것처럼 실다운 견해를 내어서 일평생을 허투루 보낼 뿐만 아니라 다른 사람까지도 망치고 만다는 것입니다.

113. 손가락을 달로 집착하여 잘못 공부하니 육근·육경·육진 가운데서 헛되이 괴이한 짓 하는 도다.

執指爲月枉施功하고　根境塵中에　虛捏怪로다
집 지 위 월 왕 시 공　　　　근 경 진 중　　허 날 괴

부처님께서 많은 법문을 하시는 가운데 "내가 이렇게 말하는 것은 달을 보라고 가리키는 손가락이지 달 그 자체는 아니다. 내 법문에 의지해서 스스로 자성을 깨쳐야지 나의 말에만 집착해서는 자성을 깨치지 못한다."고 항상 강조하셨습니다.

손가락이란 언어문자를 비유한 것이니 모든 언어문자는 자성을 깨치는 방편으로 달 가리키는 손가락과 같다는 것입니다. 중생은 그것을 모르고 그 언어문자가 근본 도인 줄, 법인 줄 알고 평생 내내 문자에만 집착하여 결국 손가락만 보고 달은 보지 못하는 사람이 되어서 평생 헛일만 하고 아무 소용이 없다는 것입니다.

또한 자성 깨치는 것을 근본적으로 막는 것은 육근·육경·육진이 우리의 자성을 은폐하고 있기 때문입니다. 그럼에도 불구하고 육근·육경·육진 속에서 쓸데없이 허둥댄다면 자성은 영원히 깨치지 못하고 만다는 것입니다. 근경진(根境塵)이란 단지 육근·육경·육진만을 말하는 것이 아니라 언어문자에 집착하여 쓸데없는 법상(法相)을 분별하는 모든 것을 총괄해서 하는 말입니다.

그러므로 우리는 설사 총명이 아난존자 이상으로 뛰어나서 부처님의 법상을 다 기억하고 있다 하여도 깨치지 못하면 결국 결집(結集)에서 아난존자가 가섭존자에게 쫓겨나는 꼴이 되고 마는 것이니, 그것을 깊이 알아서 자성을 꼭 깨쳐야지 괜히 언어문자에만 헤

매게 되면 평생을 그르쳐 영원토록 헛일만 하고 말게 됩니다. 우리가 이것을 분명히 알아서 단단한 각오를 해야 합니다.

그런데 영가스님이 언어문자를 집착하는 병에 대해서 많이 말씀하시므로 문자를 배격하는 것 같은 인상을 줄는지 모르겠으나, 그 병이 하도 크기 때문에 거기에 대한 약방문도 이렇게 많게 된 것입니다. 영가스님께서 대자비로 중생의 병을 고쳐 주기 위해서 이런 법문을 하신 것이니만큼 달게 듣고 언어문자에 집착하는 그 병을 꼭 고쳐야 합니다.

114. 한 법도 볼 수 없음이 곧 여래니
바야흐로 이름하여 관자재라 하는도다.

不見一法이 即如來니　方得名爲觀自在로다
불견일법　즉여래　방득명위관자재

육근·육경·육진을 떠나서 자성을 보게 되면 거기서는 '한 법도 볼 수 없다'는 것입니다.

'불견일법(不見一法)'을 '한 법도 보지 않는다'고 해석하면 안 됩니다. 그렇게 해석하면 볼 것이 있는데 안 보는 것이 되므로, '한 법도 볼 수 없다'고 해석해야 됩니다. '한 법도 볼 수 없다'고 하면 볼 사람도 없고 볼 물건도 없는, 상대가 완전히 끊어진 곳에서 하는 말입니다.

그런데 '한 법도 볼 수 없는 것이 여래다'라고 하여 '볼 수 없다'는 것이 침공체적한 병을 지적한 것이라고 생각할 수도 있습니다만, 이 '볼 수 없다'는 것은 참으로 제8아뢰야 근본무명까지 완전히 끊어져서 쌍차가 곧 쌍조인 구경적인 곳에서 하는 말입니다. 그래서 '한 법도 볼 수 없는 이것이 여래다'라고 하는 것입니다. 또 여래의 경계에 가서는 '한 법도 볼 수 없는 이대로가 여래다'라고 도 해석이 됩니다.

또 '한 법도 볼 수 없다'는 것은 쌍차로써 부정이고, '곧 여래다' 라고 하는 것은 쌍조로써 긍정으로 많이 해석합니다. 철저하게 부 정하면 또 철저한 긍정이 되기 때문에, 이 구절을 바로 보려면, '한 법도 볼 수 없는 이대로가 여래다'라고 해석해야 됩니다. 구름이 걷히면 청천백일이 드러나지 않을 수 없듯이 여래를 쌍조로 보는 것이 바른 견해입니다.

한 물건도 볼 수 없어서 일체가 탕진무애하면 참으로 청정무구 함이 되어서 여기서 항사묘용이 나는 것이니 그것이 바로 쌍조입 니다. 쌍차쌍조이면 중도인데 그것을 관자재(觀自在), 보는 것이 자 재하다는 뜻입니다.

'관자재'라 하니 꼭 관세음보살만을 가리키는 말로 생각하기 쉬 우나, 누구든지 쌍차해서 쌍조하여 중도를 바로 깨치게 되면 원융 무애하고 자유자재한 진여대용을 얻게 되는데 그것이 '관자재'입 니다. 즉 보타락가산에 있는 관세음보살만이 관자재가 아니라 자 성을 바로 깨친 사람이 바로 관자재인 것이니 어느 특정인을 지칭 해서 하는 말은 절대로 아닙니다. 특정인을 지칭한 것으로만 알면 그 사람은 부처님의 근본 뜻도 모르는 것이며 예전 조사스님들의 뜻도 모르는 것입니다.

중도를 바로 깨치게 되면 관자재 아닌 사람이 하나도 없습니다. 그렇게 되면 손가락을 달로 착각하여 쓸데없이 헛일 할 필요가 없는 것이고, 공연히 언어문자에 집착하여 여기에 법이 있는가 거기에 법이 있는가 하여 허둥댈 필요가 없는 것입니다. 그래서 내가 항상 팔만대장경 속에서 불법을 구하려고 하는 것은 얼음 속에서 불을 구하는 것과 같다고 누누이 강조해 왔습니다. 얼음 속에 무슨 불이 있으며 팔만대장경의 문자 속에 어떤 부처가 앉아 있습니까? 그러므로 손가락은 달이 아니기 때문에 손가락으로 달을 가리키면 달을 보아야 하고 팔만대장경의 문자 속에는 부처가 없으니 오로지 우리의 자성을 깨쳐야 합니다.

115. 마치면 업장이 본래 공함이요
마치지 못하면 도리어 묵은 빚 갚으리로다.

了即業障이 本來空이요　未了還須償宿債로다
요 즉 업 장　본 래 공　　미 료 환 수 상 숙 채

우리가 공부를 다해 마치면 업장이 본래 공하다는 말입니다. 앞에서 '찰나에 아비지옥의 업을 없애버린다'고 했듯이 눈 깜짝할 사이에 자성을 깨치면 깨침과 동시에 모든 업이 본래 공해서 모두가 다 무너지고 업이 거기에 설 수 없어서 영원토록 자유자재한 부사의해탈경계만이 현전하는 것입니다. 그러므로 거기서는 업이니 뭐니 하는 것은 찾아볼 수 없다는 말입니다.

그런데 공부를 다 마치지 못하면 자기가 전생에 지어 놓은 업에 따라서 자기의 빚을 다 갚아야 한다는 것입니다.

우리가 구경각을 성취하여 진여본성을 바로 깨치면 자유자재한 해탈경계 속에서 업이든 뭣이든 다 얼음덩이가 부서져 녹아내리듯이 되는데 그러기 전에는 모든 지은 업을 다 갚아야 하는 것입니다.

여기에 조금 문제가 붙는 것이 있습니다.

부처님께서 "정해진 업은 면하기 어렵다[定業難免]."고 하셨는데, 그러면 이 말씀과 영가스님의 말씀과 모순되는 것이 아니냐 하는 의문입니다.

예를 들어 보겠습니다.

이조(二祖) 혜가(慧可)대사가 달마대사의 정법을 받아서 삼조 승찬대사에게 전한 뒤에,

"나는 업도(鄴都)로 가서 묵은 빚을 갚으리라."

하고는 업도로 훌쩍 떠났습니다. 거기 가서 형편에 따라 설법을 하니, 한마디를 법문함에 사부대중이 모두 귀의하였다고 합니다. 이와 같이 중생을 교화하기 3~4년을 지내고는 드디어 자취를 감추고 겉모양을 바꾸어 술집에도 드나들고 푸줏간에도 찾아가고 거리의 잡담도 익히고 품팔이도 하면서 처소를 가리지 않고 호호탕탕하게 자재한 생활을 했습니다.

사람들이 이상히 생각하여 묻기를,

"스님은 도인이신데 왜 이런 일을 하십니까?"

하니, 혜가스님이

"내 스스로 마음을 조복시키기 위함이요 다른 뜻은 없느니라."

고 하였습니다.

그 당시 업도에서 가까운 안현(安縣)의 광구사(匡救寺)에 변화(辯和)법사라는 이가 있어서 『열반경』을 강의하고 있었습니다. 마침 혜가스님이 그 절 삼문(三門) 밖에 와서 무상정법(無上正法)을

설하니, 대중이 『열반경』을 듣다가 혜가스님 법문하는 곳으로 가고 변화법사의 강석에는 사람이 없다시피 되었습니다. 변화법사는 죽자 하고 애써서 『열반경』을 설해 왔는데 대중들이 이제 자기의 법문을 듣지 않고 혜가스님이 법문하는 곳으로 가버리니 속으로 어찌나 화가 났던지 분함을 참지 못하고 현령인 적중간(翟仲侃)에게 가서 무고를 했습니다.

"저 중은 미친놈이고 삿된 견해를 가진 외도입니다. 앞으로 그냥 놓아두면 불법에만 해독이 있는 것이 아니라 세속에도 큰 해를 끼칠 테니 저런 놈은 살려 두어서는 안 됩니다. 저 놈은 나의 강석(講席)도 무너뜨렸습니다."

고 하니, 이에 적중간은 사실을 자세히 살피지도 않고 거짓말에 속아서 혜가대사를 목을 베어 죽여버렸습니다. 그것이 서기 593년이고 혜가스님의 당시 세수는 107세라고 합니다.

이상에서 살펴본 바와 같이 혜가스님은 비명에 죽었으니 그 이유는 무엇인가? 빚을 갚는다고 했으니 빚을 갚았다고 해야 될 것인가, 아니면 어떻게 말해야 될 것인가? 이 문제에 대해서는 이전부터 많은 논란이 있었습니다.

흔히 전생 빚이 있어서 빚을 갚은 것이라고 말하기도 하지만 그렇게 말하면 뜻이 정반대가 되어버립니다. 누구든지 구경각을 성취해서 자유자재한 해탈경계에 들어갈 것 같으면 업장이 본래 공해서 업보를 받으려야 받을 수 없으며 거기서는 업장을 찾아보려야 찾아볼 수 없는 것인데 만약 빚을 갚았다고 하면 혜가스님이 공부를 다 마쳐서 대법을 성취하지 못한 사람이 되고, 빚을 갚지 않았다고 하면 분명히 맞아 죽었으니 그것은 또 어떻게 할 것이냐 하는 것입니다. 그렇게 되면 모순이 생깁니다. 그러나 이것은 모르는 사람이 하는 말입니다. 혜가스님을 중생들이 볼 때는 분명히 맞아 죽었지만 혜가스님이 구경각을 성취해서 업장이 본래 공하다고 하는 데 대해서는 추호도 모순이 없습니다. 만약 모순이 있다고 본다면 원융무애한 중도정견을 갖추지 못한 사람이 변견으로 자기의 사량복탁(思量卜度)으로 오해하는 것이지 실제로 알고 보면 혜가스님에게는 부족함이나 흠이 없는 것입니다.

이 문제에 대해서 장사 잠(長沙岑)스님에게 호월공봉(皓月供奉)이라는 분이 물었습니다.

"이조 혜가스님이 빚을 갚았다 하니 혜가스님은 업장이 본래 공한 것을 모른 것이 아닙니까?"

"당신이야말로 업장이 본래 공함을 모르는구려."

"어떤 것이 본래 공함입니까?"

"업장이 본래 공함이니라."

"어떤 것이 업장입니까?"

"본래 공함이 업장이니라."

이 문답은 완전히 모순입니다. 업장이 본래 공함이고 본래 공한 것이 업장이라는 것이니, 이 말은 변견에서 하는 말이 아니라 업장과 본래 공함이 융통자재한 곳에서 하는 말입니다. 중생이 볼 때는 업장과 본래 공함이 둘입니다. 그래서 "이조 혜가대사가 빚을 갚았다 하면 본래 공함이 아닌 것이고 본래 공했다면 빚을 갚을 수 없다"는 것이니, 이렇게 보게 되면 업장도 모르고 본래 공함도 모르는 순전히 양변에 떨어진 견해입니다.

그런데 실제로 자기가 확철히 깨쳐서 중도를 정등각하게 되면 업장과 본래 공함이 완전히 부정되어서 업장도 놓아버리고 본래 공함도 놓아서 업장과 본래 공함이 융통자재하게 됩니다. 그렇게 되면 거기서는 업장이 본래 공함이고 본래 공함이 업장이어서 무애자재하게 되는 것입니다. 그래서 보통 사람이 볼 때는 빚을 갚은 것 같아도 갚은 것이 하나도 없으니 본래 공함이라 하든지 업장이라 하든지 간에 거기에는 추호도 모순이 없습니다. 중생의 변견으로는 거기에 분명히 모순이 있지만 이것은 중생의 업식망정으로 추측하는 착오된 견해이며 깨친 분상(分相)에서는 업장과 본래 공함이 둘이 아닌 것입니다. 중생이 볼 때는 아무리 빚을 갚는 것 같고 정해진 업을 면하지 못하는 것 같아도 이것은 중생을 위한 방편일 뿐, 실제로는 본래 공함 그대로이며 무애자재함 그대로라 중생이 업을 받는 것하고는 근본적으로 다르다는 것을 알아야 합니다.

중생은 구경각을 성취하지 못하였으므로 정해진 업을 그대로 갚아야 할 때는 업 그대로여서 실제로 자유가 하나도 없습니다. 그러나 구경각을 성취한 사람에게 있어서는 아무리 빚을 갚는다 해도 거기에는 대자유가 있고 갚지 않는다 해도 대자유가 있어서 자유라 한 데는 조금도 모순이 없습니다. 이것을 확실히 알아야 하는데 이것을 선가에서는 '생사 없음을 쓴다[用無生死]'고 합니다. 아무리 생사를 받고 업을 그대로 받고 빚을 갚는다 하더라도 실제에 있어서는 하나도 업을 받을 것이 없고 빚을 갚을 것이 없으며 생사를 받을 것이 없다는 말입니다. 말로만 없는 것이 아니라 참으로 구경각을 성취해서 색즉시공(色卽是空) 공즉시색(空卽是色)이 실천된 데서 하는 말입니다. 그렇게 실천되면 혜가대사나 부처님이나 빚을 갚았느니 정해진 업을 면하지 못하느니 하는 것도 본래 공함과 절대로 모순이 없는 것입니다.

장사스님이 게송으로 말하였습니다.

　　거짓 있음이 원래로 있음이 아니요
　　거짓 없어짐도 또한 없어짐이 아니니
　　열반과 빚 갚음의 뜻이
　　한 성품으로 다시 다름이 없도다.
　　假有元非有요 假滅亦非滅이니
　　涅槃償債義가 一性更無殊로다.

있다 있다 하지만 있는 것이 아니므로 있다는 이대로가 공이며,
없다 없다 하지만 없어지는 것이 아니므로 있는 것이며, 있다 하여
도 있는 것이 아니요 없다 해도 없어지는 것이 아니라는 말입니다.
있는 것이 곧 없는 것이며 없는 것이 곧 있는 것이니 결국 있음과
없음을 떠나서 있음과 없음이 서로 통한다는 것입니다. 그렇게 되
면 어찌 여기에 생사가 있을 수 있으며 업을 받고 받지 않음이 성
립될 수 있겠느냐는 것입니다.

여기서 열반이란 모든 것이 다 끊어져서 둥글고 밝아 항상 고요
하게 비치는 대자유경계를 말한 것이며, 상채의(償債義)란 중생이
생사윤회하는 것을 말합니다. 그리 되면 둘이 모순되는 것 같은데
대자유한 경계에 있어서는 열반이라 해도 괜찮고 상채의라 해도
괜찮으며, 빚을 갚는다 해도 좋고 자유라 해도 좋은 것입니다.

'한 성품으로 다시 다름이 없다'는 것은 모든 내용이 똑같아서
구별이 따로 있거나 서로가 모순 충돌이 없다는 말입니다. 이래야

만 비로소 불법을 바로 아는 사람입니다. 그러므로 이러한 무애자
재한 경계를 스스로가 잘 모르고서 일변에 집착하여 혜가스님이
나 부처님을 비판하려 한다면 그것은 자살일 뿐만 아니라 그 여
독은 다른 사람까지 다 죽이게 됩니다.

116. 굶다가 임금 수라 만나도 먹을 수 없으니
병들어 의왕 만난들 어찌 나을 수 있으랴.

飢逢王膳不能飡이라　病遇醫王爭得差아
기 봉 왕 선 불 능 손　　병 우 의 왕 쟁 득 차

'굶는다[飢]'는 것은 중생이 참으로 진리의 배가 고파서 미래겁
이 다하도록 고생만 하고 있다는 것입니다. 그처럼 배가 고파 고생
하고 있는 사람 앞에 무상대도를 일러주고 진여자성을 깨쳐서 중
도를 정등각하게 되면 영원토록 부사의해탈경계에 들어갈 수 있
다는 묘법을 아무리 귀가 아프고 입이 닳도록 일러주어도 그것을
믿지도 않고 실천하지도 않는다는 것입니다. 비유로 말하자면 배
고파서 죽어 가는 사람 앞에 만반진수의 임금님 수라상을 늘어놓
고 "드시오, 드시오" 해도 먹지 않고 결국은 죽는 사람과 같다는
말입니다. 밥숟가락으로 떠먹기만 하면 사는 것을 떠먹지 않고 죽
고 마니 그러면 그 허물이 누구에게 있느냐는 말입니다.

중생이 진리에 배가 고파서 영원토록 생사고를 면하지 못하면
서도 이런 무상대도를 만나 이 법을 믿고 공부를 해서 자성을 깨
치면 영원한 대자재해탈인이 될 것인데, 이 법을 믿지 않는 것은
마치 배고픈 사람이 임금님의 밥상을 앞에 두고도 먹지 않고 그냥

굶어 죽는 것과 같습니다.

또 병들어 죽어 가는 사람이 천하에 둘도 없는 의왕을 만나서 그 사람 말만 들으면 당장에 살고, 약 한 첩 먹으면 살고, 침 한 대 맞으면 살 수 있는 것을 그러한 의왕을 만나도 말을 듣지 않고 죽는 것과 같다는 것입니다.

예전의 고불고조(古佛古祖)께서는 모두가 중생의 병을 고쳐 주는 천하의 대의왕들입니다. 중생을 위하는 참으로 좋은 약을 가지고 있어서 이 감로수를 마시기만 하면 모든 중생의 병이 다 나아서 참으로 대자유인이 된다고 입이 닳도록 이야기해도 중생은 귀를 꽉 틀어막고 듣지 않고 그대로 죽는 것입니다.

그러므로 우리 중생은 병든 사람이고 배고픈 사람이니만큼 밥상을 갖다 놓고 밥을 먹으라 하면 얼른 먹고 살아야 하며, 또 의왕이 약을 먹으라 하고 침을 맞으라고 하면 여기에 순종하여 얼른 병을 고쳐서 성불해야 합니다. 그런데 어째서 자꾸 반대만 해서 영원히 중생을 면치 못하고 생사윤회 속에 헤매느냐는 말입니다.

117. 욕망 속에서 참선하는 지견의 힘이여
   불속에서 연꽃 피니 끝내 시들지 않는도다.

在欲行禪知見力이여   火中生蓮終不壞로다
   재 욕 행 선 지 견 력   화 중 생 련 종 불 괴

'욕망 가운데 있으면서 참선을 행하는 지견의 힘'이란 집에 있으면서 공부하는 것을 말합니다. 이 공부는 꼭 출가를 해야만 성취할 수 있느냐 하면 그렇지는 않습니다. 무상대법에는 재가(在家)도

없고 출가(出家)도 없으며, 오로지 이 무상대법을 바로 믿느냐 믿지 않느냐 하는 신심(信心)이 있다는 것입니다. 참으로 이것을 바로 믿고 신심 있게 공부를 잘해 나가면 재가 한 사람이라도 이 대법을 성취할 수 있는 것이고, 만약 이 대법을 믿고 실천하지 않는다면 머리를 천 번 만 번 깎아 승려가 된다고 하여도 아무 소용이 없습니다. 공부를 성취하느냐 못하느냐는 이 법을 믿고 실행하느냐 않느냐에 있는 것입니다. 누구든지 부처님 말씀이나 조사스님의 말씀을 잘 믿고 공부를 하면 성공할 수 있지만, 믿지 않으면 아무리 출가 아니라 출가보다 더 나은 것을 한다 하여도 소용이 없습니다. 그렇지만 재가하여 공부하면 그래도 여러 가지 방해되는 것이 많으므로 부처님이 방편으로 출가제도를 만드신 것인데, 근본은 재가나 출가에 있지 않고 바른 법을 믿느냐 안 믿느냐에 있습니다.

재가하여 참선을 닦은 사람의 지견의 힘은 마치 불속에서 피는 연꽃이 시들지 않는 것과 같다고 하였습니다. 보통 연꽃은 물에서 나는 것이므로 물 밖에 내놓으면 죽고 말지만, 불속에서 연꽃이 피면 이것은 영원토록 절대로 죽지 않는다는 것입니다. 집에 있으면서 참으로 발심하여 정법을 바로 믿어서 정법을 성취한 사람은 불속에서 피는 연꽃과 같아서 영원토록 없어지지 않고 자유자재한 진리의 길을 걸을 수 있다는 것입니다. 이 말은 재가를 선전하기 위해서가 아니라 우리의 불법이란 재가나 출가의 구별이 없이 그 범위가 넓어서 이 정법을 바로 믿고 누구든지 노력하면 모두 성불할 수 있다는 것을 말하고 있습니다.

그러므로 바로 믿으면 팔세 용녀도 성불하는 것이고 바로 믿지 않으면 부처님 아들이라도 산 채로 지옥에 떨어지게 되는 것입니다.

118. 용시비구는 중죄 짓고도 남이 없는 법을 깨달으니
벌써 성불하여 지금에 있음이로다.

勇施犯重悟無生하니　　早是成佛于今在로다
용 시 범 중 오 무 생　　　조 시 성 불 우 금 재

　　과거 먼 옛날 중향세계(衆香世界)의 무구정광여래(無垢淨光如來)
라는 부처님이 계시던 때에 용시(勇施)라는 비구가 있었다고 합니
다. 그는 매우 인물이 잘났으므로 그를 사모한 젊은 여자가 마침
내 병석에 눕게 되었습니다. 유모가 그 사유를 알고 여자의 어머
니와 함께 여러 가지로 부당함을 설명했으나 병만 점점 깊어져 갔
습니다. 마침 용시비구가 탁발을 왔으므로 그 여자를 위해 설법을
청하였습니다. 그리하여 용시비구가 그 집에 자주 드나들게 되니
여자의 병은 차츰차츰 나아지게 되었습니다. 그러다 마침내 용시
비구는 그 여자와 가깝게 되어 음행을 저지르고 말았습니다. 그리
고 나서 용시비구는 유모와 공모하여 그 여자의 남편을 죽여버렸
습니다. 수행하던 비구가 자칫 잘못하여 음행을 저지르고 살인까
지 하고 보니 갑자기 죄책감에 사로잡혀 번민 속에 살다가 할 수
없이 비국다라보살(毘鞠多羅菩薩)에게 찾아가서 일심으로 참회를
구했습니다. 보살이 말하되, "걱정하지 말라. 내가 지금 너를 위해
두려움 없음을 베풀리라." 하고는 법인삼매(法印三昧)에 들게 하고
한량없는 부처님을 나타내 보였습니다. 그리하여 용시비구는 "모
든 법은 거울에 비친 모양과 같고 물속에 비친 달과 같거늘, 범부

는 어리석게도 마음에 매혹되어 어리석음과 성냄과 사랑함을 분별한다."는 부처님의 법문을 듣고서 비로소 무생법인(無生法忍)을 깨쳤다고 합니다. 이 고사(故事)는 『불설정업장경(佛說淨業障經)』에 실려 있습니다.

부처님 교단에 있어서는, 첫째 음행하지 말라, 둘째 도적질하지 말라, 셋째 살생하지 말라, 넷째 거짓말하지 말라는 이 네 가지를 사바라이(四波羅夷)라 합니다. 이 계(戒) 가운데 어느 한 가지라도 범하면 승단에서 쫓겨나는 사형선고나 같은 것이기 때문에 다시는 살아날 수 없는 것이고 영원토록 아비지옥에 떨어진다는 무거운 계목(戒目)입니다. 용시비구는 그 사바라이 죄 가운데서도 음행과 살생이라는 두 가지 죄를 거듭 지었으니 그 죄가 얼마나 무겁겠습니까. 그런 무거운 죄를 지은 용시비구도 부처님의 법문을 듣고 무생(無生)을 증득했습니다. 그래서 과거 오래 전에 성불했는데, 그 이름을 보월여래(寶月如來)라 하였습니다.

이렇게 말하면 "누구든지 사람을 잡아먹어 가며 공부해도 되지 않겠는가?"라고 혹 생각하는 사람이 있을는지 모르겠지만, 이러한 극악한 사람을 예로 드는 것은 우리 불법이란 광대무변해서 아무리 극중 죄인이라도 불법을 바로 믿고 그대로 공부를 하면 성불할 수 있다는 것을 설명하기 위한 것입니다. 그렇기 때문에 무상대도라 하는 것이지, 죄를 크게 지은 놈은 영원히 죽으라고 하면 이것은 참으로 무상(無上), 위없는 법이라고 할 수 없으며 넓고도 큰 길이라고 할 수 없는 것입니다. 참으로 넓은 길이란 죽은 사람도 살리고 죽지 않은 사람도 살려서 누구든지 다 살릴 수 있는 능살능활(能殺能活)한 법이어야 합니다. 그렇다고 우리가 악한 일을

골라 하라는 것이 아니라 극악한 사람도 정법을 바로 믿고 공부하면 대도를 성취할 수 있다는 것을 강조하는 것이니만큼 착한 사람이야 더 말해 무엇하겠습니까?

119. 사자후의 두려움 없는 설법이여
어리석은 완피달을 몹시 슬퍼하는도다.

師子吼無畏說이여　深嗟懵懂頑皮靼이로다
사 자 후 무 외 설　　 심 차 몽 동 완 피 달

사자는 깨친 사람이니 사자가 크게 소리친다는 것은 부처님이 두려움 없이 설법하신다는 말입니다. 몽동(懵懂)이란 멍텅구리라는 뜻이며, 완피달(頑皮靼)이란 가죽이 두꺼워서 송곳 하나 들어가지 않을 만큼 딱딱한 것을 말하여 좋은 말이 절대로 귀에 들어가지 않음을 비유한 것입니다. 불법이란 융통자재하여서 광대무변한 이 법에 있어서는 누구든지 아무리 중죄를 지었다고 해도 부처님 앞에서 깊이 참회하고 정진하면 모두 성불할 수 있는 묘결이 있습니다. 그러나 사람들이 "내가 이렇게 큰 죄를 짓고도 성불할 수 있을까, 지옥 갈 것 아닌가?" 하고 자포자기하며 허송세월을 보낸다는 것입니다. 즉 누구든지 부처님 앞에서 깊이 참회하고 마음을 돌이켜서 정법으로 바로 들어오면 모두 다 성불할 수 있는 것인데, '계(戒)에 장애된다', '행(行)에 장애된다' 하여 비굴심을 가지고 스스로 정법에 바로 들어오지 못하고 있으니 이러한 사람은 참으로 멍텅구리라 송곳으로 찌르고 찔러도 들어가지 않는 두꺼운 쇠가죽같이 말이 들어가지 않으니 참으로 슬프다는 말입니다.

120. 중죄 범하면 보리를 막는 줄만 알 뿐
여래께서 비결 열어 두심은 보지 못하도다.

只知犯重障菩提요　不見如來開秘訣이로다
지 지 범 중 장 보 리　　불 견 여 래 개 비 결

사바라이죄를 범하면 도에 장애가 되어서 불법을 성취하지 못한다고만 믿지 그것을 벗어나는 길이 있음을 알지 못한다는 것입니다. 이것은 앞의 용시비구에 해당되는 것만이 아니라 다음 구절에 나오는 두 비구의 경우에도 해당되는 말입니다.

여기서 비결(秘訣)이란 말은 참으로 중요한 말입니다. 비결이 있다고 하는 것은 일반적으로 볼 때 사바라이죄를 범하면 지옥에 떨어져서 다시 살아날 수 없고 불문(佛門)에 영원히 다시 들어올 수 없는 것으로 되어 있지만, 부처님의 참된 말씀은 그렇게만 되어 있는 것이 아니라는 것입니다. 원융무애한 대자대비로써 극중죄인까지도 다 살릴 수 있는 비결을 부처님께서 열어 놓으셨다는 것입니다.

그래서 이 비결이란 다만 죄 지은 사람만 제도하는 것이 아니라 죄를 짓거나 짓지 않거나 전체에 다 통하는 것입니다. 설사 불교를 아무리 억천만겁토록 비방하고 믿지 않고 반대하는 사람이라도 참으로 '한 번 뛰어넘어 여래지에 바로 들어가는 근본법'을 만나서 이 법을 믿고 공부하면 억천만겁토록 밖으로만 돌면서 쓸데없는 짓 하는 사람보다도 먼저, 당장에 한 번 뛰어넘어 여래지에 들어가기 때문에 그것이 일종의 비결이 된다는 것입니다. 이 비결이란 성불을 가장 빨리 할 수 있는 근본법입니다. 그러나 이것은 죄를 장려하는 것이 아니라 죄를 지었어도 진실되게 참회하고 다시 불법으로 들어오라는 것이지, 죄를 아무리 지어도 괜찮으니 자꾸 죄를 지어 가면서 공부해도 좋다는 말이 아닙니다. 그렇게 되면 영원히 참괴심이 없고 불법을 반대하는 사람이 되는 만큼 이런 사람은 비결이 아니라 그보다 더한 어떠한 것이 있어도 성불할 수 없습니다.

121. 어떤 두 비구 음행과 살생 저지르니 우바리의 반딧불은 죄의 매듭 더하였고

有二比丘犯婬殺하니　波離螢光은　增罪結이라
유 이 비 구 범 음 살 　바 리 형 광 　증 죄 결

두 비구가 음행계와 살생계를 범했다고 하는 말은 『유마경(維摩經)』「제자품(弟子品)」이 출처입니다. 두 비구가 심산궁곡에서 토굴을 짓고 공부를 하는데, 어느 날 한 비구가 일이 있어서 밖으로 나가고 한 비구가 공부를 하면서 졸다가 잠에 떨어지고 말았습니다. 마침 그때 한 젊은 여자가 나무를 하러 왔다가 잘생긴 스님이 잠을 자고 있는 것을 보고는 나쁜 생각이 나서 그 스님에게 달려들어 음행을 했습니다. 그런데 이 스님이 눈을 떠 보니 자기가 꼭 잘못한 것은 아니지만 본의 아니게 음행을 저질러 놓았으니 얼마나 걱정이 되었겠습니까? 마침 자기 도반이 왔으므로 "네가 없는 사이에 잠이 들었는데 저 여자가 나에게 달려들어 본의 아니게 음행케 했으니 어찌 하면 좋으냐?"고 하니, 도반이 그 말을 듣고는 노발대발하며 그 여자를 혼내 주려고 뒤쫓아 가니 여자도 저지른 일이 있는지라 두려워 도망가다가 벼랑에서 잘못 떨어져 죽고 말았습니다. 이렇게 하여 한 비구는 본의 아니게 음행을 저지르게 되었고, 한 비구는 고의로 한 것은 아니지만 살생을 하게 되었으니 말하자면 과실치사인 셈입니다. 그래서 두 비구가 걱정하던 끝에 부처님 당시에 계율 제일로 일컬어지던 우바리(優波離)존자를 찾아가서,

"저희들이 율행을 범하여 참으로 부끄러워 감히 부처님께 여쭙지 못하고 존자께 찾아왔으니 원컨대 저희들의 의회를 풀어서 저희들의 허물을 면케 해주소서."

하니, 우바리존자는 그 말을 듣고 그들을 위해 법답게 해설하며 말하기를,

"너희들은 음행하고 살인하여 바라이죄를 범했으니 참회할 길이 없다. 가사 벗고 의발을 올려놓고 세속으로 나가라. 너희들은 이제 영원히 구할 수 없는 아비지옥에 떨어질 것이다."

라고 하면서 호령호령하였습니다. 실제 비구계율에는 그렇게 되어 있습니다. 그러므로 우바리존자는 계율대로 말한 것이지 자의로 말한 것은 아닙니다.

그런데 마침 그때 유마거사가 옆에 있다가 이 광경을 보니 기가 막혔습니다. 부처님께서 분명히 비결을 열어서 극악 중생도 살려놓는 길을 열어 두셨는데 죽은 사람을 더 죽으라고 윽박지르니 그러면 도저히 살아날 길이 없습니다. 그래서 유마거사가 우바리존자에게 말하되,

"우바리여, 이 두 비구의 죄를 거듭 더하게 하지 마시오. 곧바로 죄를 없애 주어 마음을 요란케 하지 마시오. 왜냐하면 그 죄의 성품은 안에도 있지 않고 밖에도 있지 않으며 중간에도 있지 않습

니다. 부처님께서 말씀하신 바와 같이 마음의 때가 있으므로 중생이 때가 있고 마음이 깨끗하므로 중생이 깨끗하며, 마음이 또한 안에도 있지 않고 밖에도 있지 않으며 중간에도 있지 않으니, 마음이 그러한 것과 같이 죄의 때도 그러합니다. 모든 법도 또한 그러하여 여여함을 벗어나지 않은 것입니다. …… 우바리여, 일체의 법은 생멸하여 머물지 않으니 환영(幻影)과 같고 번개와 같고, 일체의 법은 서로 기다리지 않으며 내지 한 생각도 머물지 않으며, 모든 법은 모두 망견이며 꿈과 같고 아지랑이 같고 물속의 달과 같고 거울 속의 모양과 같아서 망상으로 나는 것입니다. 이것을 아는 사람을 계율을 받는다고 이름하고 이것을 아는 사람을 잘 이해한다[善解]고 하는 것입니다.”

라고 하니, 이 두 비구가 의심을 풀고서 보리심을 발하였다고 합니다.

그러므로 ‘우바리의 반딧불’이란, 우바리존자가 부처님 법에 의거해서 두 비구의 죄를 다스리려 했으나 그것은 아무런 열기도 없는 작은 반딧불과 같아서 그들의 죄의 매듭을 풀어 줄 만한 지혜가 되지 못할 뿐만 아니라 오히려 그 죄의 매듭을 더 키워서 두 비구를 당혹케 했다는 것입니다.

설사 두 비구가 음행을 하고 살인을 해서 용시비구처럼 사바라이죄를 범한 사람이라도 여래의 비결, 말하자면 자성을 바로 깨치면 그때 가서는 삼아승지겁이 눈 깜짝할 사이에 무너져버린다는 말입니다. 그러므로 누구든지 이 비결을 알아서 얼른 성불할 도리를 찾아야지 두 비구가 불가피하게 죄지은 것처럼 ‘비결, 이것만 믿으면 될 텐데 무슨 죄를 지은들 상관있나’ 하는 생각을 가지면 영원토록 깨치지 못하고 맙니다. 왜냐하면 마음속에 참괴심이 없으면 자성을 밝힐 수 없고 업장이 얼음처럼 얼어붙어서 절대로 녹아내리지 않기 때문입니다. 비구의 마음가짐은 참괴심을 가지고 모든 것을 참회하고 신심으로 대법을 성취해야 되겠다는 참으로 간절하고 투철한 의지가 근본이 되어야 하는 것이지, 어떠한 행동일지라도 마구 해도 괜찮다는 생각이 추호라도 머리에 남아 있으면 유마거사가 아니라 부처님이 천백억화신을 나타내서 미래겁이 다하도록 설법한다 하여도 그 사람은 깨치지 못하게 됩니다.

우리는 철두철미한 신심으로 지극한 참회를 해야만 아무리 중죄를 범했다 해도 자성을 깨칠 수 있는 것이지, 참괴심도 없고 신심도 없으면 무슨 수로 부처님의 비결을 열 수가 있겠습니까? 그러므로 이 비결이라는 것이 어떤 사람에게 해당되느냐 하면 철두철미한 신심을 가진 사람에게만 해당된다는 것입니다. 과거에는 백정 노릇을 했든 무엇을 했든지 보지 않고, 그 당시에 부처님 말씀을 듣고 그 법을 믿어서 철두철미한 신심을 낸 사람만이 이 무상법문을 들으면 반드시 깨쳐서 영원토록 자유자재한 해탈경계를 얻을 수 있습니다.

그렇기 때문에 『열반경』에서도 백정이 부처님 법문을 듣고서 확철히 깨치고는 '나도 일천 부처님 가운데 하나다[我是千佛一數]'라고 외쳤습니다. 그것도 철두철미한 참괴심을 근본으로 삼는 신심에서 성취한 것이지 아무런 짓을 해도 괜찮다는 용이한 마음에서 되는 것은 절대로 아닙니다. 무슨 짓을 해도 괜찮다는 생각을 가지게 되면 영원토록 아비지옥의 업만을 받아 살아날 길이 없게 되고 맙니다. 이런저런 것을 영가스님이 예로 들어 놓으신 것은, 극

중죄를 지은 사람이라도 철저한 신심만 가지면 모두 다 대법을 성취할 수 있다는 좋은 예로 말씀한 것이지, 악을 장려하고 막행막식(莫行莫食)을 용납하는 뜻으로 알아서는 지옥에 들어가기를 화살같이 할 것입니다.

122. 유마대사 단박에 의심을 없애줌이여
빛나는 해가 서리 눈 녹임과 같도다.

維摩大士頓除疑여　　還同赫日消霜雪이로다
유 마 대 사 돈 제 의　　환 동 혁 일 소 상 설

유마대사의 법문 한마디에 아무리 중죄를 지은 사람이라도 바로 참회를 해서 모든 의심을 끊고 번뇌와 업장이 다 무너져서 확철대오하였다는 말입니다. 그러면 그것이 무엇과 같으냐 하면 번쩍번쩍 빛나는 해가 눈과 서리를 녹여 없애는 것과 같습니다. 아무리 눈이 많이 오고 서리가 많이 온다 해도 해가 떠오르면 당장 다 녹아 없어져서 그 자취를 찾아보려야 찾아볼 수 없습니다. 그와 마찬가지로 아무리 우리들의 죄업이 두텁고 업장이 깊다 해도 참으로 우리들 자성 가운데서 빛나는 지혜의 해가 떠오를 것 같으면 모든 죄업과 업장이 눈 녹듯이, 서리 녹듯이 다 녹아버린다는 것입니다. 이것이 말하자면 곧 비결입니다.

앞에서도 말했지만 이것은 참회하는 철저한 신심이 근본이 되어야 하느니만큼, 만약 그렇지 않으면 얼음이 더 얼고 서리와 눈이 더 쌓여서 이 사람은 영원토록 살아나지 못하게 되고 맙니다.

123. 부사의한 해탈의 힘이여
묘한 작용 항사 같아 다함 없도다.

不思議解脫力이여　　妙用恒沙也無極이로다
부 사 의 해 탈 력　　묘 용 항 사 야 무 극

　극중죄를 지어 영원히 살아날 수 없는 사람도 참괴심으로 철저한 신심을 내어 무상대법을 믿고 실천하면 자성을 확철히 깨쳐서 영원토록 자유자재한 사람이 되니 이것이 부사의한 해탈의 힘이 아니냐 하는 말입니다.

　묘용(妙用)이라는 것은 자기에게도 이익이 있고 남에게도 이익을 주는 것을 말합니다. 우리의 자성 가운데는 항하의 모래알 수 같은 그러한 대묘용이 있어서 다함이 없다는 말입니다. 흔히 "중생들에게는 영원한 생명과 무한한 능력이 있다."고 법문하면, "그러면 당신부터 무한한 능력을 보여봐라." 하는 식으로 대들면서 별별 구업(口業)을 많이 짓는데, 그것은 자기의 마음 가운데 항사묘용이 있는 것을 부정하기 때문에 그렇습니다. '중생들 마음 가운데 영원한 생명과 무한한 능력이 있다'는 것은 내 말이 아니라 부처님 말씀입니다. 누구든지 이러한 무진보고(無盡寶庫)가 있어서 다함이 없는 보배 곳집의 문을 열기만 하면 그 쓰임이 한량이 없습니다. 고불고조뿐만 아니라 누구든지 자기의 자성을 계발하면 여기에 항사묘용이 갖추어 있는 것은 마찬가지입니다.

　중생은 누구에게나 영원한 생명 속에 무한한 능력이 있어서 미래겁이 다하도록 자기에게도 이익되고 일체 중생에게도 이익되도록 대작불사(大作佛事)를 할 수 있는 능력이 있습니다. 그럼에도 불구하고 그러한 자기능력을 부인하는 사람은 참으로 부사의해탈경계를 모르는 사람이고 부처님의 비결도 모르는 사람이니 이는 중생 중에서도 가장 불쌍한 사람이라고 할 수 있습니다. 그런 능력이 자기에게는 없다고 반대하는 사람은 몰라서 그런 것이니 허물할 수는 없으므로 자꾸 깨우쳐서 교화를 시켜야 합니다. 그러므로 우리는 '부사의한 해탈의 힘'에 의지해서 공부를 성취함으로써 잠자고 있는 무한한 능력을 계발해야 합니다.

자기의 생각만으로 부처님이나 조사스님의 법문을 맞추려고 하면 안 됩니다. 내가 모르는 것은 다 거짓말이라고 비웃고 비방하면 안 됩니다. 내가 설사 모르고 이해가 되지 않더라도 부처님이나 조사스님들이 모두 나보다는 수승한 분들이니 그 분들의 말씀을 이해해서 내가 따라갈 생각을 해야지, 내가 잘 모르고 이해가 안 된다고 자꾸 반대만 하게 되면 어찌 되겠습니까? 참으로 생사에 자유로운 해탈의 경지를 모를 뿐만 아니라 무간지옥만 깊어져서 영영 헤어 나올 날이 없습니다.

영가스님의 말씀과 같이 '항사묘용이 끝이 없다'는 이 길이 분명히 있으니 이 길을 믿고 따라가서 공부를 성취하여 누구든지 항하사(恒河沙) 같은 묘용을 써 보아야 하지 않겠습니까?

124. 네 가지 공양을 감히 수고롭다 사양하랴?
   만 냥 황금이라도 녹일 수 있도다.

四事供養을 敢辭勞아   萬兩黃金도 亦銷得이로다
사 사 공 양   감 사 로   만 량 황 금   역 소 득

대도를 성취하여 항사묘용을 쓰는 사람은 네 가지 공양을 받을

자격이 참으로 있다는 뜻입니다.

　사사(四事)란 여러 가지로 설명하는데 방사·의복·음식(향화)·의약 등이 대표적입니다. 대도를 성취한 사람은 아무리 좋은 집을 주어도 거기에 살 자격이 있고, 아무리 좋은 옷을 주더라도 입을 자격이 있고, 아무리 좋은 음식이나 향화를 올리더라도 먹거나 받을 자격이 있으며, 아무리 좋은 약을 주더라도 먹을 자격이 있다는 것입니다.

　또 대도를 성취한 사람은 만 냥의 황금을 소비해도 오히려 부족하다는 것입니다. 이 사람은 아무리 호화로운 생활을 하고 아무리 대접을 받는다 해도 조금도 과분함이 없을 만큼 도를 성취한 가치가 이렇게 높다는 것입니다. 그렇다고 "내가 도를 통했으니 집을 팔아 오너라, 논을 팔아 오너라."고 하라는 말이 아닙니다. 실제로 만 냥의 황금을 소비할 역량을 가진 사람이라면 오히려 남의 바늘 한 끝도 받지 않으려는 사람입니다.

　왜냐하면 영가스님 자신도 평생 산으로 다니면서 산채를 뜯어 말리든지 절이든지 하여 그것만 먹으면서 밭에 심는 채소는 먹지 않을 정도로 철저하게 검소한 생활을 했습니다. 그런 높은 가치를 내가 가질수록 실제 생활은 그렇게 하는 것이며 예전 스님들도 모두 그랬습니다. 어떤 사람이 저 산꼭대기, 수미산 꼭대기까지 올라가서 훌륭한 사람이 되고 보니 자기는 어느덧 다른 사람들의 발밑에 서 있더라는 얘기도 있습니다. 사람이 훌륭해지면 훌륭해질수록 하심(下心)을 더 한다는 말입니다. 대법을 성취한 사람일수록 철두철미하게 검박한 생활을 하게 되는 것이며, 건방지게 신도들에게 뭐든지 가져오라는 식으로 마구 사는 것이 아닙니다. 영가스님의 이런 말씀은 공부를 성취한 가치를 들어서 그렇게 하신 말씀이지 현실에서 그렇게 살라고 하시는 말씀이 아닌 줄 명심해야 합니다.

125. 뼈가 가루 되고 몸이 부서져도 다 갚을 수 없나니 한마디에 요연히 백억법문을 뛰어넘도다.

粉骨碎身未足酬니　一句了然超百億이로다
분 골 쇄 신 미 족 수　　일 구 요 연 초 백 억

이 무상대법을 성취해 놓고 보면 불조의 은혜는 뼈를 가루로 내고 몸을 산산이 부수더라도 다 갚기 힘들다는 말입니다. 앞에서도 대혜스님의 얘기를 했지만, 대혜스님이 처음 공부하는 동안에 몽중일여(夢中一如)가 된 것을 가지고 자기는 공부가 다 된 줄 알고 오매일여(寤寐一如)에 대해서는 믿지 않았습니다.

"오매일여에 대한 부처님 말씀이 옳다면 내가 고쳐야 할 것이다."
라고까지 반대하다가 마침내 자기가 실제로 오매일여의 경지에 들어가게 되니,

"부처님 법이 아니면 어찌 이러한 대법을 성취할 수 있으랴. 부처님의 은혜는 뼈를 가루로 내고 몸을 부수더라도 다 갚을 수 없다."
고 찬탄하였습니다. 그러므로 우리는 등한히 생각하지 말고 법을 위해 몸을 잊으면서 대법을 배워야 하며, 설사 대법을 성취했다 하여도 뼈를 가루로 내고 몸을 부숴서라도 은혜를 갚을 수 있는 크나큰 신심을 가져야 합니다. 이 말씀은 공부하는 사람에게도 해당되고 공부를 성취한 사람에게도 해당이 됩니다.

또한 이 법의 가치는 '한마디 말씀이 백억법문을 뛰어넘는다'는 것입니다. 이것은 영가스님이 자기의 법을 자랑하려는 것이 아니라 중생이 너무도 알아듣지 못하므로 이러한 가치가 있음을 소개해 주기 위해서 하신 말씀인데, 이런 말을 해주지 않으면 이 법이 금덩어리인 줄은 모르고 똥덩이 흙덩이인 줄만 알고 자꾸만 발로 차버리기 때문입니다.

여래의 비결이란 극중 대죄를 지은 사람이라도 '부사의해탈의 힘'에 의지하면 한 번 뛰어넘어 여래지에 들어가 구경각을 성취하고 미래겁이 다하도록 자유자재한 생활을 할 수 있는 길이 우리들에게 열려 있다고 하셨으니, 이 한마디 한마디 말씀을 우리는 금쪽같이 여기고 부지런히 공부해서 대도를 하루빨리 성취해야 합니다. 그래야만 자기만이 제도되는 것이 아니라 고통 받고 헤매는 일체 중생을 우리가 모두 바른 길로 인도하여 제도할 수 있게 되는 것입니다.

126. 법 가운데 왕 가장 높고 수승함이여
강 모래같이 많은 여래가 함께 증득하였도다.

法中王最高勝이여   河沙如來同共證이로다
법 중 왕 최 고 승   하 사 여 래 동 공 증

'법 가운데서 왕이요 또 가장 높다'고 한 것은 반야의 근본 대지혜의 한마디가 백억법문보다 뛰어날 뿐만 아니라 시방세계를 칠보로 둘러서 그 값을 치른다 하여도 다할 수 없는 가치가 있다는 것입니다. 그렇기 때문에 '값할 수 없는 보배를 써도 다 쓸 수 없

다'고 하는 것입니다.

그러면 이것을 나 혼자만 알고 나 혼자만 쓰는 것이냐?

그런 것이 아니라 항하수의 모래알 같은 수많은 부처님들도 모두 이 법에 의지하여 확철히 깨쳐서 성불했으니 미진수 여래가 과거에도 그러했고 현재에도 그러하며 미래에도 그러하리라는 것입니다. 누구든지 이 대법을 성취하면 여래인 것이니 남자거나 여자거나 축생이거나 지옥중생이거나 병신이거나 백정이거나 가릴 것 없이 이 법을 바로 깨친 사람이면 모두가 관자재(觀自在)이며 여래(如來)입니다. 그래서 미진수 여래가 모두 다 최상승법을 성취한 사람들입니다. 그들이 무슨 특권이 있어서 여래가 된 것이 아니라 중생이라면 누구나 다 가지고 있고 누구나 다 같이 성취할 수 있는 능력을 지니고 있으므로 이것을 분명히 믿고 우리가 노력하면 누구든지 석가도 될 수 있고 달마도 될 수 있음을 다 함께 명심하고 노력하여야 할 것입니다.

127. 내 이제 이 여의주를 해설하오니
    믿고 받는 이 모두 상응하리로다.

我今解此如意珠하니　信受之者皆相應이로다
아 금 해 차 여 의 주　　신 수 지 자 개 상 응

내가 지금 무애자재한 이 여의주를 바로 깨쳐 설명하고 있으니 믿고 받는 사람은 모두 상응하여 다 쓸 수 있다는 영가스님의 말씀입니다. 보배 구슬을 잔뜩 가지고 "당신도 가지시오, 당신도 가지시오." 하면서 나누어줘도, 손만 내밀면 다 받을 수 있는 것을 죽자 하고 받지 않으니 이런 딱한 일이 어디 또 있겠습니까?

그런데 무슨 물건처럼 주고받을 수 있는 것이라면 또 억지로라도 주겠지만, 그 구슬은 누구나 다 가지고 있는 것이어서 본래 있는 그것을 바로 쓰라고 가르쳐 주어도 "나에게 있긴 뭐가 있나?" 하면서 결코 쓰려고 하질 않는 것입니다.

한 가지 좋은 예를 들어 보겠습니다.

해방 직후에 '우리가 참으로 부처님 법대로 한번 살아 보자'고 하여 청담(靑潭)스님·자운(慈雲)스님 등등 스님들과 같이 봉암사에 살았는데, 그때 청담스님이 한 얘기입니다. 한번은 청담스님이 어느 다리를 지나가다 보니 눈먼 거지가 거기에 앉아서 "한 푼 적선하고 가시오." 하고 목이 아프도록 애걸하고 있는 걸 보고 크게 불쌍한 생각이 들어서 은전 50전짜리를 하나 손에 들고는, "여보 이 돈 한 번 만져 보오. 은전 50전짜리라. 당신이 며칠 구걸해도 못 버는 돈이니 당신이 나무아미타불을 한 번만 부르면 이 돈을 주겠소. 그러니 '나무아미타불' 한 번만 불러 보시오." 하니, 이 눈먼 거지가 돈은 욕심이 나서 50전짜리 은전을 만져 보고 또 만져 보고 하면서도 '나무아미타불'은 부르기 싫은지 입도 달싹거리지 않더랍니다. 그래서 청담스님이 다시, "당신 나무아미타불 한 번만 부르면 이 50전만 받는 것이 아니라 죽어서 극락세계에 가서 영원토록 행복한 생활을 할 것이니 그렇게 좋은 일이 어디 있소? 꼭 한 번만 나무아미타불을 불러 보시오." 해도 자꾸만 생각하고 또 생각하더니 "아이고! 이 50전 못 얻었으면 못 얻었지, 내가 어찌 그렇게 하겠소." 하면서 끝내 거절하고 결코 '나무아미타불'은 부르지 않더랍니다.

중생이란 본래 이렇습니다. 50전 돈은 욕심나는데 극락세계 가는 것은 겁이 납니다. 얻어먹는 거지가 그렇게 큰돈이 생기면 어떻겠습니까? 그런데도 50전짜리 은전을 만져 보니 돈은 욕심나면서도 '나무아미타불' 한 번 부르기가 싫어서 눈만 깜박깜박하면서 "어찌할꼬 어찌할꼬." 망설이기만 하다가 기어이 '나무아미타불'은 한 번도 부르지 않더랍니다. 그래서 청담스님이 그 돈을 다시 넣고 돌아와버렸다고 합니다. 그 돈은 주면 안 됩니다. 청담스님이 그때 그 얘기를 그 뒤에도 두고두고 여러 번 했습니다.

이렇게 금은보화를 손에 쥐어 주어도 마다하니 어쩌자는 말입니까? 중생업이 그런 것입니다. 몰라서 그렇다는 말입니다. 웃고 말 일이 아니라 이 얘기를 우리는 깊이깊이 한 번 생각해 봅시다.

128. 밝고 밝게 보면 한 물건도 없음이여
사람도 없고 부처도 없도다.

了了見無一物이여　亦無人兮亦無佛이로다
요 요 견 무 일 물　　　 역 무 인 혜 역 무 불

밝고 밝게 보아도 한 물건도 볼 수 없습니다. '밝고 밝게 본다'는 것은 쌍조를 말하고, '한 물건도 없다'는 것은 쌍차를 말합니다. 보기는 분명히 환하게 보는데 한 물건도 없습니다. '알기는 분명히 알지만 말로써는 미칠 수 없다'는 것과 같습니다. 중생도 조사도 찾아볼 수 없고 부처도 찾아볼 수 없다는 것입니다. 여기서는 쌍차만 말했습니다. 아무도 찾아볼 수 없는 거기서는 중생이라 해도 괜찮고 부처라 해도 괜찮아서 부처가 곧 중생이요 중생이 곧 부처로서 원융자재합니다.

129. 대천세계는 바다 가운데 거품이요
모든 성현은 번갯불 스쳐감과 같도다.

大千世界는 海中漚요   一切聖賢은 如電拂이로다
대 천 세 계   해 중 구   일 체 성 현   여 전 불

삼천대천세계가 이렇게 넓고 광대무변하지만 진여자성에서 볼 때는 큰 바다의 물거품과 같다는 비유입니다. 바다란 끝이 있지만 이 삼천대천세계는 끝이 없어 무한하고 또 무한하며, 그렇게 넓고 넓은 삼천대천세계이지만 진여자성에 비교하면 바다 가운데 떠 있는 자그마한 물거품과 같다는 것입니다. 그래서 우리가 진여자성을 깨칠 것 같으면 이렇게 말할 수 없는 광대무변한 가치를 지니게 된다는 말입니다.

부처님께서도 불가설불가설(不可說不可說)이라고 하여 말하려야 말할 수 없다고 하셨습니다. 이 법을 증해 놓고 보면 그 넓은 삼천대천세계라도 깨친 자성바다에 비할 것 같으면 자그마한 물거품과 마찬가지라는 것입니다.

일체 성현은 번갯불 스쳐가는 것과 같은 눈 깜짝할 사이의 존재와 같다는 것인데, 앞 구절에서는 공간적으로 말한 것이고 이 구절에서는 시간적으로 말한 것입니다. 과거에 공자니 노자니 맹자니 하는 온갖 성인들이 다 있었지만 시간적으로 영원하고 공간적으로 무한한 사람은 아무도 없습니다. 영원한 생명과 무한한 능력을 가진 우리 자성의 입장에서 볼 때 공간적인 삼천대천세계는 잠깐 일어났다 꺼지는 바다 가운데 물거품이요, 일체 성현도 시간적으로는 눈 깜짝할 사이에 지나가는 번갯불과 같은 존재들이라는 것입니다.

130. 무쇠바퀴를 머리 위에서 돌릴지라도
　　　선정과 지혜가 뚜렷이 밝아 끝내 잃지 않는도다.

假使鐵輪을 頂上旋하나　定慧圓明終不失이로다
가 사 철 륜　　 정 상 선　　 정 혜 원 명 종 불 실

　　설사 쇠뭉치로 죽이려고 머리 위에서 빙빙 돌릴지라도 보통 사
람 같으면 혼비백산하여 정신이 없을 터이지만, 공부를 완전히 성
취한 사람은 선정과 지혜가 둥글고 밝아서 마침내 손실이 없다
는 것입니다. 언제든지 쌍차쌍조하여 중도를 정등각해 있기 때문
에 둥글고 밝은 이것은 조금도 변동이 없습니다. 앞에서도 승조법
사에 대해서 말했지만 설사 목을 천 동강 만 동강 내서 겉으로는
승조법사를 죽인 것 같아도 그를 영원히 죽이지는 못한 것입니다.
왜냐하면 자성의 선정과 지혜는 둥글고 밝아서 미래겁이 다하도
록 절대로 변동이 없고 손실이 없기 때문입니다.

131. 해는 차게 하고 달은 뜨겁게 할지언정
　　　뭇 마구니가 참된 말씀 부술 수 없도다.

日可冷月可熱이언정　衆魔不能壞眞說이로다
일 가 냉 월 가 열　　 중 마 불 능 괴 진 설

　　정법이란 미래겁이 다하도록 언제든지 불생불멸(不生不滅)·부증
불감(不增不減)이어서 부처님이 천만 분이 나신다 해도 이 법이 더
한 것이 없고 중생이 억천만이 없어졌다 해도 이 법이 조금도 덜
한 것이 없어서 언제나 정혜가 둥글고 밝아서 변동이 없다는 것입
니다. 그러므로 이것을 모르고 반대하는 사람이 아무리 때려 부

수려 해도 부술 수 없어서 차라리 해는 차게 하고 달은 따뜻하게
할 수 있을지언정 이 정법은 절대로 부술 수 없으니, 우리는 안심
하고 이 법을 믿고 공부해서 성불하여야 할 것입니다.

132. 코끼리 수레 끌고 위풍당당히 길을 가거니
버마재비 수레 길을 막는 걸 누가 보겠는가.

象駕崢嶸漫進途어니　　誰見螳螂이 能拒轍고
상 가 쟁 영 만 진 도　　　　수 견 당 랑　　능 거 철

코끼리가 임금님이 타는 큰 수레를 끌고 탄탄대로를 기세 좋게
달리는데 누가 그것을 가로막을 수 있겠습니까? 그런데 버마재비
란 놈이 그것을 가로막는다는 것이니 될 법한 말입니까?

『장자(莊子)』에 나오는 고사입니다.

제(齊)나라 장공(莊公)이 큰 수레를 타고 가는데 마침 큰길가에
있던 버마재비란 놈이 가만히 보니 저기서 큰 짐승이 태산 같은
것을 타고 오고 있었습니다. 거드름 피우고 위엄 차리고 오는 것을
보니 자기 딴에는 같잖은 생각이 들어서 '저 놈을 못 가게 해야겠
다'고 마음먹고 그 조그마한 발로 버티면서 수레를 가로막았습니
다. 그러니 어떻게 되겠습니까? 아무 소용없이 저만 가루가 되어
죽고 마는 것입니다. 이렇게 아무 힘도 없는 물건이 무한한 힘이
있는 것을 막으려 해도 소용없다는 것을 당랑거철(螳螂拒轍)이라
고 합니다. 이것은 무엇에 비유하느냐 하면, 무상대법은 버마재비
는 그만두고 석가·달마가 막으려 해도 안 된다는 것입니다. 이 무
상대법은 불생불멸한 것이기 때문에 누구든지 손을 대려야 댈 수

없고 손을 대기만 하면 상신실명(喪身失命)하고 맙니다.

우리가 이 법을 바로 믿고 깨치면 참으로 "한마디 말씀에 요연히 백억법문을 뛰어나서 항사묘용이 다함이 없는 여의주를 얻게 된다."고 아무리 입이 아프게 설명해 주어도 아무도 믿으려 하지 않으니만큼 마치 봉사에게 단청 얘기를 하는 격입니다. 눈뜬 사람은 적고 눈감은 사람이 많으니 결국 눈뜬 사람만 바보가 되어야 합니다.

무상대법이란 버마재비가 큰 수레를 막는 것과 같이 석가·달마도 어찌 할 수 없는 것인데 하물며 중생이 이를 어찌 할 수 있겠습니까? 그러므로 이 대법을 믿고 공부하면 모든 것이 원만구족함을 성취할 수 있다는 것을 강력하게 표현하기 위해서 영가스님이 이런 말씀을 하신 것입니다.

133. 큰 코끼리는 토끼 길에 노닐지 않고
큰 깨달음은 작은 절개에 구애되지 않나니

大象은 不遊於兎徑이요   大悟는 不拘於小節이니
대 상   불 유 어 토 경   대 오   불 구 어 소 절

큰 코끼리가 어찌 작은 토끼나 다니는 좁은 길에서 놀 수 있겠습니까? 대법을 성취하려고 정법을 바로 믿고 나가는 사람은 쓸데없는 토끼 길에 놀아서는 안 됩니다. 도를 구하는 진정한 대장부가 있어서 지금 내가 법문하는 이 법상을 메치고 "이 늙은이야, 가서 낮잠이나 자라." 하고 차버리고 나간다면 조금은 코끼리를 닮았다고 할 수 있을는지 모르겠습니다. 참으로 정신을 바로 가진 사람이면 절대로 삿된 길로는 가지 않습니다. 토끼 길이란 삿된 길

을 말합니다. 바로 눈뜬 사람이면 길을 가다가 어찌 흙탕물 구덩이에 빠질 수 있겠습니까? 자성을 깨치는 첩경이 화두 참선하는 길이니 이 길 이외에는 모두 토끼 길인 것입니다. 오늘 대중들이 이렇게 모여 앉아 이 법문을 듣는 것도 토끼 길인 줄 알아야 합니다. 우리 모두 신심을 내어 자성을 바로 깨치는 코끼리 길로 나아가야 할 것입니다.

134. 대통 같은 소견으로 창창히 비방하지 말라.
알지 못하기에 내 이제 그대 위해 결단해 주는도다.

莫將管見謗蒼蒼하라　未了吾今爲君決이로다
막 장 관 견 방 창 창　　미 료 오 금 위 군 결

관견(管見)이란 가느다란 대통으로 하늘을 본다는 뜻으로 소견이 좁은 것을 말합니다. 광대무변한 대도를 이해하지 못하는 사람모두를 관견이라 합니다. 흔히 중생이란 대통 속을 통해 하늘을 보듯이 이 광대무변한 무상대법을 이해하지 못하고 자기의 깜냥으로 자꾸 비방만 합니다.

그러므로 내가 지금 잘 알지 못하는 너를 위하여 관운장이 청룡도를 들고 안량·문추의 목을 베듯이 한칼로 딱 결단을 내려 준다는 것입니다. 이런 대법을 들었거든 대통으로 하늘을 보는 좁은 소견은 집어던지고 광대무변한 저 하늘을 보아 결정된 신심을 내고 참으로 정법을 믿어 자성을 깨치게 되면 미래겁이 다하도록 무진 보장의 항사묘용이 다함이 없습니다. 그리하여 영원토록 일체 중생을 위해 살아 보자는 것입니다.

제4장

—

맺는 말

　이상으로 영가스님의 『증도가』 강설은 끝이 났습니다. 대통으로 하늘을 쳐다보는 소견으로 보면 너무 과분한 말씀들인 것 같습니다.

　그래서 천태종 같은 데서는 영가스님한테 감정이 있습니다. 왜냐하면 먼저도 얘기했듯이 영가스님은 좌계현랑(左溪玄郎) 스님하고는 동문이지만 좌계존자하고는 그 유(類)가 되질 않습니다.

　결국 영가스님이 천태종을 버리고 조계산으로 가서 육조스님에게 인가를 받고 대도인이 되었으니 천태종으로서는 큰 손실이 아닐 수 없습니다. 만약 영가스님이 선종으로 가지 않고 천태종에 남아 있었더라면 얼마나 빛이 더 났을는지 알 수 없지만, 천태종에서는 영가스님에 대해서 많은 유감을 갖고 『증도가』 전체를 거짓말이라고 많이 비방했습니다. 천태종에서는 정말 관견으로 부처님 교리에 전연 배치되는 논리를 펴고 있다고 비방하면서 심지어는 조계에 가서 깨쳤다고 하더니 황당무계한 말만 한다고까지 영가스님을 비난하였습니다.

　그러나 천하가 천태종을 지지했느냐 아니면 영가스님을 지지했느냐 하면, 천태종 말을 부인했지 『증도가』를 거짓말이라고 한 사람은 없습니다.

그래서 옛날부터 천하 총림에서는 이 『신심명』과 『증도가』를 반드시 일과적(日課的)으로 외우라고 했습니다. 대도를 성취하고자 공부하는 사람이 『신심명』과 『증도가』의 정신으로 살아가면서 이런 견해와 이런 신심을 지닌다면 참으로 빨리 깨칠 수 있는 것입니다. 그렇지 않고 공연히 자기의 관견을 고집하여 정법을 비방하고 반대하면 영원토록 무상대도를 깨칠 수 없습니다. 그래서 대도를 배우는 사람은 억지로라도 의무적으로 『신심명』과 『증도가』를 외워야 합니다. 처음에는 소리는 소리대로 글을 글대로 되지만 자꾸 외우고 또 외우다 보면 조금씩 이해가 되어서 마침내는 신심이 나서 실제로 『신심명』과 『증도가』의 실천자가 되어 버립니다.

이 『신심명』과 『증도가』는 불교역사를 통해 보더라도 불교에 있어서 최고의 법문이며 만고에 유명한 최상승의 표본이니만큼, 될 수 있으면 내 법문을 들은 대중들은 이것을 다 외우자는 것입니다. 외워서 이 정신, 이 사상, 이 방법으로 우리가 공부하면 누구든지 승찬대사가 될 수 있고 영가스님이 될 수 있습니다.

여래의 정법이 저 가섭·아난존자로 이어져서 조계의 육조 혜능대사까지 내려왔고, 그 육조스님으로부터 시작해서 중국 천하에 널리 퍼진 선종을 조계정전(曹溪正傳)이라 합니다. 그 육조의 제자가 된 영가스님이 이 『증도가』에서 무엇을 근본으로 삼았느냐 하면, 증오(證悟)로 근본을 삼아서 깨달았기 때문에 성도(成道)라, 성불(成佛)이라, 구경각이라고 합니다. 그래서 도를 증한 노래라는 뜻으로 증도가(證道歌)라고 하는 것입니다.

도를 증해서 구경각을 성취한다고 하면 그 깨달음의 내용은 무엇이냐?

무념(無念)·무생(無生)이 증오의 내용입니다.

돈오(頓悟)란 무념·무생인 구경각을 성취한 것이지 객진번뇌가 전과 같이 죽 끓듯 일어나서 번뇌망상이 그대로 있는 것을 말하지 않습니다. 설사 번뇌망상이 다 끊어진 가무심(假無心)인 제8아뢰야 무기무심까지 성취하여도 이것은 죽어서 살아나지 못한 경계인 제8마계(第八魔界)로써 돈오가 아닙니다. 그러므로 조계정전에서 말하는 돈오란 제8아뢰야 무기무심까지 완전히 끊어진 구경진여의 무념·무생, 이것을 돈오라 하며 이것이 선종의 정통사상인 것입니다.

이렇게 돈오하여 구경적으로 대법을 성취하면 삼신(三身)·사지(四智)가 원만히 구족하여 육도만행이 다 갖추어지게 됩니다. 그러므로 조계정전의 돈오는 증오인 동시에 성불이며 무념이며 무생입니다. 『증도가』뿐만 아니라 『육조단경』과 다른 오가칠종(五家七宗)의 정안종사들도 모두들 한결같이 그렇게 말씀하고 있으니 그렇게 말하지 않으면 조계정전이 아닙니다.

그러면 대도를 성취하기 위해 공부를 하는 데 있어서는 어떠한 노력과 얼마만한 시간이 걸려야 하는가?

누구든지 이 법을 바로 믿고 공부를 부지런히 하면 찰나에 성불한다고 주장합니다. 육조스님께서도 "미혹하여 들으면 미래겁이 다하도록 시간이 걸리나 깨치는 데는 찰나간이다."라고 하여 찰나간에 깨쳐서 원만하게 돈오한다는 것입니다. 시간적으로 볼 때 절대로 많은 시간이 필요 없다는 것인데 설사 과거에 많이 닦은 사람이든 아니든, 바른 길을 들어가지 못한 사람은 찰나 성불이 되지 못하고 많은 시간과 노력을 허비해야 합니다. 그러나 바른 길만 들어갈 것 같으면 한 번 뛰어넘어 여래지에 들어가지 않으려야 않을 수 없다는 것입니다. 그러므로 조계정전에 있어서는 근기도 보지 않고 시일도 보지 않으며 오직 철두철미한 신심만 봅니다. 그 철두철미한 신심으로 이 법을 바로 믿고 바로 노력만 한다면 누구든지 '찰나 성불'하지 않으려야 않을 수 없다는 것입니다. 이렇게 우리가 자성만 바로 깨치면 육도만행뿐만 아니라 삼신사지가 모두 원만구족하여 다시 닦으려야 더 닦을 것이 없고 더 덜려야 더 덜 것이 없어서 참으로 조금도 모자람이 없고 조금도 남음이 없습니다. 그러니 우리는 모든 것이 원만구족한 근본을 얻을 뿐이요 지말은 걱정할 필요가 없습니다.

그러면 그렇게 깨친 경계는 어떠하냐?

'마치 맑은 유리병 속에 보배 달을 담은 것과 같다'는 것입니다. 이것은 크게 죽었다가 다시 살아나서[大死却活] 안과 밖이 환히 밝은 것[內外明徹]을 말합니다. 구경각에서 보면 십지의 보살도 제8 아뢰야의 무기무심에 침공체적하여 있기 때문에 무상대법을 모른다는 것입니다. 제8아뢰야 무기무심, 즉 크게 죽은 곳에서 다시 살아나서 확철히 깨친다면 비로소 진여의 보배 달이 떠오르는 것입니다. 이것이 곧 '맑은 유리병 속에 보배 달을 담은 것과 같다'는 경계이니 크게 죽어서 다시 살아난 곳을 말합니다.

이 표현을 흔히 공부해 가는 중간을 두고 말하는 것으로 오해하는 사람이 있는데 그렇지 않습니다. 이 구절은 『능엄경』에 나온 구절로 『종경록』에서도 자세히 말해 놓았습니다. 또 내가 항상 오매일여인 제8아뢰야 무기무심의 경계에서 깨쳐야 한다고 하고 가무심의 오매일여도 돈오가 아니라고 했는데 『증도가』에서도 그것은 똑같습니다.

그러면 우리가 자성을 깨치면 어떤 이용 가치가 있느냐?

'값할 수 없는 보배를 써도 다 쓰지 못한다'는 것입니다. 이 가치란 시방세계를 모두 금덩어리로 만들어서 그 값을 치른다 해도 다 치르지 못하는 것이며, 시방세계의 미진수 부처님이 미래겁이 다하도록 설명한다 해도 그 가치를 설명하지 못한다는 것입니다. 이렇게 자성을 바로 깨치면 그 공덕은 미래겁이 다하도록 써도 다 쓸 수 없어서 일체 중생을 열반의 길로 이끌어 자기도 이롭고 남도 이롭게 하여 대자유자재한 부사의해탈경계에서 영원한 삶을 누릴 수 있습니다.

이러한 최상의 값할 수 없는 대법을 중생은 어째서 알지 못하고 쓰지 못하느냐?

'법의 재물을 덜고 공덕을 없앰은 심(心)·의(意)·식(識)으로 말미암는다'고 하여, 중생의 망상 때문에 자성을 볼 수 없다는 것입니다. 망상을 일으키는 원인으로 셋을 나누었는데, 첫째 근본망상은 제8아뢰야식[心], 둘째 중간망상은 제7말나식[意], 셋째 지엽망상은 제6의식[識]입니다. 중생은 보통 지엽망상인 제6의식은 알지만 근본망상인 제8아뢰야 무기식은 중생의 분별심으로 알 수 없습니다. 그래서 누구든지 불법을 성취하여 참으로 값할 수 없는 여의주를 미래겁이 다하도록 자유자재하게 쓰려면, 심(心)·의(意)·식(識)을 근본적으로 소탕해야 합니다. 그와 같이 심·의·식이 끊어진 경계를 선문에서는 '마음을 물리치고 남이 없는 지견의 힘에 단박에 들어간다'고 했습니다. 즉 선문에서는 제8아뢰야 무기무심의 뿌리까지 뽑아야 참으로 무생진여(無生眞如)인 부처님 본성을 깨칠 수 있는 것입니다. 그러므로 선종에서 주장하는 돈오(頓悟)는 언제든지 진여본성을 깨친 구경각을 말하는 것이지 그 중간인 해오(解悟)가 아니니 영가스님의 『증도가』에서도 그 내용이 완전히 표현되고 있습니다. 그러므로 구경각을 성취하면 그것이 바로 중도이니, 있다는 견해와 없다는 견해를 여의고 단견과 상견의 양변을 여의어서 무상대도를 성취하게 되는 것입니다.

본문 가운데 "있다는 견해와 없다는 견해를 다 버리니 공하지 않고 공하도다."라고, "수행하다가 단견과 상견의 구덩이에 떨어질까 두려워한다."라고 하신 말씀이 모두 중도정각을 바로 깨쳐야 한다는 것을 말합니다. 그러므로 누구든지 제8아뢰야 근본무명을 끊어서 진여자성을 깨치면 있음과 없음, 단견과 상견을 여읜 중도를 정등각하지 않을 수 없는 것이며, 중도정각을 성취하면 정혜(定慧)가 원만구족하여 쌍차쌍조가 되어서 차이조(遮而照)하고 조이차(照而遮)하여 차조동시(遮照同時)가 되는 것입니다. 그렇게 우리가 여의주를 바로 얻으면 미래겁이 다하도록 무애자재하게 쓸 수 있으니 이것을 부사의해탈력이라고 합니다.

그러면 중생이 어떻게 해야만 이렇게 고귀한 여의주를 얻어서 원만자재하게 쓸 수 있느냐?

승려가 되어서 음행이나 살인을 한다면 이보다 더 큰 죄가 어디 있겠습니까? 그러나 영가스님이 예를 들면서 그러한 극중 죄인들도 철저히 참회하고 철두철미한 신심을 내어서 이 법을 바로 믿고 수행하면 '한 번 뛰어넘어 여래지에 들어가는[一超直入如來地]' 참다운 비결이 있는데, 이것을 '부사의해탈력'이라고 한다는 것입니다. "내가 이렇게 큰 죄를 지었으니 어찌 대법을 성취할 수 있겠느냐." 하는 비굴심을 버리고 철저한 참괴심과 신심으로 나갈 때 극중 죄인도 참회가 된다는 것입니다. 그러므로 사람에게는 누구든지 이러한 '부사의해탈력'이 있다는 것을 스스로 굳게 믿고 개척해서 써야 하는데 영가스님이 그렇게 말씀하시고 내가 이렇게 입이 아프도록 얘기해도 믿으려 하지 않고, 스스로 믿지 않을 뿐만 아니라 남까지도 믿지 못하게 방해합니다. 그런 사람은 배고파 죽어가는 사람이 임금님 수라상을 앞에 갖다 놓아도 내 분수에 맞지 않다고 끝내 먹지 않고 죽는 경우와 마찬가지입니다.

그런데 혹 불교에 들어와서 공부한다 해도 근본을 버리고 지말을 따라가서 언어문자에 집착하면 자성은 영원히 깨치지 못하고 맙니다. 글자나 헤아리고 문자나 파고드는 사람은 바닷속에 들어가서 모래알 수효를 헤아리는 것과 같아서 그 끝이 없다고 하였습니다. 또한 달을 보라고 가리키면 달은 안 보고 손가락만 자꾸 보는 사람처럼 언어문자만 붙들고 앉아 있는 사람도 그와 같아서 자성을 깨달음에는 아무런 소용이 없습니다.

그러므로 우리는 어떻게 해서든지 부사의해탈력이 있고 비결이 있다는 이것을 확실히 믿고 의심을 끊어서 부지런히 공부해야 합니다. 공연히 의심을 버리지 못하고 이해가 되지 않으면 결국은 정법(正法)을 비방하고 반대만 하게 됩니다. 그러면 자기도 죽고 남도 죽고 다 죽고 마는 것입니다. 그러니 우리가 대통 속으로 하늘을 쳐다보는 그러한 좁은 자기의 소견으로써 허공보다 더 넓고 광대무변한 이 대법을 비방하고 반대해 보았자 결국은 버마재비가 수레를 막으려고 달려드는 것과 같습니다. 그러므로 무상묘법을 믿고 여래의 비결이 있는 줄 알아서 공부해 나가면 남자나 여자나 심지어는 축생까지도 성불하도록 되어 있으니 누구든지 신심을 내어서 공부를 열심히 해야 합니다. 그러면 눈 깜짝할 사이에 성불하게 됩니다. 그러나 비굴심을 내어 이렇게 우둔한 중생이 공부한다고 어찌 그런 무상대법을 성취할 수 있을 건가 하면 도를 끝내 보지 못하고 말 것이니, 어쨌든 그런 비결이 있음을 확신하여 의심하지 말고 임금님의 수라상에 놓인 밥만 떠먹으면 영원히 죽지 않는 무상대도를 성취할 수 있을 것입니다. 그러니 우리 모두 용맹심을 내어 열심히 공부하여 한 번 깨치면 무량겁을 써도 다 쓸 수 없는 무상대도를 성취해 봅시다.

결언(結言)

어제도 이러하니 죄와 허물이 하늘에 넘치고
오늘도 이러하니 범 입에 몸을 가로누이고
반을 꺾고 셋을 찢음은 묻지 않거니와
격 밖의 한마디는 어떻게 하려는가?
밤에도 밝은 주렴 밖에 풍월이 낮과 같고
마른 나무 바위 앞에 꽃들이 항상 봄이로다.
억!

昨日에 也恁麼하니 罪過彌天이요
今日에 也恁麼하니 虎口에 橫身이라
折半裂三卽不問이어니와
格外一句는 作麼生고
夜明簾外에 風月이 如晝하고
枯木岩前에 花卉長春이로다
喝一喝하다

후기(後記)

 이 『신심명(信心銘)』과 『증도가(證道歌)』는 큰스님께서 해인총림 초대 방장에 취임하신 1967년 동안거(冬安居) 동안에 하신 법문의 한 부분을 정리한 것입니다.

 흔히 불교는 '도교와 같다', '유교와 같다', '무슨 사상과 같다' 하면서 부처님의 진정한 가르침을 바로 이해하지 못하는 현실과 또 무엇이 부처님의 진실한 사상인 줄 모르고 우왕좌왕하며 갈피를 잡지 못하는 대중들을 위해, 선(禪)·교(敎)에 걸쳐서 일관된 부처님 사상은 '중도사상(中道思想)'임을 밝히기 위해 그 해 겨울 백일 가까이 고구정녕하게 법문하셨던 것입니다.

 그때 하신 이 법문이 승가에서는 큰스님의 『백일법문(百日法門)』으로 널리 알려져 있습니다.

 그러나 큰스님의 법문은 내용이 깊고 방대하여서 단편적인 경전의 인용에만 그치는 것이 아니라 해박하신 이론과 선(禪)의 깊은 체험에서 우러나온 압축된 말씀이어서 시자들이 정리할 엄두를 내지 못하였습니다.

 그러나 늦었지만 이제라도 큰스님의 육성이 녹음된 테이프를

재정리하여 불교를 좀 더 쉽고 분명하게 이해하고자 하는 분들에게 도움이 되고자 외람된 용기를 내게 되었습니다.

교학적인 부분은 정리가 되는 대로 책을 발행하기로 하고 우선 선어록(禪語錄)에 대한 것만을 먼저 출판하게 되었습니다. 그러므로 내용에 있어서 설명이나 주(註)가 충분치 못한 감이 없지 않습니다만 그 책들이 나오면 쉽게 이해되리라 믿어 주를 다는 번거로움을 피하였습니다.

완벽을 기하고자 하다가 한 줄도 세상에 전파하지 못하는 어리석음을 저지르지 않기 위해 이 법문집을 발간하게 되었습니다만 오히려 큰스님께 더없는 누를 끼치는 일이 되지 않을는지 두려운 마음뿐입니다.

다만 이 책을 지남(指南)으로 하여 후일에 박학다재하고 금강정안을 갖춘 출격장부(出格丈夫)가 나와 큰스님의 진정한 안목을 세상에 빛내 주신다면 오늘 우리들의 큰 허물을 조금이나마 덜게 될 것입니다.

나무석가모니불.

불기 2530년 4월 15일
시자 원 택 화남

성철스님의
신심명·증도가 강설

개정 1쇄 발행 2015년 5월 30일
개정 6쇄 발행 2024년 8월 30일

지은이 퇴옹 성철
발행인 여무의(원택)
발행처 도서출판 장경각

등록번호 합천 제1호
등록일자 1987년 11월 30일

본 사 경남 합천군 가야면 해인사길 118-116 해인사 백련암
서울사무소 서울시 종로구 삼봉로 81
            (수송동, 두산위브파빌리온) 1232호
전 화 (02)2198-5372
홈페이지 www.sungchol.org

ⓒ 2015, 장경각

ISBN 978-89-93904-18-5 03220

값 15,000원